HAMBURGER BEITRÄGE ZUR ÖFFENTLICHEN WISSENSCHAFT
Im Auftrag der Universität Hamburg
herausgegeben von
Rainer Ansorge, Ludwig Huber, Helmut Vogt

BAND 1

Gunnar Lindström (Hg.)

BEWAFFNUNG DES WELTRAUMS

Ursachen – Gefahren – Folgen

DIETRICH REIMER VERLAG BERLIN · HAMBURG
1986

CIP-Kurztitelaufnahme der Deutschen Bibliothek

Bewaffnung des Weltraums:
Ursachen – Gefahren – Folgen /
Gunnar Lindström (Hg.). –
Berlin ; Hamburg : Reimer, 1986.
(Hamburger Beiträge zur öffentlichen Wissenschaft ; Bd. 1)
ISBN 3-496-00868-7

NE: Lindström, Gunnar [Hrsg.]; GT

Dr. Friedrich Kaufmann
Unter den Eichen 57
1000 Berlin 45

Umschlaggestaltung Thomas Rode/Werner Ost, Frankfurt/M.

Printed in Germany
ISBN 3-496-00868-7

Inhalt

Geleitwort
Ein falscher Traum

KLAUS MICHAEL MEYER-ABICH

Es gibt Menschheitsträume, die sich in vielen Bereichen immer wieder zeigen und das menschliche Handeln motivieren. Besonders in Märchen liegen sie offen zutage. Einer dieser Träume ist die Unverwundbarkeit, und ein alter Traum der Menschheit sind auch Möglichkeiten, einem Gegner kampflos Gewalt anzutun. Dazu gehören die Todesstrahlen, um die es in der waffentechnischen Entwicklung jetzt geht. Im psychologischen Sinn handelt es sich dabei eigentlich um Allmachtsphantasien, und wir sind damit jedenfalls nicht auf dem sonstigen Stand unserer politischen Kultur. Denn zu den entscheidenden Errungenschaften des modernen Rechtsstaats gehört ja gerade, daß Macht nicht unumschränkt ausgeübt werden darf und daß der Austrag der bestehenden Konflikte möglichst gewaltlos erfolgen soll.

Daß Macht nicht als Gewalt mißbraucht werden darf, ist im internationalen Umgang leider noch nicht der Stand der politischen Kultur. Hier gibt es unverändert Kriege und Allmachtsphantasien wie die der Unverwundbarkeit oder der Todesstrahlen. Es ist eine verständliche Reaktion, letztlich aber doch bestenfalls der Ausdruck eines schlechten Gewissens, die Todesstrahlen dann wenigstens dadurch entschuldigen zu wollen, daß ihre Entwicklung als eine Verteidigungsanstrengung dargestellt wird.

Träume können richtig oder falsch sein. Gegen die Laserwaffen gibt es eine ganze Reihe von Einwänden. *Erstens* heißt es immer wieder, es handele sich hier bestenfalls (schlimmstenfalls) um eine theoretisch denkbare Möglichkeit, in der technischen Realität aber seien solche Waffen gar nicht zu verwirklichen. So ähnlich haben manche nun allerdings auch gedacht, bevor die Atombombe gebaut wurde. Auch hier gab es gute Gründe, sich im Prinzip die furchtbarsten Vernichtungswaffen, die es je gab, vorstellen zu können, an die praktische Realisierbarkeit jedoch nicht zu glauben. Diese Zweifel hatten leider nur vorübergehend Bestand. Meines Erachtens sollte uns jetzt auch der Einwand gegen die Strategische Verteidigungsinitiative der derzeitigen amerikanischen Regierung, dieses Projekt werde bereits technisch scheitern, nicht beruhigen.

Zweitens heißt es, SDI sei viel zu teuer. Überlegt man sich dann aber, welche Zusammenhänge und Zusammenklänge verteidigungspolitischer und wirtschaftspolitischer Bemühungen in der Vergangenheit immer wieder geradezu gigantische Leistungen – und zwar auch oder gerade in der falschen Richtung – möglich gemacht haben, sollten wir lieber nicht darauf vertrauen, SDI werde viel zu teuer sein. Eine Variante dieses Einwands ist, das Projekt werde sich zwar teilweise realisieren lassen, insgesamt aber werde es nicht zuverlässig genug sein, um die dagegen geltend gemachten strategischen Bedenken zu rechtfertigen. Wozu aber sollte man sich darauf dann überhaupt noch einlassen?

Von anderer Seite kann man *drittens* hören, die zivilen Nebenprodukte von SDI seien den Aufwand nicht wert. Dies gilt, soviel ich sehe, für die gesamte militärische Technik, und es kann nur gut sein, wenn diese Verhältnisse von vornherein klar gesehen werden. Eine politische Kraft, das Projekt zu verhindern, liegt in diesem Argument aber gewißlich nicht.

Ich möchte mich auf die genannten Einwände deshalb nicht verlassen, sondern lieber einen Schritt weitergehen. Die Einwände besagen letztlich, die Strategische Verteidigungsinitiative sei nicht die richtige Antwort auf die gestellte Frage. Unabhängig davon, wieweit dies zutrifft, bleibt nämlich zu überlegen, ob hier nicht nur nicht die richtigen Antworten auf die gestellte Frage gegeben werden, sondern ob diese Frage überhaupt die richtige Frage ist. Die Frage aber lautet, und hier sehe ich den zentralen Grund zur Kritik an SDI: Wie werde ich unverwundbar? Kann die Frage 'Wie werde ich unverwundbar?' in der heutigen Politik und in der hochgerüsteten Welt die richtige Frage sein?

Es geht um Waffen, Waffen aber sind immer nur insoweit überhaupt zu rechtfertigen, wie sie dem Frieden zu dienen versprechen. So jedenfalls lautet der Kompromiß, mit dem wir leben, und so allein ist die Bundeswehr zu rechtfertigen. Wir sind ein Volk, das sich in seiner Gesamtheit nicht traut, ohne Waffen angstfrei zu leben. Einige würden sich trauen und verweigern den Kriegsdienst, gemeinsam aber trauen wir uns nicht. Solange dies so ist, gilt der paradoxe und kaum auszuhaltende Kompromiß: Es gibt den Friedensdienst mit und ohne Waffen. Die eine Hälfte dieser evangelisch-christlichen Formulierung ist klar, daß es den Friedensdienst nämlich jedenfalls ohne Waffen gibt. Die paradoxe Hälfte ist, daß es ihn auch mit Waffen geben soll. Wie wäre sonst die Bundeswehr zu rechtfertigen, und wie wären die Waffen zu rechtfertigen, mit deren Einsatz wir drohen? Wäre sie nicht als Friedensdienst mit Waffen gemeint, so müßten Soldaten sich wie Verbrecher vorkommen. Waffen sind – soweit sie überhaupt zu rechtfertigen sind – nur zu rechtfertigen, soweit sie dem Frieden zu dienen versprechen.

Soweit es den Friedensdienst mit Waffen gibt, dürfen sich übrigens auch Wissenschaftler an der Entwicklung von Waffen beteiligen. Welche Waffen aber versprechen dem Frieden zu dienen? Manche Waffen tun es, und an ihrer Entwicklung darf sich die Wissenschaft sicher beteiligen. Demgegenüber dienen nach meiner Einschätzung weder die Pershings noch die Strategische Verteidigungsinitiative dem Frieden. Nicht daß sie Waffen sind, sondern daß sie sich als Friedensdienst mit Waffen nicht rechtfertigen lassen, ist die entscheidende Kritik an diesen Entwicklungen. Soweit dies zutrifft, dürfen Wissenschaftler sich daran auch nicht beteiligen.

Das strategische Problem des Traums von der Unverwundbarkeit ist, daß jeder, der sich soweit sichert, daß er unverwundbar wird, dadurch allen anderen notwendigerweise Angst macht. Wer sich unverwundbar macht, wird dadurch zu einer Bedrohung für alle anderen, denn er kann tun, was er will, und die anderen können sich nicht wehren. Unverwundbarkeit ist dadurch ein aggressiver Akt und kein Beitrag zum Frieden.

Sowohl für das traditionelle militärische Denken als auch für den normalen Alltagsverstand ist es ungeheuer schwer verständlich, daß die Sicherheit nicht mit dem Ausmaß der Bewaffnung steigt. Das normale Bewußtsein meint, umso sicherer zu sein, je besser man sich wehren kann, und Unverwundbarkeit ist die maximale Abwehrfähigkeit. Auch für das militärische Denken war es in der Vergangenheit selbstverständlich, die eigene Position umso besser zu finden, je stärker man bewaffnet ist. Denn umso besser kann man sich ja verteidigen. Daß dieses Denken falsch ist, hat erst die moderne strategische Diskussion ergeben.

Wir sind nicht umso sicherer, je besser wir uns verteidigen können, sondern wenn ein Land sich zu gut verteidigen kann – so wie dies nun durch die Strategische Verteidigungsinitiative die Vereinigten Staaten von Amerika anzustreben drohen –, ist dies ein Moment der Destabilisierung und erhöht die Kriegsgefahr. Die Amerikaner dürfen kein Interesse daran haben, daß andere Angst vor ihnen haben müssen, weil sie unverwundbar geworden sind. In diesem Sinn ist die Strategische Verteidigungsinitiative kein Beitrag zum Frieden. Die allgemeine Regel lautet: Traue keinem, der sich unverwundbar machen will!

Einführung

Zur Vorgeschichte und den Zielen des Kongresses "Militarisierung des Weltraums" in Hamburg

HARTWIG SPITZER

Die heutige Wissenschaft verdankt viele ihrer Erfolge und Krisen einer zunehmenden Spezialisierung. Die Herausbildung zahlreicher Fachsprachen steigert die Leistungsfähigkeit im Detail und erschwert zugleich die Verständigung von Wissenschaftlern verschiedener Fachrichtungen und den Dialog mit der Öffentlichkeit.

Der Kongreß "Militarisierung des Weltraums", der im November 1985 in Hamburg stattfand, war ein Versuch zur Umkehr. Es war ein Versuch, nicht nur das fachspezifische Detail von Weltraummilitärtechnik und -strategien, sondern den Gesamtzusammenhang zu sehen. Es war ein Versuch, aus dem Elfenbeinturm der jeweiligen Wissenschaftsdisziplin herauszutreten und bewußt Vertreter unterschiedlicher Fachrichtungen in einer interdisziplinären Diskussion zu beteiligen. Es war deshalb schließlich auch ein Versuch, dem Primat der Politik die Verantwortung des Wissenschaftlers gegenüberzustellen.

Ich möchte die Gelegenheit nutzen, hier etwas zur Vorgeschichte und den Zielen des Kongresses zu sagen. Im Juli 1984 wurde in Hamburg ein hochschulübergreifender Arbeitskreis von friedenspolitisch interessierten Naturwissenschaftlern gegründet. Dieser Arbeitskreis hat sich im Sommer-Semester 1985 mit einer Ringvorlesung der Universität zum Thema "Waffensysteme und Kriegsgefahr aus naturwissenschaftlicher Sicht" erstmals an die Öffentlichkeit gewandt. Etwa gleichzeitig schlug die bundesweite "Naturwissenschaftler-Initiative Verantwortung für den Frieden" (ursprünglich bekannt als "Mainzer Dreiundzwanzig") vor, statt einer zentralen Veranstaltung mit bundesweiter Beteiligung – wie 1983 in Mainz und 1984 in Göttingen – 1985 dezentrale Veranstaltungen an allen Hochschulen der Bundesrepublik zu veranstalten. Dieser Impuls führte einerseits zur Bildung einer Vorbereitungsgruppe für eine Hochschulfriedenswoche in Hamburg und andererseits zur Gründung der "Hamburger Naturwissenschaftler-Initiative Verantwortung für den Frieden e.V.", der Mitglieder aus allen Hamburger Hochschulen sowie außeruniversitären Institutionen und Betrieben der Hansestadt angehören. Die Hochschulfriedenswoche fand vom 9. bis 16. November 1985 an insgesamt dreiundvierzig bundesdeutschen Hochschulen statt. Höhepunkt der Woche in Hamburg war ein zweitägiger öffentlicher Kongreß mit dem Thema "Militarisierung des Weltraums".

Wie kamen wir auf dieses Thema? Der aktuelle Anlaß war die "Strategische Verteidigungs-Initiative" (SDI) der USA. Wir sahen es zunächst einmal als unsere Aufgabe an, das SDI-Programm aus möglichst vielen Blickwinkeln darzustellen und zu fragen: macht SDI die Welt friedlicher und sicherer, oder wird ihre Verwirklichung eher das Gegenteil bewirken? Aber gleichzeitig wollten wir bewußtmachen, was für uns der Zugang zum Weltraum bedeutet. Ich glaube, es ist für die Friedensbewegung wichtig, nicht nur im 'Anti' zu bleiben, d.h. zu sagen, was sie *nicht* will, sondern auch zu sagen, was sie *will*, und das Geschehen in der Welt als Ganzes in den Blick zu bekommen.

Der Schritt in den Weltraum ist für die Menschheit ein großer und wichtiger Sprung. Der Weltraum entzieht sich leicht unserer Anschauung. Der Satellit, der als leuchtender Punkt am Abendhimmel vorüberzieht, scheint ebenso unerreichbar wie der Mond, ein Planet oder ein Fixstern. Trotzdem möchte ich Sie, die Leserin oder den Leser, ermuntern, sich den Weltraum nicht als etwas Abstraktes und Fernes vorzustellen. Er ist zum Greifen nah. Die Schicht, in der sich das Wettergeschehen abspielt, ist nur siebzehn Kilometer hoch, eine Entfernung, die Sie auf der Erde mit dem Fahrrad leicht in einer Stunde zurücklegen können. Wenn Sie eine etwas größere Reise machen, etwa von Hamburg ins Rheinland, dann erreichen Sie, wenn es senkrecht nach oben geht, die Bahnen der erdnahen Satelliten und Raumfähren. Selbst der Mond ist eigentlich nur 'einen Augenblick' entfernt; das Licht braucht wenig mehr als eine Sekunde, um die 380.000 Kilometer vom Mond zur Erde zurückzulegen. Erst die galaktischen Entfernungen sind so riesig, daß es schwer wird, sie sich vorzustellen.

Wie sind wir an das Thema herangegangen? Zunächst wollten

wir uns auf die naturwissenschaftlichen und die rüstungspolitischen Aspekte beschränken. Dann kam der Wunsch auf, den Bogen weiter zu spannen. Schließlich haben wir Wissenschaftler aller Fachbereiche eingeladen, an der Vorbereitung mitzuarbeiten. So entstand ein Programm aus vier Hauptvorträgen, zwölf Arbeitsgruppen und zwei Podiumsdiskussionen, zu dem Vertreter und Vertreterinnen von zehn Disziplinen beitrugen. Das Programm liegt diesem Band bei.

In den hier abgedruckten Texten der vier Hauptvorträge geht es im Beitrag von G. Lindström um die physikalisch-technische Dimension einer weltraumgestützten Raketenabwehr. B. Greiner behandelt am Beispiel der Kuba-Krise die Gefahr von Störungen des politischen Gleichgewichts durch einseitige rüstungstechnische und geostrategische Veränderungen. Die massiven Auswirkungen stark wachsender Rüstungsetats und der SDI-Forschung auf Wissenschaft, Wirtschaft und Sozialgefüge werden von R. Rilling untersucht. Der Band wird mit einem Text von C. Nedelmann eingeleitet, in der die Verkettung von Angst, Aggression und Feindbild im Leben von Einzelnen und im Umgang von Völkern miteinander aufgezeigt wird.

Der Weg des Menschen in den Weltraum erlaubt uns, die Erde aus der Distanz genauer zu sehen, in ihrer ganzen Schönheit und Zerbrechlichkeit. Er eröffnet gleichzeitig einen tieferen Blick in den Kosmos und läßt uns spüren, "wo unser Platz im Kosmos ist". Der Weg des Menschen in den Weltraum ermöglicht aber auch die Entwicklung und Stationierung eines auf diese dritte Dimension ausgerichteten Waffenarsenals. Noch stehen wir am Anfang dieses Weges. Noch ist eine weitere Eskalation des Wettrüstens aufzuhalten. Bevor es abermals zu spät ist, fühlen wir uns als Wissenschaftler aufgerufen zur Information über die Hintergründe, Gefahren und Folgen. Der Dialog mit der Öffentlichkeit hierüber ist das Motiv des Kongresses gewesen genauso wie dasjenige für das hier vorgelegte Buch.

Vorwort

Dieses Buch enthält die aktualisierten Manuskripte der vier Hauptvorträge des Kongresses "Militarisierung des Weltraums", der im November 1985 im Rahmen der Woche Hamburger Hochschulen für Frieden und Abrüstung veranstaltet wurde. Wir hoffen, hiermit einen Diskussionsbeitrag zu einem aktuellen Thema zu leisten, bei dem Meinungen aus Politik und Wissenschaft aufeinanderprallen wie wohl selten zuvor.

Die hier vorliegenden Texte reihen sich in eine grosse Anzahl von Publikationen mit gleichartiger Themenstellung ein. Es war unser Anliegen, die meist anzutreffende Verengung der Perspektive auf einen bestimmten Teilbereich bewußt zu vermeiden. Die psychologischen Ursachen für die geplante Einbeziehung des Weltraums in einen "Krieg der Sterne" werden für genauso wichtig gehalten wie die sozialen und ökonomischen Folgen; die Frage nach der technischen Machbarkeit steht gleichrangig neben derjenigen nach den Möglichkeiten eines Krisenmanagements. Gewiß sind auch dies nur Beispiele einzelner Facetten eines Themas, das für uns alle von größter Bedeutung ist. Wir hoffen aber, unsere Leserinnen und Leser zu einem weiteren Literaturstudium und zum Nachdenken anzuregen.

Der Dank der Autoren gilt den Veranstaltern des Kongresses "Militarisierung des Weltraums", allen voran Herrn Professor Hartwig Spitzer und der Hamburger Naturwissenschaftler-Initiative "Verantwortung für den Frieden". Die Universität Hamburg hat durch die mit diesem Band eröffnete Reihe "Hamburger Beiträge zur öffentlichen Wissenschaft" ein Forum geschaffen, dessen Zielsetzung wir mit dieser Publikation hoffen gerecht zu werden. Für die Bereitstellung dieses Forums danken wir besonders seinem Initiator, dem Präsidenten der Universität Hamburg, Herrn Dr. Peter Fischer-Appelt. Wir danken ferner Frau Monika Berghaus für die Anfertigung der Zeichnungen und vor allem Herrn Volker Wodaege für die Durchsicht des Manuskripts und Gestaltung der Druckvorlagen.

Hamburg, im August 1986 G. Lindström

Wissen brach liegèn lassen oder brauchen

Verleugnung und Projektion der destruktiven Aggressivität

CARL NEDELMANN

Nicht die Dinge selbst beunruhigen
die Menschen, sondern die Ansichten
über die Dinge
Epiktet [1]

Scharfes Denken ist schmerzhaft
Bertolt Brecht [2]

1. Die Ablenkung der destruktiven Aggressivität nach außen

Es ist bekannt, daß die destruktive Aggressivität der Menschen eine so bedeutende Rolle spielt, daß sich in der Psychoanalyse die Annahme eines Todestriebes gebildet hat. Es ist dies die befremdlichste psychoanalytische Hypothese, die oft abgelehnt und als unwissenschaftlich verworfen worden ist. Aber vergessen wurde sie nie. Vielmehr scheint es, daß ihre weitreichende Bedeutung erst allmählich – über die Erkenntnis einiger weniger hinaus – gewürdigt wird.

Mit dem Todestrieb wird eine Destruktivität gemeint, die zunächst auf einen selbst gerichtet ist und dann aus Gründen des inneren Schutzes und der Vermeidung von Angst teilweise nach außen abgelenkt wird. Die nach außen gelenkte Destruktivität führt zu Vorurteilen, Sündenbock- und Feindbildungen, von deren Gefährlichkeit unter bestimmten gesellschaftlichen Umständen sich

---

[1] Epiktet (ca. 100 n. Chr.): Handbüchlein der Moral. Aufgezeichnet von Arrian. Nach der von H. Schmidt hrsg. Ausgabe, Kröner, Stuttgart, 1966, hier: 24.

[2] Brecht, B. (1961[1940/41]): Flüchtlingsgespräche. Gesammelte Werke 14, Werkausgabe Edition Suhrkamp, Frankfurt/M., 1967, hier: 1481.

jeder überzeugen kann, der die Geschichte studiert. Der Rassenwahn, der dazu führte, den Juden die Menschenwürde abzusprechen und im furchtbaren Singular zu sagen: "Der Jude ist unser Unglück", ist ein prominentes Beispiel, das ebenso bekannt ist, wie die Folgen bekannt sind, die daraus erwuchsen.

Es ist ferner bekannt, daß zur selben Zeit, als das europäische Judentum mit diesem radikalen Feindbild identifiziert wurde, das nicht minder radikale Feindbild des Bolschewismus entstand. Beide Feindbilder in Verbindung mit der Auffassung vom überlegenen Recht des Stärkeren im Daseinskampf schufen die wesentlichen psychologischen Voraussetzungen, daß das Programm der Judenvernichtung und das Programm eines Vernichtungskrieges des nationalsozialistischen Deutschlands gegen die Sowjetunion in praktische Politik umgesetzt werden konnte.[3] Hier wie dort scheuen wir die Erinnerung, aber ein wenig wissen wir alle davon.

Auch wie es weiterging, ist im wesentlichen bekannt. 1945 gab es bei uns über Nacht scheinbar keine Antisemiten mehr, aber die Struktur, die den Antisemitismus und den Bolschewismus hervorgebracht hatte, blieb dieselbe und wurde unter dem Begriff des Antikommunismus zu einer Grundfeste der Geschichte der Bundesrepublik Deutschland.

Schließlich sage ich kaum etwas Neues, wenn ich darauf hinweise, daß ebenfalls seit 1945 unter dem Einfluß der nuklearen Drohung, also unter dem Einfluß der absoluten Waffe, die alle und alles vernichten kann, das Bild vom absolut bösen Feind entstehen mußte. Die Bipolarität unserer Welt machte es leicht, das traditionelle Feindbild von den bösen Russen und Kommunisten mit dem Bild vom absolut bösen Feind zu verschmelzen, so daß ein Weltbild entstand, in dem eine vernünftige Zweck-Mittel-Relation nicht mehr denkbar war, weil gegen diesen Feind jedes Mittel recht sein mußte. Komplementär zum absolut bösen Feind entstand das Bild vom absolut guten Freund, dem wir uns, wie es heißt, "im atlantischen Schulterschluß" nahe fühlen müssen, so daß jede Kritik sich wie von selbst verbietet oder als Antiamerikanismus verpönt ist.

---

[3] Förster, J. (1983): Hitlers Entscheidung für den Krieg gegen die Sowjetunion. In: Militärgeschichtliches Forschungsamt (Hg.): Das Deutsche Reich und der Zweite Weltkrieg. Bd. 4: Der Angriff auf die Sowjetunion. Deutsche Verlagsanstalt, Stuttgart, 3-37, hier: 23.

Die Sachverhalte mögen ein wenig differenzierter sein, als ich es hier ausführe. Aber blicken wir darauf, was geschieht und was wir tun. Die Verteidigungsanstrengungen gegen tatsächliche und vermeintliche Gefahren haben dazu geführt, daß ein nuklearer Krieg droht, der unsere Kultur, wie wir sie kennen, wenn nicht die gesamte Menschheit und selbst die Erde zerstören kann.

Wir wissen es, aber wir kehren nicht um. Wir machen von unserem Wissen keinen hinreichenden Gebrauch. Sobald wir uns auf unser Wissen einlassen, droht die nach außen abgelenkte Destruktivität auf uns selbst zurückzufallen, drohen Angst oder Schmerz übermächtig zu werden. Also haben wir unser Wissen ohnmächtig gemacht. Wir verleugnen es. Darüber müssen wir nachdenken.

2. Verleugnung und Projektion

Verleugnung heißt in aller Regel nicht, daß wir etwas nicht hören oder nicht sehen, sondern, daß uns, was wir sehen oder hören, nicht oder nicht genug bedeutet, weil es unbequem ist, zuviel Unruhe und Ängste hervorruft, oder weil es Ansichten, auf die wir den größeren Wert legen, zu sehr widerspricht.

Der Vorgang der Verleugnung ist gegen die Realitätsprüfung wenig abgesichert. Es bedarf einer gewissen Anstrengung, die Zeichen von Kummer und Elend, von Not und Gefahr zu überhören oder zu übersehen. Wir alle wissen mehr, als uns lieb ist oder wir ertragen können. Um der Verleugnung Erfolg und Dauer zu geben, ist ein weiterer Vorgang nötig, der in der Psychoanalyse "Gegenbesetzung" genannt wird. Wir stellen uns taub oder blind und bleiben es, indem wir die Wahrnehmung des verleugneten Teils der äußeren oder inneren Realität auf projektivem Weg mit einer Einbildung überdecken.

So entstehen Verkennungen, Vorurteile, Wahnbildungen. Sie begleiten unser tägliches Leben als harmlose Bausteine zu unserem Seelenfrieden, die allenfalls als verschrobene Eigentümlichkeiten in Erscheinung treten.

Die Harmlosigkeit verliert sich aber, wenn Gegenbesetzungen zur Verleugnung der Realität mit größeren Triebquanten ausgestattet werden, also insbesondere, wenn die genannten Feindbilder mit heftig drängenden destruktiven Wünschen "besetzt" werden. Die Harmlosigkeit verliert sich, weil zum einen diese destruktiven Regungen im eigenen Inneren nicht genügend in Schach gehalten werden können, daher im "äußeren Feind" bekämpft werden müssen, weil zum andern dieser Vorgang unbewußt ist und daher der nunmehr gebildete äußere Feind dem Bewußtsein als realer Feind erscheint.

Die Feindbildung ist ein intrapsychischer und damit zunächst individueller Vorgang, ergreift aber unter bestimmten kollektiven Bedingungen die Massen und wird dann zur herrschenden Idee und zur herrschenden Gewalt. Das Verhältnis zwischen Ost und West, wie wir es prägen, ist mit einer gewaltigen Triebgefahr aufgeladen, die aufgrund der intrapsychischen kollektiven Verleugnung auf projektivem Weg im Bewußtsein als Realgefahr erscheint.

Man kann sich in diesem Zusammenhang fragen, ob in der westdeutschen Überzeugung vom Drang der Russen, den Rhein zur Grenze ihres Einflußbereiches zu machen, eine in der Projektion unkenntlich gemachte Wiederkehr des inzwischen verdrängten deutschen Weltmachtplanes zu sehen ist, den eigenen Herrschaftsbereich bis an den Ural auszudehnen. Man kann sich in diesem Zusammenhang auch fragen, ob die als selbstverständlich hingenommene Tatsache unserer Selbstvernichtung im "Verteidigungsfall" als Wiederkehr der inzwischen verdrängten Vernichtungsstrategie begriffen werden muß, zwar unkenntlich gemacht in den Bündniszusammenhängen der bipolaren Welt, aber nicht so unkenntlich, daß ein altes Muster nicht durchschimmern würde. Denk- und Einstellungsmuster pflegen stabiler zu sein, als man sich im allgemeinen klarmacht, und es ist eben noch nicht lange her, daß kollektive Fremd- und Selbstvernichtung zutiefst ineinander verschränkt zur historischen Realität geworden waren.

Der am 22. Juni 1941 begonnene "Blitzkrieg" gegen die Sowjetunion, das Unternehmen "Barbarossa", scheiterte nach fünf Monaten. Diese Erkenntnis hat sich nicht erst heute aus dem Studium der Quellen gebildet, sondern war klar geworden, als der Angriff auf Moskau im November 1941 endgültig steckenblieb. Noch vor Beginn der Gegenoffensive Anfang Dezember, am 29. November 1941, hatte Fritz Todt, der Reichsminister für Bewaffnung und Munition, Hitler aufgefordert, den Krieg politisch zu beenden, da er rüstungswirtschaftlich verloren sei. Äußerungen von Halder und Jodl belegen, daß auch Hitler damals die Unmöglichkeit, diesen Krieg zu gewinnen, begriff.[4] Gleichwohl ging der Krieg weiter.

Das Potential an innerer Destruktivität suchte sogar noch nach einer weiteren Ablenkung nach außen: am 20. Januar 1942 wurde am Wannsee "die Endlösung der Judenfrage" besprochen, deren Umsetzung in die Tat "der dunkle Kern des Zwanzigsten Jahrhunderts" wurde.[5] Aber lange ließ sich die mögliche Selbstvernichtung der Deutschen hinter dem herrschenden Programm der Judenvernichtung und der Russenvernichtung nicht mehr verbergen, sondern wurde mehr und mehr auch offen einkalkuliert, erschien in Reden und Tagesbefehlen und fand schließlich in der Verteidigung "bis zum letzten Blutstropfen" oder "bis zum letzten Mann" Metaphern, die wiedergaben, was sich in der Realität abspielte, bis das eigene Reich zertrümmert war und damit auch die Ermordung der anderen ein Ende fand, das nicht durch Einsicht und vorausschauendes Denken, sondern nur durch Erschöpfung und Zerschlagung zustande kam. Die Frage, die George F. Kennan gestellt hat, ob eine Kultur diese Katastrophe, die aus der Entfesselung der Destruktivität stammt, überleben kann, ist noch nicht endgültig beantwortet.

Hinzuzufügen ist noch, daß die im Feindbild verdichtete unbewußte eigene Destruktivität eine gefährliche äußere Realität schafft, die keineswegs nur die wenigen "da oben", die sie tragen, sondern zugleich "die schweigende Mehrheit", die sie hinnimmt, problematisiert. Die so harmlos klingenden Sätze wie: was geht es mich an, ich kann es nicht ändern, ich weiß von nichts, verlieren in bestimmten historischen Konstellationen ihre Harmlosigkeit. Außerdem: Viele hatten und haben kein Feindbild und eifern nicht. Aber wie viele machen sich klar, daß diese Haltung noch keine Gewähr für Harmlosigkeit ist?

---

[4]vgl. hierzu: Hillgruber, A. (1983): Die weltpolitischen Entscheidungen vom 22. Juni 1941 bis zum 11. Dezember 1941. In: Karl Dietrich Bracher et al. (Hg.): Nationalsozialistische Diktatur 1933-1945. Eine Bilanz. Droste, Düsseldorf, 440-464, hier: 456f.

[5]Klein, H. (1983): The meaning of the Holocaust. Isr. J. Psychiatry Relat. Sci. 20, 119-128, hier: 119.

3. Turning a blind eye

Auf der einen Seite der Verleugnungsskala haben wir es mit massiver Unbewußtmachung zu tun, die in der Starrheit und Heftigkeit der Gegenbesetzung nach außen als unkorrigierbarer Wahn erscheint. Auf der anderen Seite der Verleugnungsskala finden wir ganz und gar bewußte Schritte, vielleicht eine Lüge oder einen feinsinnig spitzfindigen Gedanken. Doch selbst in der Lüge und in der Feinsinnigkeit schwingt Unbewußtes mit, manchmal daran erkennbar, daß ein gewisser inniger Stolz diese Produkte unserer Seelentätigkeit begleitet. Meine Ausführungen bewegen sich ungefähr auf der Mitte dieser Skala, wo sich bewußte und unbewußte seelische Vorgänge die Waage halten und wo Verleugnung in einer Weise stattfindet, die "turning a blind eye" zu nennen John Steiner kürzlich vorgeschlagen hat.[6]

Turning a blind eye kann nur unvollkommen ins Deutsche übersetzt werden. Sagen wir "sich blind stellen", geht der in unserem Zusammenhang wichtige Umstand verloren, daß wir doch zwei Augen haben. Turning a blind eye betont, daß das eine Auge sieht, das andere nicht. Insoweit wäre "ein Auge zudrücken" treffender. Aber darin schwingt zuviel unbewußte Konspiration oder Entschuldigung mit.

Turning a blind eye ist eine Redewendung, deren Ursprung dem englischen Nationalhelden Lord Nelson zugeschrieben wird. Nelson hatte vor Abukir ein Auge verloren. Drei Jahre später, 1801, mitten in der Schlacht vor Kopenhagen und unter Beschuß der Kanonen von den vorgelagerten Forts glaubte Sir Hyde Parker, der den Oberbefehl hatte, plötzlich nicht mehr an den Erfolg. Er ließ das vereinbarte Zeichen setzen, das den Befehl zum Rückzug gab. Nelson wurde davon unterrichtet, setzte sein Teleskop vor sein blindes Auge und erklärte, daß er das Zeichen nicht sehen könne. Also ging die Schlacht weiter. Die Engländer gewannen. Die dänische Flotte wurde vernichtet und damit das Machtgefüge gegen das napoleonische Frankreich zugunsten Englands verschoben. Die Legende vom Ursprung der Redewendung weist auch auf den Erfolg des 'turning a blind eye' in der Machtausübung.

Nun genügt es nicht, nur zu sehen, wir müssen auch hören, und

[6] Steiner, J. (1985): Turning a blind eye: the cover up for Oedipus. Int. Rev. Psycho-Anal. 12, 161-172.

wenn uns die Sinne schwinden, sagen wir, daß uns Hören und Sehen vergeht. Hören ist älter als sehen, und interessanterweise ist die Redewendung "turning a deaf ear" älter als "turning a blind eye".[7] Auch das taube Ohr, das wir der Realität oder der inneren Stimme zuwenden, hat eine große Bedeutung für die Abwehr durch Verleugnung, wobei die Gleichzeitigkeit eines hörenden und eines tauben Ohres oder eines sehenden oder eines blinden Auges besonders betont werden muß.

Diese Gleichzeitigkeit bezeichnet eine Nahtstelle zwischen Verleugnung und Anerkennung der Realität. Freud hat sie als "die Ichspaltung im Abwehrvorgang" beschrieben. "Man muß zugeben," urteilte Freud, "das ist eine sehr geschickte Lösung der Schwierigkeit. Beide streitende Parteien haben ihr Teil bekommen; der Trieb darf seine Befriedigung behalten, der Realität ist der gebührende Respekt gezollt worden... Der Erfolg wurde erreicht auf Kosten eines Einrisses im Ich... Der ganze Vorgang erscheint uns so sonderbar, weil wir die Synthese der Ichvorgänge für etwas Selbstverständliches halten. Aber wir haben offenbar darin Unrecht. Die so außerordentlich wichtige synthetische Funktion des Ichs hat ihre besonderen Bedingungen und unterliegt einer ganzen Reihe von Störungen"[8] ... "und wo immer wir in die Lage kommen, sie zu studieren, erweisen sie sich als halbe Maßregeln, unvollkommene Versuche zur Ablösung von der Realität"[9]. Ein Auge blind stellen, ist also eine "halbe Maßregel"; die eine Hand weiß doch, was die andere tut, oder ahnt es zumindest. Aber diesem Wissen können die Bedeutungen weitgehend entzogen sein.

Wesentliche Unterstützung findet dieser Vorgang der Abwehr durch Verleugnung in unseren Mitmenschen, die in derselben Weise verleugnen, so daß eine gemeinsame Abwehr möglich ist: Nicht nur höre und sehe ich nicht, was mir zuviel Angst macht, mich zu sehr schmerzt oder mir zu lästig ist, sondern auch höre und sehe ich nicht, was Du nicht hörst oder siehst und weil Du es nicht hörst oder siehst. In einem komplizierten Prozeß stillschweigender Eini-

---

[7]Steiner, J., a.a.O., 161.

[8]Freud, S. (1940e[1938]): Die Ichspaltung im Abwehrvorgang. GW XVII, 57-62, hier: 60.

[9]Freud, S. (1940a[1938]): Abriß der Psychoanalyse. GW XVII, 63-138, hier: 134.

gung, die allenfalls ein Wink befördert, stellen wir ein geheimes und trügerisches Einverständnis her, das es mir ermöglicht, nicht zu hören oder zu sehen, was Du nicht siehst, und Dir ermöglicht, nicht zu hören oder zu sehen, was ich nicht höre oder sehe. Solche geheimen und trügerischen Übereinkünfte haben eine außerordentlich große Bedeutung; wenn wir verschweigen, was wir beide doch wissen, so bleibt die Möglichkeit bestehen, daß die beargwöhnte Realität nicht gilt. Auf diese Weise kann Geschehenes nahezu ungeschehen gemacht werden. In einer – keineswegs nur auf Deutschland beschränkten – "Verschwörung des Schweigens"[10] war über lange Zeit der Holocaust für das bewußte Erleben unwirklich geblieben.

Welches Ausmaß an Affekten diese Übereinkünfte besetzt halten kann, zeigt die Heftigkeit der Reaktionen, die frei werden, wenn Aufklärung den Schleier der Verleugnung zu zerreißen versucht. Ich erläutere dies später an der schmerzlichen Einsicht, daß es immer die Amerikaner waren, die im Rüstungswettlauf die Nase vorn hatten.

John Steiner hat 'turning a blind eye' am Beispiel der Tragödie des Sophokles von Ödipus dem Tyrannen illustriert. Nach der traditionellen Deutung hatte Ödipus der geweissagten Schuld enfliehen wollen und war eben dadurch in die Falle des erbarmungslosen Schicksals und in eine Schuld geraten, die er auf sich nahm, als die Wahrheit ans Licht gekommen war, daß er den Vater ermordet und daß er mit der Mutter sexuell verkehrt hatte.

Gleichzeitig, argumentiert Steiner, biete Sophokles eine andere Deutung, die die These der traditionellen Deutung, das Ödipus-Geschehen sei unbewußt gesteuert gewesen, zwar nicht ersetze, aber eben doch ergänze. Die These dieser anderen Deutung besagt: Alle am Drama beteiligten Personen wußten, was geschah, stellten sich diesem Wissen gegenüber blind und verbargen das Geheimnis, bis der Ausbruch der Pest zu neuen Überlegungen Anlaß gab, die zur Enthüllung führten, weil die wütende Seuche es erforderte, einen Schuldigen zu finden.

Von zwei Personen des Dramas ist ohnehin klar, daß sie wußten: der blinde Seher Teiresias und der Diener, der Zeuge der Bluttat

[10] Krystal, H., Niederland, W.G. (1968): Clinical Observations on the Survivor Syndrome. In: Krystal, H. (ed.): Massive psychic trauma. Intern. Univ. Press, New York, 327-348, hier: 341. Vgl. auch: Grubrich-Simitis, I. (1979): Extremtraumatisierung als kumulatives Trauma. Psyche 33, 991-1023, hier: 1015.

im Drei- oder Hohlweg war, dort fliehen konnte und die unglückliche Nachricht vom Tod des Königs nach Theben brachte. Bei dem Diener ist übrigens der Rückzug von der Realität wörtlich zu nehmen. Er bat Jokaste, "die Hände" ihr "berührend, aufs Land zu senden ihn, zu Schaafewaiden, wo er der Stadt vom Angesicht am meisten"[11].

Die beiden Wissenden schwiegen und entzogen sich. Als nächstes muß man sich die Situation vergegenwärtigen, in der sich Ödipus befand, als er Theben von der Sphinx befreit hatte und als Sieger in die Stadt gezogen war. Es ist ganz unwahrscheinlich, daß er den tödlichen Streit im Drei- oder Hohlweg einfach vergessen hatte. Selbst aus königlichem Haus, wird er gespürt haben, daß sein Gegenüber kein gewöhnlicher Bürger war. Auch Lajos wird sich – wie auch immer – königlich benommen haben. Mag sein, daß dies Ödipus in der Hitze des Streites leicht übersehen konnte, so wiegt doch schwerer, daß der, den er erschlug, dem Alter nach sein Vater hätte gewesen sein können. Nun ging er durch die Straßen von Theben, die von vielen Gesprächen über die Ermordung des Königs, dessen Nachfolger er werden sollte oder eben geworden war, widerhallten. Er selbst konnte den Orakelspruch nicht vergessen haben und mußte sich Fragen stellen. Auf jeden Fall ist die Annahme fernliegend, daß Ödipus gar keine Verbindungslinien gezogen hätte.

Auf der anderen Seite hat Ödipus sich gewiß dieselbe Abwehrmaßnahme zunutze machen können, die uns davon abhält, das Drama aus dem hier skizzierten Blickwinkel zu betrachten. Wahrscheinlich hatte Ödipus am Beginn seiner Zeit in Theben eine Ahnung. Dann aber mochte der Gedanke gefolgt sein, daß die Ahnung trügerisch, wenn nicht gar falsch sein könnte, zumindest aber nicht notwendigerweise wahr. Der Jubel, der dem Befreier der Stadt und dem künftigen König galt, macht Gegenbesetzungen leicht. Nun wurden Argumente entwickelt und mit Attraktivität ausgestattet. Außerdem gab es für Ödipus immer noch eine gewisse Möglichkeit, daß Polybos, der König von Korinth, tatsächlich sein leiblicher Vater war. Um diesen Glauben aufrechtzuerhalten, ließ sich wohl schließlich die Überzeugung herstellen, daß die ursprüngliche Ahnung nicht länger ernst genommen zu werden brauchte. Er, der den Beinamen "der Wissende" trug, mochte sich am Ende gedacht haben,

[11] In der Übersetzung von Hölderlin, V. 775-777.

daß es vielleicht klüger wäre, nicht zu viele Fragen zu stellen.

Aber die Verschleierung wäre unmöglich gewesen, wenn Jokaste und die thebanischen Bürger im Sinne der heimlichen und trügerischen Übereinkunft nicht mitgespielt hätten. Jokaste wußte ohnehin mehr, als sie zu wissen vorgab. Immerhin hatte sie den Diener, der Augenzeuge der Mordtat gewesen war, gehört und in seine Bitte, Abschied aus Theben zu nehmen, eingewilligt. Sie kannte die Orakel und sah die Narben an den Füßen des jungen Mannes, der Nachfolger auf dem königlichen Thron und im königlichen Bett werden sollte oder gerade geworden war. Welche Bedeutung Narben in der Wiedererkennung gerade über größere Zeiträume haben, war ihr und ist uns bewußt. An einer Narbe am Schenkel hatte die alte Schaffnerin Odysseus wiedererkannt. Im Ödipus-Drama gewinnen am Ende die Narben eine so überragende Bedeutung, daß in späterer Verballhornung des Namens Ödipus aus dem "Wissenden", wie er ursprünglich hieß, "der Schwellfüßige" wurde.[12]

Sophokles hat sogar die Abwehrmaßnahmen von Jokaste besonders deutlich beschrieben. Sie hielt nichts von Orakelsprüchen, Enthüllungen und Nachforschungen und war überzeugt davon, daß der glücklicher lebt, der sich um seine Träume nicht schert. So sagte sie zu Ödipus: "denn öfters hat ein Sterblicher der eigenen Mutter schon im Traume beigewohnt: doch wem wie nichts diß gilt, er trägt am leichtesten das Leben."[13]

Tritt nichts Außergewöhnliches ein, läßt sich mit solchen Verleugnungen leben. Es muß überhaupt beachtet werden, daß im Verleugnungsvorgang eine beträchtliche Paradoxie liegt. Wir müssen verleugnen, sonst könnten wir nicht leben. Aber manchmal und in bestimmten Hinsichten dürfen wir es nicht, sondern müssen wir ohne jede Rücksicht auf unser psychisches Wohlbefinden die Realität prüfen, weil die Verleugnung zu gefährlich ist, zumal – und das ist unbedingt ergänzend zu beachten – eine Verleugnung sekundär je nach der Stärke der Triebbesetzung empfindliche Einbußen weiterer Ich-Funktionen bewirkt.

Machtvolle Verleugnungen schwächen das Vermögen der Wahr-

---

[12] Christlieb, W. (1979): Der entzauberte Ödipus. Ursprünge und Wandlungen eines Mythos. Nymphenburger, München, hier: 241-249.

[13] In der Übersetzung von Hölderlin, V. 999-1002.

nehmung, des Gedächtnisses und der Erinnerung.[14] Mit der Nichtwahrnehmung der Gegenwart geht also gleichzeitig das Bewußtsein für die Vergangenheit verloren. Und umgekehrt: "Wer aber vor der Vergangenheit die Augen verschließt, wird blind für die Gegenwart"[15]. Sind die Umstände extrem, bedeutet der Verlust an Wahrnehmung, Gedächtnis und Erinnerung nichts geringeres als eine "Verfinsterung der Vernunft"[16] im Denken und im Handeln. Das Wissen von dem, was wir tun, verschwindet nicht ganz, aber der Einriß im Ich wird zur tiefen Kluft. Sie erschwert die Korrektur trügerischer Übereinkünfte, macht uns blind und taub und hindert uns daran, den Gefahren, die sich vor uns auftürmen, wirksam zu begegnen.

4. Nicht wissen und nicht wissen wollen

Nicht sehen und sehen, nicht hören und hören, Verleugnung und Wahrnehmung, Unwissen und Wissen finden gleichzeitig statt. Das gilt für individuelle und für kollektive Prozesse.

Erinnern wir uns der schrittweisen Entmenschlichung der Juden. Viele haben etwas gewußt, aber sie haben es vermieden, aus diesem Wissen die richtigen Schlüsse zu ziehen. Sie haben gehört und gesehen, aber sie haben nicht geglaubt, was sie gehört und gesehen haben. Sie haben es nicht bis in ihr Bewußtsein kommen lassen und nach dem Krieg erklärt: "Wir haben es nicht gewußt!" Diese Erklärung diente ihnen auch zur Rechtfertigung und Entschuldigung, während umgekehrt das Ausland ihnen zum Vorwurf machte, sie hätten es doch gewußt. Darin liegt eine merkwürdige Verkennung. Hätte man den Deutschen nicht die Blindheit, hätte man ihnen nicht vorwerfen müssen, daß sie *nicht* wußten, was geschah, anstatt ihnen immer wieder vorzuhalten, daß sie es gewußt hätten?

Und heute? Was tun wir angesichts der nuklearen Drohung? Die

[14]Freud, S. (1965): Wege und Irrwege in der Kinderentwicklung. Klett, Stuttgart, 1968. Schriften VIII, 2223.

[15]Weizsäcker, R. v., (1985): Ansprache des Bundespräsidenten aus Anlaß des 40. Jahrestages der Beendigung des Krieges in Europa und der nationalsozialistischen Gewaltherrschaft am 8. Mai 1985. Bulletin des Presse- und Informationsamtes der Bundesregierung Nr.52 vom 9. Mai 1985.

[16]Horkheimer, M., 1947.

nukleare Aufrüstung bis zum Overkill liegt offen für jeden Zeitungsleser auf dem Tisch. Aber mehrheitlich ziehen wir vor, von den Konsequenzen dieser Aufrüstung nichts zu wissen. Wie einst – und das ist noch nicht lange her – in der Verkehrung der Umstände die "Grausamkeitsarbeit"[17] zum Schutze des deutschen "Volkskörpers" notwendig schien, so verkehren wir heute die Umstände, setzen das Teleskop auf unser blindes Auge und erklären die nukleare Aufrüstung und auch ihr gegebenes Ausmaß als notwendig für unsere Verteidigung und unseren Schutz. Muß man nicht auch uns eher unser *Nichtwissen* als unser Wissen vorwerfen? Oder, daß wir zwar wissen, aber diesem Wissen so wenig Bedeutung beimessen, daß wir keinen hinreichenden Gebrauch davon machen?[18]

In einer Rede mit dem Titel "Schweigen ist das eigentliche Verbrechen", gehalten anläßlich der Gründung der International Psychoanalysts Against Nuclear Weapons am 28. Juli 1985 in Hamburg, kam Hanna Segal aus London zu folgender Diagnose: Die Tatsachen der nuklearen Gefahr "werden der Öffentlichkeit ständig vor Augen geführt, aber wir ziehen es vor, uns blind zu stellen..., das heißt, rein intellektuell geben wir zu, daß ein Atomkrieg sehr wahrscheinlich stattfinden und daß es kein Überleben geben wird – aber wir stellen uns blind, entziehen dem bedrohlichen Geschehen die emotionale Bedeutung und reagieren nicht darauf"[19].

Und in einer Rede, die Peter Rühmkorf unter dem Titel "Bleib erschütterbar und widersteh" auf dem 5. Medizinischen Kongreß zur Verhinderung des Atomkrieges" in Mainz am 31. Oktober 1985 gehalten hat, heißt es: "daß ausnahmslos alle wissen, was um uns herum geschieht, kein Mensch sich aus der Verantwortung stehlen kann, niemand sich blind stellen, keiner behaupten, daß er nicht rechtzeitig und in allen Einzelheiten unterrichtet worden sei; und wenn mich die Schüler und Studenten auf meinen Lesereisen fragen, wie es eigentlich zu diesen unzurechnungsfähigen Nazis habe kommen können,

---

[17] Mitscherlich, A. (1983)[1971]: Vorlesung am 10. Februar 1971. Ges. Schr. X, 584-609, hier: 590.

[18] Becker, H., Nedelmann, C. (1983): Von der Anwendbarkeit psychoanalytischer Kategorien auf die Politik. In: Psychoanalyse und Politik. Suhrkamp, Frankfurt/M., 89-150, hier: 113.

[19] Segal, H. (1985): Silence is the real crime. Übersetzt von Barbara Strehlow: Schweigen ist das eigentliche Verbrechen. Manuskript, 1, 12.

dann sage ich immer nur: wie heute. Genau wie heute, wo wir das Verhängnis mit bloßem Auge ausmachen können."[20]

5. Blind für die Gegenwart ?

Wo wir das Verhängnis mit bloßem Auge ausmachen können, können wir es mit dem blinden Auge zugleich verstellen. Die Realität ist gefährlich genug, aber die eigene destruktive Aggressivität schafft mit Hilfe unbewußter seelischer Vorgänge zur Angstvermeidung im Inneren in der Lenkung nach außen Wahngebilde, die den Blick verhängen.

Zu den Wahngebilden, an denen wir in trügerischer und geheimer Übereinkunft festhalten, gehört die Überzeugung, daß die nukleare Aufrüstung des Westens notwendig ist, um einer Aggression aus dem Osten gewachsen zu sein. Ohne Widerspruch zu erregen, darf von dieser Überzeugung, die das primäre Übel im Osten sieht, allenfalls soviel zurückgenommen werden, als es auch möglich ist zu sagen, der Rüstungswettlauf sei die Folge gegenseitiger Aufschaukelung, zumal diese Ansicht herrschendem Wettbewerbsdenken entgegenkommt. Und jeder, der mit dem durch herrschende Meinung geblendeten Auge durch das Teleskop blickt, wird bezeugen können, daß er nichts anderes sieht.

Ein sehendes Auge aber findet etwas anderes und muß erkennen, daß die Amerikaner im Rüstungswettlauf immer die Nase vorn hatten und daß sich daran bis heute nichts geändert hat. Das ist eine schmerzliche Erkenntnis. Sie läßt das westliche "Beharren auf dem Recht des Ersteinsatzes"[21] nuklearer Waffen in einem bedenklichen Licht erscheinen. Sie entlarvt den Begriff der Nachrüstung als pure Demagogie[22], mit semantischer List in die innenpolitische Debatte

---

[20] Rühmkorf, P. (1985): Bleib erschütterbar und widersteh. Rede auf dem 5. Medizinischen Kongreß zur Verhinderung des Atomkrieges. Zit. nach Frankfurter Rundschau vom 2. November 1985.

[21] Kennan, G.F. (1981): On nuclear war. In: ders. (1982): The nuclear delusion. Soviet-American relations in the atomic age. Pantheon Books, New York, 192-200. Dt.: Über den Atomkrieg. In: Im Schatten der Atombombe. Kiepenheuer und Witsch, Köln, 280-290, hier: 284.

[22] Nedelmann, C. (1985): Von deutscher Minderwertigkeit. In: ders. (Hg.): Zur Psychoanalyse der nuklearen Drohung. Vandenhoeck und Ruprecht, Göttingen, 11-34, hier: 22.

eingeführt, um in Einklang mit der "Schutzmacht" USA die weitere Aufrüstung zu betreiben, sehenden Auges übrigens, wie den Worten des Leiters der Abteilung Inland des Presse- und Informationsamtes der Bundesregierung entnommen werden kann: "Daß der Begriff 'Nachrüstung' durchgesetzt wurde und so bereits im Begriff das Ziel der Wiederherstellung des Gleichgewichts kenntlich gemacht werden konnte, den 'Frieden in Freiheit' zu sichern, war die semantische Voraussetzung für den politischen Erfolg der Stationierungsdebatte."[23]

Wir haben große Schwierigkeiten mit der Erkenntnis, daß im Rüstungswettlauf die Amerikaner immer die Nase vorn hatten. Diese Erkenntnis zu haben, ist schlimm genug. Sie auszusprechen, führt häufig zu befremdlichen und heftigen Reaktionen. Die Engländer scheinen es in dieser Hinsicht leichter zu haben: In einer Studie vom Cambridge University Disarmament Seminar finden sich gar keine Aufhaltungen, sondern wird ohne Umschweife gezeigt: "how the United States raced ahead in the development of the strategies and weapons".[24]

Sagt man es hier, kann es passieren, daß man gefragt wird, wann man endlich "nach drüben geht"; oder man wird als Kommunist oder Handlanger des Kommunismus bezeichnet, vielleicht mit dem perfiden Zusatz, man sei es "bewußt oder unbewußt", als betreibe man die Sache des bösen Feindes und wisse es noch nicht einmal. Der Grad der Blindheit solcher Reaktionen läßt sich an der Heftigkeit des Affektes messen. In der wahnhaft gespaltenen Welt, in der das Denkschema des Entweder/Oder[25] regiert, fühlt man sich plötzlich auf die andere Seite gesetzt.

Die am meisten von Blindheit geprägte Antwort auf die Feststellung, daß die Amerikaner im Rüstungswettlauf die Nase immer vorn hatten und noch haben, ist aber die, die zunächst zustimmt und hinzufügt: "Gott sei Dank". Nichts sei beruhigender für unsere Sicherheit als die immer vorhandene Überlegenheit der Ameri-

---

[23]Bergsdorf, W. (1985), in: Universitas, Heft 11. Zit. nach A. Mechtersheimer (1986): Militarisierungsatlas der Bundesrepublik. Mediatus 6, Heft 3, 12f.

[24]Prins, G. (ed.) (1983): Defended to death. A study of the nuclear arms race from the Cambridge Disarmament Seminar. Penguin Books.

[25]Thorner, H.A. (1980): Entweder / Oder - Ein Beitrag zur Symbolik. In: Jappe, G., Nedelmann, C. (Hg.): Zur Psychoanalyse der Objektbeziehungen. Frommann-Holzboog, Stuttgart, 175-187.

kaner. Diese Reaktion zeigt übrigens besonders deutlich, daß die Verleugnung auch andere Ich-Funktionen in Mitleidenschaft zieht und mit der Wahrnehmung auch das Gedächtnis und die Erinnerung leidet. Wo aber Wahrnehmung, Gedächtnis und Erinnerung fehlen, fehlt die Vernunft im Denken und im Handeln. Wer die nukleare Überlegenheit des Westens preist, hat zumindest aus dem Auge verloren, daß aus dem Überlegenheitsdenken die Pläne eines begrenzten und gewinnbaren nuklearen Krieges stammen, die sich mit dem Verteidigungsgedanken kaum noch vereinbaren lassen, da sie Kriegführungspläne sind.

Außerdem haben manche – vielleicht sogar viele – unser schwieriges, von der Vergangenheit belastetes Verhältnis zu den Russen aus den Augen verloren. Zur Verleugnung dieses Verhältnisses dient zunächst natürlich der Antikommunismus, der nicht nur die Ablehnung eines andersartigen politischen Systems bezeichnet, sondern außerdem eine ausgeprägt innenpolitische ideologische Funktion hat. Weitere Elemente, die wir als Gegenbesetzungen heranziehen, um die Verleugnung vor der Realitätsprüfung zu schützen, sind schwerer zu durchschauen, weil sie zugleich Tatsachen darstellen, die von der russischen Politik geschaffen worden sind. Die ersten Glieder in einer langen Argumentations- und Tatsachenkette sind die Russen als Besatzungsmacht in Deutschland sowie die von ihnen veranlaßte Vertreibung aus den Ostgebieten, die 1945 begann. Das letzte Glied dieser Kette, das innenpolitisch bei uns eine Rolle gespielt hat, ist die Aufstellung der Raketen vom Typ SS-20. Sie sind übrigens eine besondere Betrachtung wert, weil sich auch hier in phantastischer Weise Wahn und Wirklichkeit im innenpolitischen Kalkül gemischt haben.[26]

Hinter der dichten und langen Kette der Fiktionen und Tatsachen russischer Gewalt gegen uns konnte der am 22. Juni 1941 von uns begonnene Rußlandkrieg verblassen und der Verleugnung verfallen. Dieser Krieg ist bis heute nur unzulänglich kritisch durchdrungen worden. Selbst die historischen Fachleute sind sich in der Bewertung nicht einig, aber ihre Forschungsergebnisse haben inzwischen eine Eindeutigkeit ereicht, die nicht mehr bestritten werden kann. Dem Wissen der Fachleute steht aber immer noch die mangel-

---

[26] vgl. Nedelmann, C., a.a.O. (s. Fußnote 22), 13-17.

hafte Verbreitung dieses Wissens im politischen Bewußtsein unserer Öffentlichkeit entgegen. Was Alexander und Margarete Mitscherlich in "Die Unfähigkeit zu trauern" allgemein für die Epoche des Dritten Reiches konstatiert haben, trifft in besonderer Weise auf diesen Teil der Geschichte zu: "Wir – als ein Kollektiv – verstehen uns in diesem Abschnitt unserer Geschichte nicht. So wir überhaupt darauf zurückkommen, verlieren wir uns vornehmlich in Ausflüchten und zeigen eine trügerische Naivität; de facto ist unser Verhalten von unbewußt wirksam gewordenen Verleugnungen bestimmt."[27]

Der Krieg gegen die Sowjetunion wurde als "Vernichtungskrieg" konzipiert und in sorgfältiger Vorbereitung in die politische und militärische Praxis umgesetzt.[28] Zu unserer "Vernichtungsstrategie" gehörte die "Säuberungsstrategie" der "Einsatzgruppen der SS", die als "mobile Tötungseinheiten" hinter der Front ihren "Sonderauftrag" erfüllten, im übrigen aber im Frontgebiet auch mit der Wehrmacht kooperierten . Zu der "Vernichtungsstrategie" gehörte außerdem eine geplante und konsequent durchgehaltene "Hungerstrategie", der bis zum 1. Februar 1942 zwei Millionen russische Kriegsgefangene zum Opfer fielen.[29] Die Zahlen müssen in Bilder und Schicksale übersetzt werden, sonst versteht man sie nicht. Ich zitiere daher zur Veranschaulichung aus dem Halbmonatsbericht des Wirtschaftsstabes Ost vom 27. November 1941:

"Man beobachtet es auf allen Straßen, auf denen Kriegsgefangene entlang geführt werden, daß Blätter und weggeworfene Strünke der Rüben mit wilder Gier vom Felde aufgegriffen und verzehrt werden. Auf die einheimische Bevölkerung machen die Gefangenenzüge

---

[27]Mitscherlich, A. und Mitscherlich, M. (1967): Die Unfähigkeit zu trauern. Grundlagen kollektiven Verhaltens. Mit neuem Vor- und Nachwort, 1977. In: Mitscherlich, A., Gesammelte Schriften IV, hier: 130.

[28]vgl. Förster, a.a.O. (s. Fußnote 3), und Müller, R.-D. (1983): Das Scheitern der wirtschaftlichen 'Blitzkriegsstrategie', in: Militärgeschichtliches Forschungsamt (Hg.): Das Deutsche Reich und der Zweite Weltkrieg. Bd.4: Der Angriff auf die Sowjetunion. Deutsche Verlagsanstalt, Stuttgart, 936-1078.

[29]Streit, C. (1978): Keine Kameraden. Die Wehrmacht und die sowjetischen Kriegsgefangenen 1941-1945. Deutsche Verlagsanstalt, Stuttgart; und - (1984): Die Behandlung der sowjetischen Kriegsgefangenen und völkerrechtliche Probleme des Krieges gegen die Sowjetunion. In: Überschär, G.R., Wette, W. (Hg.): "Unternehmen Barbarossa". Der deutsche Überfall auf die Sowjetunion 1941. Ferdinand Schöningh, Paderborn, 197-218.

einen Mitleid erregenden Eindruck. In den Dörfern sammelt sich die Einwohnerschaft, um in den Zug hinein Rüben, Kartoffeln und Melonenteile zu werfen. Auf dem Felde werfen die Frauen beim Nahen eines solchen Gefangenentransportes Rüben auf den Weg, die von den Gefangenen eiligst aufgesammelt werden. Es ist anzunehmen, daß durch den Anblick dieser entkräfteten Gefangenen, denen der Hunger aus den Augen stiert, die Stimmung der Bevölkerung den Deutschen gegenüber leidet."[30]

In dem Versuch einer "Schlußbetrachtung" kam Jürgen Förster trotz des noch nicht "einheitlichen" Bildes deutscher Historiker vom Rußlandkrieg zu folgender bemerkenswerten Feststellung: "Unter den Historikern besteht allerdings Einigkeit darüber, daß die Folgen des deutsch-sowjetischen Krieges noch in der politischen Gegenwart deutlich spürbar sind."[31] Dieses Wissen hat die deutsche Öffentlichkeit noch nicht erreicht, aber in Rußland ist es lebendig. Die Russen haben es nicht vergessen, daß ihre Überzeugung von der Haltbarkeit des Nichtangriffspaktes sich als Illusion entlarvte und der Überfall der Deutschen ihre Vernichtung zum Ziel hatte. Für sie bedeutet es bis heute viel. Im heutigen russisch-amerikanischen Verhältnis darf die Frage nicht unbedacht bleiben, wer im Duopol der Supermächte "mehr Recht" hat, sich bedroht zu fühlen. Das ist keineswegs nur eine allgemeine und unverbindliche Frage, sondern ein sehr konkretes Problem, das z.B. in der Meinungsverschiedenheit auftaucht, wie die Pershing-II im "Gleichgewicht" zu bewerten sind. Aus russischer Sicht handelt es sich um "strategische Waffen", den amerikanischen Interkontinentalraketen gleichzuordnen, während es sich aus amerikanischer Sicht "nur" um Mittelstreckenraketen, also "taktische" Waffen handelt. Wie nicht anders zu erwarten, vertritt die Bundesrepublik Deutschland selbstverständlich den amerikanischen Standpunkt. Wenn wir wüßten, was wir tun. Die Pershing-II sind eben nicht die "Gegenstücke" der SS-20, wie Johannes Rau in seiner Ahlener Rede zur Eröffnung des Bundestagswahlkampfes sagte, sondern etwas anderes, schlimmeres und viel gefährlicheres.

Wenn schon, mag jemand einwenden, aber wir haben doch zur

---

[30]Zitiert nach Streit, 1978, 152.

[31]Förster, J. (1983): Das Unternehmen "Barbarossa" – eine historische Ortsbestimmung. a.a.O. (s. Fußnote 3), 1079-1088.

Prämisse unserer Politik erklärt, daß von deutschem Boden nie mehr ein Krieg ausgehen darf. Wer möchte dem nicht zustimmen. Aber wer genauer hinhört, wird vielleicht entdecken, daß in dieser Erklärung und Zustimmung eine gewisse Eilfertigkeit liegt, die uns stutzen und fragen läßt, sollte auch hier eine Gegenbesetzung am Werk sein, die "eine peinlich empfundene Zumutung der Außenwelt"[32] verhüllen hilft?

Denken wir nach: von deutschem Boden *dürfe* nie mehr ein Krieg ausgehen, müßte doch folgerichtig heißen, dafür zu sorgen, daß von deutschem Boden nie mehr ein Krieg ausgehen *kann*. Vom schwierigen und schmerzhaften Nachdenken über Können und Dürfen handelt das 1910 erschienene Gedicht von Christian Morgenstern, das ich wegen seines aktuellen politischen und psychologischen Gehaltes vollständig zitiere:

Die unmögliche Tatsache

Palmström, etwas schon an Jahren,
wird an einer Straßenbeuge
und von einem Kraftfahrzeuge
überfahren.

'Wie war' (spricht er, sich erhebend
und entschlossen weiterlebend)
'möglich, wie dies Unglück, ja –:
daß es überhaupt geschah?'

'Ist die Staatskunst anzuklagen
in Bezug auf Kraftfahrwagen?
Gab die Polizeivorschrift
hier dem Fahrer freie Trift?'

'Oder war vielmehr verboten,
hier Lebendige zu Toten
umzuwandeln, – kurz und schlicht:
Durfte hier der Kutscher nicht –?'

[32] Freud, S., a.a.O. (s. Fußnote 9)

Eingehüllt in feuchte Tücher
prüft er die Gesetzesbücher
und ist alsobald im Klaren:
Wagen durften dort nicht fahren!

Und er kommt zu dem Ergebnis:
Nur ein Traum war das Erlebnis.
Weil, so schließt er messerscharf,
nicht sein *kann*, was nicht sein *darf*.

Mit den Pershing-II ist eine "unmögliche Tatsache" in unser Land gekommen. Zum ersten Mal sind bei uns Raketen stationiert worden, deren Reichweite in Rußland liegt und die nach einer Flugzeit von weniger als zehn Minuten mit hoher Präzision die Kommandozentralen der Sowjetunion rings um Moskau zerstören sollen, falls sie gestartet werden.

Die Pershing-II ist die Waffe, die den strategischen Vorstellungen eines "Enthauptungsschlages" zugeordnet worden ist. Wir haben es gewußt, nichts ist in den letzten Jahren in der Öffentlichkeit mehr diskutiert worden als dieser Raketenplan, aber wir haben vorgezogen, uns blind zu stellen, und mehrheitlich den Parteien am 6. März 1983 unsere Stimme gegeben, die die Aufstellung dieser Raketen garantierten.

Dieser und andere Schritte waren nötig, hieß und heißt es; denn "wir müssen unsere Freiheit verteidigen". Auch dieser Satz eignet sich besonders gut zu einer Gegenbesetzung: Wer wollte der Verteidigung der Freiheit nicht zustimmen! Dahinter läßt sich dann aber leicht die Frage nach der Zweckmäßigkeit der Mittel verbergen. Die Verleugnung ist ungeheuerlich. Die eingesetzten Mittel lassen erkennen, daß die Verteidigung der Freiheit, falls die Abschreckung versagt, unser Leben aufs Spiel setzt. Hinter der gern akzeptierten Prämisse von der Verteidigung der Freiheit vergessen wir, warum die Russen so sehr unsere Feinde sein müssen, daß wir es für richtig hielten, gegen sie die Pershing-II ins Land zu holen und die zwangsläufig mit dieser Waffe verbundene Destabilisierung in Kauf zu nehmen.

Einen Augenblick schien es, als wäre die Überzeugung, daß nukleare Waffen und Sicherheit positiv korrelieren, endlich erschüttert, als würden die Stimmen endlich gehört, die den Verzicht auf den Ersteinsatz, das Einfrieren der Rüstung und den Teststopp nuklearer Waffen forderten, als würden die Einsichten in die nukleare Gefahr endlich zu Erfolg in der praktischen Politik führen. Aber dann kam als ein neuer Zauber SDI über uns, diese späte Wiederauflage alter Träume, des alten Traumes von der Unverwundbarkeit, des alten Traumes der Todesstrahlen und des alten Traumes vom technischen Fortschritt, der besagt, daß allein die Technik die Gefahren, die den Menschen bedrohen, überwinden kann. Die kümmerliche Logik dieses Traumes ist noch nicht erschüttert, so gewaltig ist der Wunsch, der darin steckt. Zu welchen Leistungen 'turning a blind eye' fähig ist, zeigt die Auseinandersetzung um dieses Projekt. Jeder müßte eigentlich wissen, daß mit SDI keine Sicherheit, sondern nur vermehrte Unsicherheit geschaffen wird; denn je erfolgreicher dieses System zu arbeiten verspricht, desto größer wird die Gefahr auf beiden Seiten. Im Hinblick auf die USA müssen die verschiedenen Raketen-Abwehr-Maßnahmen, die im SDI-Projekt stecken, im Zusammenhang der Ersteinsatz-(Enthauptungs-) Strategie und damit im Zusammenhang der Pershing-II gesehen werden: je "erfolgreicher" der Ersteinsatz ausfällt, desto "sicherer" können die SDI-Abwehrsysteme die nunmehr geschwächte Zweitschlagkapazität der Russen abwehren und, wenn schon nicht die Bevölkerung, so doch wenigstens die Zweitschlagkapazität der USA schützen. Im Hinblick auf die UdSSR sind Gegenmaßnahmen anderer Art zu erwarten. Je erfolgreicher SDI-Maßnahmen auf der russischen Seite eingeschätzt werden, desto größer wird der Rüstungsschub sein, den die Russen für notwendig halten.

Die Blindheit, die gegen diese einfachen Sachverhalte gestellt wird, verhilft nicht nur vorläufig SDI zu strategischer und ökonomischer Wirksamkeit. Sie bewirkt außerdem eine Beeinträchtigung der gesamten Friedensdiskussion ganz in der Weise, wie die Verleugnung sekundär weitere Ich-Funktionen beeinträchtigt. Die differenzierten Diskussionen um den Ersteinsatz, um den Rüstungsstopp und um den Teststopp sind in den USA, in Großbritannien und bei uns auf das plumpe SDI-Problem verschoben. Es ist zu hören, daß die Verkaufsstrategen im Weißen Haus der SDI-Rede von Reagan im März 1983 eben dieses Ziel gegeben haben, dem Einfluß und der sachlichen Kompetenz der Friedensbewegung zu begegnen. Speziell bei uns hat die SDI-Diskussion bewirkt, daß die Frage, wie lange wir die Pershing-II-Raketen auf westdeutschem Boden noch dulden müssen, nicht mit der notwendigen Dringlichkeit und Schärfe gestellt wurde.

Interessante Affekte schließlich sind zu beobachten, wenn von "unilateralen Maßnahmen", also einseitigen Schritten zur Gefahrenverminderung, die Rede ist. Jawohl, heißt es dann, aber nur wenn die andere Seite nachzieht. Mit dieser Einstellung ist bisher die Aufrüstung betrieben worden. Es ist kaum anzunehmen, daß mit ihr auch die Abrüstung betrieben werden kann. Für unilaterale Maßnahmen spricht, daß die andere Seite darauf nicht *nicht* reagieren kann. Es ist völlig undenkbar, daß die andere Seite unbeeinflußt bliebe, wenn die eine Seite rigoros und offen erklären würde, von nun ab nicht *mehr*, sondern *weniger* vom selben zu tun. Es wäre unwahrscheinlich, daß die Amerikaner sich auf Dauer dem Teststopp der Russen entziehen könnten, würden die Russen ihn nicht begrenzen und mit Forderungen an die andere Seite verknüpfen.

Die Heftigkeit des Affekts gegen den Vorschlag unilateraler Maßnahmen soll die Blindheit gegen die Einsicht festigen, daß Sicherheit heutzutage nicht mehr gegeneinander, sondern nur noch miteinander zu haben ist, also die Sicherheit niemand mehr selber schaffen kann, sondern jeder darin abhängig vom Gegner ist, der möglicherweise sogar als Feind gilt. Das scheint in ganz besonderer Weise Politiker zu ängstigen, vielleicht, weil sie fürchten, daß die Mehrheit der Wähler ihnen die Gefolgschaft versagt; denn noch blendet das Argument, wer das Angriffspotential, das zur Abschreckung bereitsteht, mindert, betreibe die Sache der anderen Seite und damit die böse Sache. Dahinter verschwindet das Wissen, daß die Quantität des Angriffspotentials übermäßig ist. Wie immer man McNamaras Frage: 'how much is enough?' beantworten mag, fest steht, daß die Antwort nur lauten kann: weniger.

Wir sollten es wissen. Zumal allmählich bekannter wird, daß man sich gegen Panzer besser durch Panzerabwehrwaffen verteidigt, von denen keine Angriffsdrohung ausgeht, mit nuklearen Waffen aber nichts in Deutschland verteidigt werden kann. Schließlich ist immer wieder zu fragen, ob die Lüsternheit am Rhein zu stehen, die wir den Russen zuschreiben, wirklich mehr aus deren Angriffslust oder mehr aus unseren Projektionen stammt, weil wir aus Gründen innenpolitischer Kohärenz das Bild vom bösen Feind brauchen.

Strategien, Krisen und Kriegsgefahr

SDI im Spiegel der Kuba-Krise†

BERND GREINER

1. Einleitung

Die geplanten Weltraumwaffen der Vereinigten Staaten werden in erster Linie mit dem Hinweis auf eine drastische Verringerung des Kriegsrisikos begründet. Demnach entwertet eine effiziente Verteidigung alle Anreize und Möglichkeiten zum Angriff und wirkt in Krisensituationen – die stets in hohem Maße unkalkulierbar und eigendynamisch verlaufen – stabilisierend. Künftige Konflikte zwischen Ost und West seien also kein Grund zur Beunruhigung: sie würden nicht länger am Rande des Abgrunds ausgetragen, sondern könnten im Zeichen einer "gegenseitig garantierten Sicherheit" friedlich beigelegt werden.[1] Diese Behauptung ist zu hinterfragen.

Es bietet sich an, die neueren Entwicklungen der militärischen Strategie und Technologie im Lichte einschlägiger historischer Erfahrungen zu diskutieren. Die *Kuba-Krise* vom Oktober 1962 scheint hierzu in besonderer Weise geeignet. Nicht allein deshalb, weil die Gefahr eines nuklearen Weltkrieges zu keinem Zeitpunkt größer als in jenen Tagen und Stunden war, auch nicht allein deshalb, weil damals die Schrecken des vorgeblichen "Gleichgewichts des Schreckens" offenkundig wurden. Vielmehr liegt die Beschäftigung mit der Kuba-Krise nahe, weil

erstens und grundsätzlich über Krieg und Frieden zwischen atomar hochgerüsteten Mächten in Krisensituationen entschieden wird;

---

†Zur Erinnerung an Reinhard Opitz, dessen Rat wir sehr vermissen werden.

[1] Präsident Reagans "Star Wars"-Rede ist abgedruckt in: Englisch-Amerikanische Studien, 7, 4 (1985), 780-785. Vgl. Ada Whitaker, "'In Defence of the Indefensible.' An Analysis of President Reagan's SDI-Speech", in: Englisch-Amerikanische Studien, 7, 4 (1985), 639-648.

zweitens in solchen Konstellationen das Wechselverhältnis von Politik und Militär und damit der politische Stellenwert von Nuklearstrategien historisch konkret wird;
drittens die Kuba-Krise nicht nur ein singuläres und damit historisch beliebiges Ereignis darstellt, sondern als Modellfall auch zukünftiger Krisen gelten kann. Denn am Beispiel dieser Krise werden Faktoren deutlich, die für die augenblicklichen Weichenstellungen in der Außen- und Rüstungspolitik und für die Beurteilung der Weltraumwaffen von ausschlaggebender Bedeutung sind:
- Welche Rolle spielen Nuklearstrategien im Rahmen der politischen Auseinandersetzung zwischen Ost und West?
- Welche Faktoren müssen gegeben sein, damit eine zugespitzte politische Krise zwischen den USA und der UdSSR nicht mit militärischen Mitteln ausgetragen wird und eine nukleare Eskalation unterbleibt?

Was geschah im Oktober 1962? Der Ablauf der Krise ist rasch skizziert: Seit dem Sommer 1962 stationierte die UdSSR Mittelstreckenraketen kurzer und langer Reichweite auf der Insel, Raketen, die die meisten Großstädte der USA hätten erreichen können. Am 14. Oktober verfügte die amerikanische Luftaufklärung erstmals über eindeutige Beweise des Aufbaus von Raketenstellungen. Eine Woche später forderte Präsident Kennedy in einer Fernsehansprache den sofortigen und bedingungslosen Abzug der Raketen, andernfalls die Vereinigten Staaten zu militärischen Gegenmaßnahmen gezwungen wären. Seit dem 24. Oktober blockierte die US-Navy die Seewege um Kuba. In den folgenden drei Tagen wurden mehrere Briefe zwischen Washington und Moskau ausgetauscht, Bedingungen des Abzugs der Raketen und Zugeständnisse für die Erfüllung dieser Forderungen formuliert. Am 27.10. schließlich forderte die amerikanische Regierung ultimativ eine sowjetische Einwilligung innerhalb von 24 Stunden. Einen Tag später wurde die Krise mit der sowjetischen Ankündigung beigelegt, die Raketen zurückzuziehen. Die USA erklärten daraufhin, auf künftige Interventionen gegen Kuba verzichten zu wollen, und stellten Verhandlungen mit der UdSSR über Rüstungskontrolle in Aussicht.[2]

[2]Vgl. Robert Kennedy, Dreizehn Tage. Wie die Welt beinahe unterging, Darmstadt, 1982[2]. Mit den begleitenden Texten von J. Somerville und A. Rapoport ist dies die umfassendste deutschsprachige Dokumentation zur Kuba-Krise.

Diese Ereignisse sind mit Blick auf die aktuelle Auseinandersetzung um Weltraumrüstung äußerst aufschlußreich. Sie verdeutlichen exemplarisch, welche Rolle Rüstung und Nuklearstrategien im Ost-West-Konflikt spielen.

2. Die Rolle von Rüstung und Nuklearstrategien im Ost-West-Konflikt

Grundsätzlich ist ein signifikanter Zusammenhang von Aufrüstung und Militärstrategie einerseits und politischen Krisen andererseits nachweisbar. In der Literatur wurde dafür der Begriff des "Spill-Over"-Effekts eingeführt. Beispielsweise korrelieren Kriegsausbrüche sehr stark mit Rüstungswettläufen. Gingen forcierte Aufrüstungen voraus, so endeten in 28 von dem Politikwissenschaftler Michael D. Wallace untersuchten Fällen 23 zwischenstaatliche Konflikte mit Krieg; bei geringer oder ausbleibender gegenseitiger Hochrüstung hingegen konnten von 71 Konflikten 68 mit diplomatischen Mitteln gelöst werden, und lediglich drei führten zu militärischer Gewaltanwendung.[3]

Ursache und Verlauf der Kuba-Krise legen es nahe, das "Spill-Over"-Modell auch auf den Kalten Krieg zu übertragen. Der amerikanische Politikwissenschaftler Graham T. Allison hat den bisher umfassendsten Versuch unternommen, die möglichen Gründe abzuwägen, warum die UdSSR im Sommer 1962 Mittelstreckenraketen auf Kuba stationierte. Er sieht das hauptsächliche Bestreben sowjetischer Politik darin, einen qualitativen Vorsprung der USA (im Bereich der Interkontinentalraketen) auszugleichen und die nuklearstrategische Position der UdSSR zu verbessern.[4] Auch verschiedene zeitgenössische Studien aus dem Umfeld der Kennedy-Regierung stimmten darin überein, daß die seit den späten 50er Jahren eingeleiteten amerikanischen Rüstungsprogramme die UdSSR in die Defensive gedrängt hatten. In einem Memorandum des Policy Planning Council (ein Planungs- und Beratungsstab im Außenministerium) heißt es beispielsweise: "... der seit Sommer 1961 beobachtbare Trend ei-

---

[3]Michael D. Wallace, "Arms Races and Escalation. Some New Evidence", in: Journal of Conflict Resolution, 23, 1 (1979), 14ff.

[4]Vgl. Graham T. Allison, Essence of Decision: Explaining the Cuban Missile Crisis, Boston, 1971, 52ff,117.

nes forcierten Aufbaus unserer eigenen militärischen Fähigkeiten und einer vergleichsweisen Einschränkung sowjetischer Stärke hat die sowjetischen Kalkulationen auf den Kopf gestellt. Folglich mußten die Sowjets auf schnellstem Wege das Gleichgewicht wiederherstellen und gleichzeitig die USA davon überzeugen, daß es wirklich wiederhergestellt, oder mehr als wiederhergestellt war."[5]

Eine Raketenstationierung auf Kuba bot sich aus sowjetischer Sicht als Ausweg aus diesem Dilemma an. Militärisch hätte man den Vereinigten Staaten einen vergleichbaren Schaden androhen können; ökonomisch wäre die Sowjetunion entlastet worden, da man auf ein Sofortprogramm für Interkontinentalraketen hätte verzichten können; und auch politisch hätten die USA mit ihren neuen Waffensystemen keine Positionsvorteile mehr erzielen können. Aus all diesen Gründen schien es der sowjetischen Führung angebracht, auch um den Preis einer internationalen Krise Raketen auf Kuba zu stationieren.

Welche Rolle spielen Militärstrategien in einer solchermaßen zugespitzten politischen Konfrontation?

Amerikanische Militärplaner sahen das entscheidend Neue nach 1945 nicht nur im verheerenden Zerstörungspotential atomarer Waffen; sie verwiesen immer auch darauf, daß infolge des Systemantagonismus - der tiefen gesellschaftlichen, politischen und kulturellen Gegensätze also - ein Krieg mit der UdSSR sich von allen Kriegen der Vergangenheit grundsätzlich unterscheiden würde. Kurz: Nuklearstrategien teilen die Clausewitzsche These, daß ein Krieg umso kriegerischer (und damit umso zerstörerischer) werde, je politischer er sei. Nur vor diesem Hintergrund werden die vielfältigen Bemühungen der Regierung Kennedy verständlich, militärische Gewaltoptionen in Schach zu halten und möglichst alle Varianten diplomatischer Verständigung auszuschöpfen. Dazu gehörte u.a., der UdSSR möglichst viel Zeit zur Beratung zu geben; mißverständliche Formulierungen und Forderungen von vornherein auszuschließen; der UdSSR Rückzugsmöglichkeiten offenzuhalten und Chruschtschow

[5]Policy Planning Council, "The Cuban Base Problem in Perspective", o.J., To: McGeorge Bundy, The White House, From: W.W.Rostow, Top Secret, 2ff., in: The Declassified Documents Reference System, 4, 2 (1978), 202 A. Zur Diskussion der sowjetischen Motive vgl. auch den Beitrag von John Somerville in: Kennedy, Dreizehn Tage, 133-150.

nicht in die Enge zu treiben; und dazu gehörte nicht zuletzt der Versuch, Ratschläge und Maßnahmen der eigenen Militärs zu entschärfen. Die Regierung Kennedy war also eindeutig um diplomatische Konfliktkontrolle bemüht.[6]

Am Verlauf der Kuba-Krise wird aber zugleich deutlich, daß die amerikanische Nuklearstrategie noch in einem anderen Sinne an Clausewitz anknüpft und Krieg - auch den Atomkrieg - weiterhin als "Fortsetzung des politischen Verkehrs" und "Durchführung desselben mit anderen Mitteln" begreift. Auf amerikanischer Seite wurde das Risiko eines Krieges bewußt eingegangen. Es handelte sich - wie John Somerville schreibt - um die "wohlüberlegte Entscheidung einer Gruppe hochgebildeter Staatsmänner", die damit rechneten, "daß das Ende der Welt die wahrscheinlichste Folge der Entscheidung sein würde, die sie trotzdem trafen".[7] Ein Nachgeben gegenüber der UdSSR schien aus grundsätzlichen innen- wie außenpolitischen Überlegungen nicht in Frage zu kommen. Das Interesse an der bedingungslosen Behauptung der "Weltführungsrolle" wurde der Erhaltung des Friedens übergeordnet. Albert und Roberta Wohlstetter von der RAND-Corporation schrieben in einer zeitgenössischen Studie: "Einer der Gründe, warum die amerikanische Drohung wirkte, lag darin, daß die Vereinigten Staaten bereit waren, die nächstfolgenden Schritte zu gehen und auch über die Macht verfügten, dies zu tun."[8] In der Tat konnte die Krise nur überwunden werden, weil die UdSSR in letzter Minute ihre Haltung änderte und sich unterwarf.

Dieser im Oktober 1962 zu Tage tretende Widerspruch bezeichnet das Grundproblem der gesamten nuklear-strategischen Diskussion und Planung seit 1945: einerseits aus machtpolitischen Erwägungen auf das Mittel des Krieges nicht verzichten zu können und andererseits mit der historisch beispiellosen Aussicht konfrontiert zu sein, nicht allein den Gegner, sondern auch sich selbst zu vernichten.

Die Geschichte der amerikanischen Nuklearstrategie - die wir inzwischen über weite Strecken dokumentarisch belegen können - ist

---

[6]Zur Konzeption und Umsetzung amerikanischer Krisenpolitik vgl. Bernd Greiner, Politik am Rande des Abgrunds? Amerikanische Außen- und Militär- politik während des Kalten Krieges, Heilbronn, 1986.

[7]John Somerville, in: Kennedy, Dreizehn Tage, 7.

[8]Albert und Roberta Wohlstetter, "Controlling the Risks in Cuba", in: Adelphi Papers, 17/1965, 18; vgl. 20. (Hervorhebung im Text.)

der permanente, d.h. seit 40 Jahren immer wieder unternommene Versuch, Auswege aus diesem Dilemma zu finden. Nuklearstrategie war, ist und - sofern sich nichts Grundlegendes ändert - bleibt im Kern eine "warfighting strategy". Ihr hauptsächliches Anliegen besteht darin, militärische Gewalt und Krieg wieder politisch "kalkulierbar" und "rational" zu machen. Seit 40 Jahren kreisen die Überlegungen der Nuklearstrategen um die Frage, wie im Zeichen nuklearer Bewaffnung Krieg wieder zu einer "Fortsetzung des politischen Verkehrs" werden könne. Konkret geht es dabei um drei Fragen:

- Wie erreicht man Eskalationsdominanz ? D.h.: wie kann dem Gegner auf jedweder Eskalationsstufe größerer Schaden angedroht werden als er selbst erwidern kann?
- Wie kann ein Nuklearkrieg begrenzt und mithin der für das eigene Land zu erwartende Schaden minimiert werden?
- Welches sind die Voraussetzungen, um auch in einem solchen Krieg politische Kriegsziele kontrolliert durchzusetzen, und wie sind diese Kriegsziele zu bestimmen?

Um es nochmal zu betonen: Dergleichen Überlegungen sind nicht neu und schon gar nicht eine Erfindung der Carter- oder Reagan-Administration. Wir finden sie bereits in den ersten dokumentarisch festgehaltenen Diskussionen und Planspielen der späten 40er Jahre.

Die Nukleare Einsatzplanung (Nuclear Weapons Employment Policy) steht ganz im Zeichen dieser Vorgaben. Sie befindet über die Art und Weise des Einsatzes von Atomwaffen, über die Rolle der jeweiligen Teilstreitkräfte und insbesondere über die zu zerstörenden Zielobjekte und den Zeitpunkt des Einsatzes der Atomwaffen. Für unseren Zusammenhang ist die Frage entscheidend: Welche Antworten glaubte und glaubt man zu finden, um das Kardinalproblem zu lösen - nämlich im Zweifelsfall Krieg zu politisch kalkulierbaren Zwecken und ohne das Risiko der Selbstzerstörung führen zu können? Die Antwort läuft traditionell auf dreierlei hinaus:

1) Es müssen die materiellen Voraussetzungen zur Verteidigung gegen und zum Angriff mit Atomwaffen geschaffen werden. Bereits der Gaither-Report aus dem Jahre 1957 - ein Schlüsseldokument politisch-militärischer Planung - betonte, daß das alleinige Vertrauen auf Offensivwaffen ein unvertretbar hohes Vergeltungsrisiko mit sich bringe. Wer sich darauf verlasse, die Gegenseite allein durch An-

griff und Entwaffnung militärisch lähmen zu können, gebe sich illusionärem Denken hin. Gefordert sei daher ein effizienter "Waffenmix". Freilich scheiterten dergleichen Überlegungen bislang immer wieder an den fehlenden technischen Voraussetzungen, eine funktionsfähige Abwehr aufzubauen.

2) Die Zielplanung müsse stärker *selektiv* betrieben werden. D.h., es komme darauf an, Ziele festzulegen, die sich für einen begrenzten Einsatz von Atomwaffen eigneten und deren Zerstörung eine "Denkpause", also die Möglichkeit der jederzeitigen Eskalationskontrolle, mit sich bringe.

3) Operativ wurde die Zeitplanung für den Einsatz von Atomwaffen auf die sog. "Prä-Emption" abgestellt. D.h., die Teilstreitkräfte und insbesondere das Strategic Air Command müssen ständig darauf vorbereitet sein, in einer akut zugespitzten Konfliktsituation dem Gegner zuvorzukommen und einen "atomaren Erstschlag" (*first strike*) zu führen. Wenn also nach eigener Einschätzung ein Krieg unmittelbar bevorsteht oder jedenfalls sehr wahrscheinlich ist, dann könne der Schaden für das eigene Land nur minimiert werden, wenn der Gegner so früh wie möglich und damit *vor* Gebrauch seines eigenen Vernichtungspotentials angegriffen würde.

Wir wissen inzwischen, daß der während der Kuba-Krise gültige Single Integrated Operations Plan (SIOP) darauf orientierte, im Zweifelsfall zum Mittel der Prä-Emption zu greifen.[9] Auch führende Politiker wie Robert S. McNamara (der ansonsten immer wieder auf das Primat der Politik und eine nicht-kriegerische Lösung des Konflikts pochte) teilten diese Orientierung. Am Abend des 16. Oktober unterbreitete McNamara im Krisenstab des Nationalen Sicherheitsrates (Executive Committee) den Vorschlag, der UdSSR ausdrücklich mit einem totalen Prä-Emptiv-Krieg für den Fall zu drohen, daß die USA nur die geringsten Anzeichen für einen von Kuba ausgehenden Angriff entdeckten.[10] Erst recht drängten die von Seiten

[9] Vgl. Peter Pringle und William Arkin, SIOP. Der geheime Atomkriegsplan der USA, Berlin, Bonn, 1985. Zu den Atomkriegsplanungen der Jahre 1945-50 vgl. Bernd Greiner und Kurt Steinhaus, Auf dem Weg zum Dritten Weltkrieg? Amerikanische Kriegspläne gegen die UdSSR. Eine Dokumentation, Köln, 1982².

[10] Scott D. Sagan, "Nuclear Alerts and Crisis Management", in: International Security, 9, 4 (1985), 111. McNamaras Vorschlag lautete: "... if there is ever any indication that they're to be launched against this country, we will respond

des Militärs eingebrachten Handlungsoptionen zum sofortigen militärischen Handeln – selbst um die Gefahr eines Weltkrieges. Robert Kennedy schreibt über die Haltung der Militärs, daß sie "anscheinend kaum an die Auswirkungen der von ihnen befürworteten Maßnahmen dachten. Sie schienen immer vorauszusetzen, daß die Russen und die Kubaner keinen Gegenschlag führen würden oder daß, falls sie es doch täten, ein Krieg in unserem nationalen Interesse läge. Einer der Vereinigten Stabschefs äußerte einmal mir gegenüber, er sei für einen Präventivangriff auf die Sowjetunion. An dem schicksalsschweren Sonntagmorgen, als die Russen den Abzug ihrer Raketen ankündigten, schlug ein hoher militärischer Beamter vor, wir sollten trotzdem am Montag angreifen. Ein anderer hatte das Gefühl, daß wir irgendwie betrogen worden seien."[11] In Vorbereitung eines Krieges waren im Oktober 1962 *alle* Waffengattungen der US-Streitkräfte *weltweit* in die höchste Alarm- und Gefechtsbereitschaft der Nachkriegszeit versetzt worden.[12]

Mit zunehmender Dauer der Kuba-Krise gewannen die für Gewaltanwendung plädierenden Kräfte immer stärker an Einfluß. Jeder weitere Zeitverlust – so wurde argumentiert – wäre unmittelbar zu sowjetischem Vorteil. Daher wurde der UdSSR ein Ultimatum gestellt: Entweder Abzug der Raketen binnen 24 Stunden oder Invasion und Luftangriffe gegen Kuba. In der Sicht der amerikanischen Entscheidungsträger waren diese realen Kriegsvorbereitungen und der politische Wille zur Kriegsführung die krisenentscheidenden Faktoren. Ohne sie wäre die Blockade eine stumpfe Waffe geblieben.

Das Risiko eines Nuklearkrieges wurde bewußt manipuliert und als politisches Druckmittel eingesetzt – in der vagen Hoffnung, daß die UdSSR dadurch von politischen und militärischen Antworten auf

---

not only against Cuba, but we will respond directly against the Soviet Union with a full nuclear strike." McNamaras Vorschlag wurde verworfen. Präsident Kennedy erklärte am 22.10. öffentlich, die USA würden im Falle eines von Kuba aus gegen die "westliche Hemisphäre" erfolgten Angriffs "nukleare Vergeltung" gegen die UdSSR üben.

[11] Kennedy, Dreizehn Tage, 119.

[12] Es handelte sich dabei um 'Defense Condition' (DefCon) 2 und 3. Vgl. Sagan, "Nuclear Alerts", 106,109. Vgl. Marc Trachtenberg, "The Influence of Nuclear Weapons in the Cuban Missile Crisis", in: International Security, 10, 1 (1985), 137ff.

die Blockade Kubas 'abgeschreckt' würde.[13] Gerade Robert McNamara verwies immer wieder auf die damit einhergehenden Gefahren eines politischen Kontrollverlusts, sah aber (wie die übrigen Teilnehmer an den Krisensitzungen) keinen anderen gangbaren Weg. Mit dem Ultimatum schließlich wurde diese Orientierung auf die Spitze getrieben. Die Grenzen krisenrückversicherter Diplomatie waren auf amerikanischer Seite überschritten, der weitere Gang der Entwicklung hing einzig und allein vom sowjetischen Verhalten ab. Wie Robert Kennedy schreibt, hatte der Präsident die "Hoffnung" auf die Erhaltung des Friedens nicht aufgegeben, aber es war eben nur eine "Hoffnung" – keine "Erwartung".[14] Zu erwarten war der Krieg.

Vor diesem Hintergrund drängt sich eine Frage geradezu auf: welche Faktoren verhinderten, daß es im Falle Kubas zur prä-emptiven Kriegsführung kam?

Wir sind damit beim entscheidenden Problem jeder politischen Wertung von Nuklearstrategien:

– Welche Mittel und Möglichkeiten gibt es, Nuklearstrategien, d.h. in erster Linie die Option auf Prä-Emption, unter Krisenbedingungen mit politischen Mitteln in Schach zu halten?

– Welches sind die Wege, um das Primat der Politik zu sichern und zu verhindern, daß mit dem Anspruch auf "Schadensbegrenzung" und "kalkulierbaren Krieg" im Zweifelsfall nicht gegen, sondern für den Atomwaffeneinsatz plädiert wird?

Kurz:

– Welche politischen Voraussetzungen und Kontrollmechanismen sind unverzichtbar?

– Warum konnte das politische Krisenmanagement im Falle Kubas funktionieren?

3. Bedingungen der politischen Kontrolle von Nuklearstrategien: das Beispiel Kuba-Krise

Betrachten wir die Entwicklungen während der Kuba-Krise genauer, so fallen – zumindest – fünf Faktoren auf, die jeder für sich und in ihrem wechselseitigen Zusammenspiel dazu beigetragen haben, daß die

[13] Vgl. Trachtenberg, "Influence of Nuclear Weapons", 171,177f,180,183,186,203.

[14] Vgl. Kennedy, Dreizehn Tage, 108.

Krise kontrolliert und mit diplomatischen Mitteln beigelegt werden konnte:

Eine erste wichtige Ursache scheint darin zu liegen, daß die damalige amerikanische Überlegenheit an Offensivwaffen keine begründete Aussicht auf einen kalkulierbaren und für das Land mit minimaler Schadenserwartung führbaren Krieg bot. Desmond Ball behauptet zwar, daß die Vereinigten Staaten im Oktober 1962 erstmals (und bis zum heutigen Tag letztmals) in der Lage gewesen seien, die UdSSR mit einem "Counterforce"-Schlag zu entwaffnen.[15] Aber die USA verfügten über keinerlei effiziente Abwehrsysteme. Sich allein auf das Offensivpotential zu verlassen und auf eine umfassende Lähmung der UdSSR binnen kürzester Frist zu setzen, konnte nicht mehr als vage Spekulation sein. Auch im Zeichen der allgemein akzeptierten Erstschlagsdoktrin war das Risiko der Selbstvernichtung extrem hoch.

Zweitens waren zum damaligen Zeitpunkt alle Varianten einer "selektiven" und "begrenzten" Kriegsführung mit Atomwaffen graue Theorie. Weder gab es die technischen Möglichkeiten dazu, noch sah der Nukleare Einsatzplan (SIOP) irgendwelche Beschränkungen vor: im Kriegsfall wäre das gesamte strategische Potential in einem einzigen Schlag eingesetzt worden. Die Mitglieder des Krisenstabes wußten um die daraus resultierenden Gefahren. Auch dieser Umstand trug dazu bei, daß über lange Phasen der Krise erfolgreich nach Mitteln und Wegen der politischen Kontrolle gesucht wurde.

Drittens müssen die militärischen Absichten und Bewegungsformen für beide Seiten kalkulierbar und beobachtbar bleiben. Der situationsbedingte Streß in Krisen führt aller Erfahrung nach zu einer verminderten Toleranz gegenüber unwägbaren und doppeldeutigen Faktoren.[16] Politisches Krisenmanagement setzt also voraus, daß die Absichten und möglichen weiteren Schritte der Gegenseite auch dann noch berechenbar sind, wenn militärische Vorfeldaktionen – wie z.B. Mobilmachung oder andere Varianten zur Demonstration 'militärischer Stärke' – eingeleitet werden. Während der Kuba-Krise erfüllte die amerikanischerseits eingeleitete Seeblockade Kubas diese

[15]Desmond Ball, "Targeting for Strategic Deterrence", in: Adelphi Papers, 185/1983, 12.

[16]Vgl. David A. Hamburg und Alexander L. George, "Nuclear Crisis Management", in: Bulletin of the Atomic Scientists, June/July 1984, 25.

Voraussetzung: sie war ein begrenztes Mittel, räumte der UdSSR die politisch erforderliche Bedenk- und Beratungszeit ein und konnte jederzeit mit politischen Mitteln korrigiert werden. Sie blockierte also nicht den Weg zur diplomatischen Kompromißfindung. Insgesamt gesehen wurden politische Fehlkalkulationen im Oktober 1962 in erster Linie dadurch eingedämmt, daß *keine* Seite über die Fähigkeit zur "Offensive aus dem Stand", d.h. zum Angriff mit minimaler Vorwarnzeit, verfügte. Die Möglichkeiten zu einer effizienten präemptiven Kriegsführung waren infolge der langen Mobilisierungsphasen – die wiederum nicht verborgen bleiben konnten – und infolge ausreichender Vorwarnzeiten äußerst beschränkt. Damit waren entscheidende Voraussetzungen gegeben, um in der diplomatischen Auseinandersetzung über die beiderseitigen Forderungskataloge Zweifel und möglicherweise fehlleitende Zweideutigkeiten auszuräumen.

Viertens: Bürokratische Fehlleistungen und technische Fehlfunktionen müssen so weit wie möglich beherrschbar sein, und insbesondere müssen sich politische Steuerungsprozesse gegenüber militärischen Apparaten behaupten können. Andernfalls droht die Gefahr einer grenzüberschreitenden "automatisierten Eskalation". Während der Kuba-Krise kam es mehrmals und ohne Wissen der zivilen Führung zu militärischen Zwischenfällen, die allesamt zum Anlaß eines Krieges hätten werden können:

– Bei der Verfolgung sowjetischer U-Boote sind zahlreiche Alleingänge und nicht autorisierte Maßnahmen nachweisbar. Offenbar hatte die Marine bereits zu einem Zeitpunkt nuklear bestückte U-Boote verfolgt und zum Auftauchen gezwungen, als das Executive Committee aus Furcht vor einer kriegerischen Initialzündung solche Maßnahmen noch ablehnte. Nachdem die offizielle Erlaubnis erteilt worden war, drohte sich der weitere Verlauf zu verselbständigen. Die zivile Führung hatte es versäumt, präzise Anweisungen über die Art der Verfolgung zu geben und verlor allmählich den Überblick über die exzessiven Maßnahmen der Marine.[17] Dazu Robert Kennedy: "Präsident Kennedy hatte die Richtung bestimmt, aber er konnte die Ereignisse nicht mehr lenken."[18]

– Es ist bis heute nicht geklärt, warum der Blockadering um Kuba

---

[17] Vgl. Sagan, "Nuclear Alerts", 113,115.

[18] Kennedy, Dreizehn Tage, 67.

nicht enger gezogen wurde. Graham T. Allison berichtet, Präsident Kennedy habe diesen Schritt angeordnet, um den Zeitpunkt eines Zusammentreffens mit sowjetischen Schiffen hinauszuzögern und um der UdSSR damit größeren politischen Spielraum zu geben. Diese Aufforderung wurde nachweislich *nicht* umgesetzt.[19] Auch hier scheint der entscheidende Punkt weniger in einer bewußten Befehlsverweigerung als in mangelhafter Kommunikation und Kontrolle zu suchen zu sein.

– Auf dem Höhepunkt der Krise verirrte sich ein von Alaska aus gestartetes U-2-Aufklärungsflugzeug, drang in sowjetischen Luftraum ein und konnte erst mit Hilfe amerikanischer Kampfflugzeuge wieder auf Kurs gebracht werden. Im Washingtoner Krisenstab war man sich sofort darüber im Klaren, daß die UdSSR diesen Zwischenfall als Vorbereitung eines amerikanischen Angriffs hätte interpretieren können. McNamara "wurde kreidebleich und schrie hysterisch: 'Dies bedeutet Krieg mit der Sowjetunion.'"[20]

– Auch gegen Kuba selbst wurden Schritte in die Wege geleitet, die als Beginn einer Invasion oder eines Luftangriffs hätten gewertet werden können und das Risiko einer eigendynamischen Kettenreaktion in sich bargen. Aufklärungsschiffe drangen in kubanische Hoheitsgewässer ein, eine U-2 wurde über Kuba abgeschossen, die CIA schleuste paramilitärische Einheiten ein, die im Falle einer Invasion hätten aktiv werden sollen.[21]

Da wesentliche Dokumente nach wie vor unter Verschluß gehalten werden, kann noch nicht beantwortet werden, ob es sich bei diesen Manövern um bürokratische Fehlleistungen oder bewußte Alleingänge handelte. (Zumindest bei der Verletzung des sowjetischen Luftraums gibt es Hinweise auf eine von Seiten des Militärs intendierte Provokation.[22] In der damaligen Situation konnten diese Entgleisungen nur eingedämmt werden, weil ausreichend Zeit zur Überprüfung der gegnerischen Maßnahmen und zum Abwägen der eigenen Reaktion zur Verfügung stand und weil beide Seiten diese Zeit für eine intensive Kommunikation nutzten.

---

[19] Vgl. Allison, Essence of Decision; vgl. Sagan, "Nuclear Alerts", 110.

[20] Sagan, "Nuclear Alerts", 118.

[21] Vgl. ebd., 121/122.

[22] Vgl. ebd., 120.

Fünftens dürfen militärische Maßnahmen der einen Seite – in diesem Fall also das erzwungene Auftauchen sowjetischer U-Boote, die Mobilmachung von Interventionstruppen gegen Kuba und die erhöhte Alarmbereitschaft für die strategischen Atomstreitkräfte der USA – von der anderen Seite nicht spiegelbildlich beantwortet werden. Es muß eine Asymmetrie politischer und militärischer Interessen vorliegen. Nach dem amerikanischen Ultimatum vom 27. Oktober hingen – wie Robert Kennedy eindringlich bestätigt – die Hoffnungen auf Frieden davon ab, daß die UdSSR ihren Kurs änderte und amerikanischen Forderungen nachgab. "Wir erwarteten eine militärische Konfrontation, die am Dienstag beginnen würde, vielleicht auch schon morgen..."[23] Vor diesem Hintergrund scheint die Tatsache von ausschlaggebender Bedeutung gewesen zu sein, daß die UdSSR ihrerseits auf jedwede militärische Mobilmachung im Verlauf der Krise verzichtet hatte. Die CIA informierte tagtäglich das Executive Committee darüber, daß keine Waffengattung der UdSSR in Alarm-, geschweige denn in Gefechtsbereitschaft versetzt wurde. Es wurden keine Truppen verlegt und noch nicht einmal Verteidigungsmaßnahmen (etwa zum Schutz des Zweitschlagspotentials) getroffen.[24] Offenbar war die sowjetische Führung von Anfang an nicht bereit, wegen der Mittelstreckenraketen einen Krieg zu riskieren. Zwar ist es müßig, im Nachhinein über einen möglicherweise anderen Gang der Entwicklung zu spekulieren. Aber gleichwohl ist die Überlegung nicht von der Hand zu weisen, daß eine militärische Eskalation seitens der UdSSR im amerikanischen Lager eine Entscheidung zur sofortigen Gewaltanwendung hätte provozieren können.

Obwohl alle diese Faktoren – keine Aussicht auf Schadensminimierung, keine Möglichkeit zu "selektiven Schlägen", Kalkulierbarkeit der militärischen Absichten, weitgehende Kontrolle über bürokratische Fehlleistungen und Verzicht auf spiegelbildlich eskalierende Maßnahmen – während der Kuba-Krise gegeben waren, hing in der damaligen Situation die Bewahrung des Friedens am seidenen Faden. Robert Kennedy schrieb dazu einen Satz, der leider in allen deutschsprachigen Übersetzungen seiner Arbeit fehlt: Der Krisenstab hatte zwar die Hoffnung auf Frieden nicht aufgegeben, erwartete aber keine

[23] Kennedy, Dreizehn Tage, 108.

[24] Vgl. Trachtenberg, "Influence of Nuclear Weapons", 157ff,160ff.

friedliche Lösung des Konfliktes mehr – "It was a hope, not an expectation. The expectation was a military confrontation by Tuesday and possibly tomorrow."[25]

Zahlreiche dieser Faktoren, die im Falle Kubas eine Eskalation verhinderten, wurden und werden durch die seitherige rüstungstechnologische und militärstrategische Entwicklung in Frage gestellt. Mehr noch: die Voraussetzungen eines erfolgreichen "Krisenmanagements" werden *strukturell* unterlaufen. An dieser Stelle mag der Hinweis auf zwei Faktoren genügen:

1) Die Vorwarnzeiten werden immer weiter gesenkt. Konnte in den frühen 60er Jahren noch mit Tagen und Stunden kalkuliert werden, so ist heute ein vernichtender Angriff binnen weniger Minuten möglich. Im Falle der Pershing-II gar, die in knapp fünf Minuten Moskau erreichen kann, entfällt praktisch jegliche Vorwarnzeit. Sobald aber der Führung eines anderen Staates mit vorbereitungsloser Vernichtung gedroht werden kann, sind die Bedingungen einer zeit- und konfliktintensiven Kommunikation in Krisen aufgekündigt. Die Absichten des Gegners sind dann in jedem Augenblick objektiv unkalkulierbar, und geringfügige Mißverständnisse reichen aus, um eine nicht mehr steuerbare Eskalation in Gang zu setzen. Wie die Streßforschung nahelegt, steigt das Risiko impulsiver Irrationalität unter solchen Belastungen überproportional: entweder aus Furcht vor einem Angriff oder aber wegen des panisch werdenden Kalküls, den Feind nicht 'rechtzeitig' teilentwaffnen und damit lähmen zu können. Der Umstand, "daß immer mehr Informationen in immer kürzerer Zeit von immer weniger Personen bearbeitet werden müssen"[26], führt in der Regel zu einer Vielzahl kognitiver und affektiver Verzerrungen und stellt situationsadäquate Reaktionen grundsätzlich in Frage. Zweifel und alternatives Abwägen von Optionen werden verworfen, Risiken unzureichend eingeschätzt und die langfristigen Folgen von Entscheidungen nicht mehr bedacht (Verlust

---

[25] Robert Kennedy, Thirteen Days. A Memoir of the Cuban Missile Crisis, New York: Signet, 1969 (1967), 109. Auch in der beim Verlag Darmstädter Blätter veröffentlichten Übersetzung fehlt dieser Satz; vgl. Kennedy, Dreizehn Tage, 108.

[26] Bettina Götz-Marchand, "Psychologische, sozialpsychologische und organisationsbedingte Aspekte von Entscheidungen in Krisen", noch unveröffentlichtes Manuskript (1986), 3.

von Flexibilität und Zeitperspektive); Vorurteilsstrukturen verfestigen sich, gewinnen allmählich die Oberhand und verhinderrn eine angemessene Perzeption gegnerischer Absichten; Selbstgerechtigkeit und illusionäres Überschätzen der eigenen Möglichkeiten begleiten diese Verzerrungen zwangsläufig. Eigenes Handeln wird immer weniger hinterfragt, dem Feind hingegen axiomatisch die schlimmstmögliche Absicht zugeschrieben. Spätestens an diesem Punkt werden politisches Denken und militärische Szenarien für den 'schlimmsten Fall' deckungsgleich.
Bettina Götz-Marchand hat aus psychologischer Sicht diese Prozesse mit dem Material der Kuba-Krise aufgearbeitet. Daraus geht hervor, daß der Washingtoner Krisenstab einen Angriff auf Kuba – mit allen unvorhersehbaren Konsequenzen – angeordnet hätte, wäre die Beratungszeit auf ein oder zwei Tage (anstatt der berühmt-berüchtigten 13 Tage) eingeengt gewesen.[27] Bei der Pershing-II beträgt die Vorwarnzeit wie gesagt maximal fünf Minuten.

2) Die Frage der Erlaubnis zum Einsatz nuklearer Waffen gehört selbstverständlich zu den am besten gehütetsten militärischen Geheimnissen. In den USA gibt es seit 1945 permanent Auseinandersetzungen darüber, ob die Befugnis zentralisiert und damit ein Vorbehalt des Präsidenten bleiben soll, oder ob für bestimmte Umstände die Kompetenz anderen Entscheidungsträgern überantwortet werden sollte.
Präsident Kennedy z.B. ordnete während der Kuba-Krise – offenbar aus Furcht vor eigenmächtigen Handlungen subalterner Militärs – Vorbereitungen zur Entschärfung der nuklear bestückten Jupiter-Raketen in der Türkei an.[28] Gleichwohl konnte die politische Führung nicht verhindern, daß das Militär in den oben beschriebenen Fällen autonom handelte, bisweilen sogar gegen explizite Anweisungen verstieß. Solche Zuwiderhandlungen sind in der Regel nicht auf Verweigerung oder Fehlperzeption zurückzuführen, sondern bürokratischer Eigendynamik geschuldet. Insbesondere das Militär orientiert sich an unflexiblen Operations- und Ablaufplänen, die – einmal in Gang gesetzt – kaum noch zu korrigieren und auf die Besonderheiten

[27] Vgl. ebd.; vgl. Lincoln P. Bloomfield, "Nuclear Crisis and Human Frailty", in: Bulletin of the Atomic Scientists, October 1985, 2.

[28] Kennedy, Dreizehn Tage, 96.

einer neuen Situation einzustellen sind.

Je kürzer die Vorwarnzeiten werden, desto mehr scheinen sich die Akzente zugunsten der De-Zentralisierung und zugunsten der militärischen Entscheidungsinstanzen zu verschieben. Ein schnellstmögliches militärisches Eingreifen ist nur noch möglich, wenn militärischen Apparaten (und im Extremfall Computern) die Entscheidung über Zeitpunkt und Art des Atomwaffeneinsatzes übertragen wird. Einige Beobachter unterstellen bereits für heutige Verhältnisse, daß die politische Führung vom ersten Augenblick kriegerischer Eskalation an strukturell entmachtet wäre. Es bliebe ihr keinerlei Interventionsmöglichkeit mehr. Paradoxerweise wird diese Entwicklung durch den forcierten Ausbau der militärischen Kommando-, Kontroll- und Kommunikationssysteme (C^3I) eher verschärft. Einerseits werden "die Verfügungsgewalt über und der Zugriff auf C^3I-Systeme ... *an sich* bereits zum Herrschaftsinstrument, das den politischen Einfluß des Militärs steigert".[29] Andererseits nehmen die Störanfälligkeit des Kontroll- und Entscheidungsprozesses und damit die Gefahren unbeabsichtigter Fehlentwicklungen umso mehr zu, je größer die Informationsfülle, je vielfältiger die Informationsquellen und je komplexer die verarbeitenden Systeme sind. Die durch einen "information overload" bedingten Prozesse verstärken die Tendenz zu kognitiv-affektiver Einengung und zum Realitätsverlust. Insbesondere die Fähigkeit zu einer differenzierten Einschätzung des Widerparts nimmt dramatisch ab.[30]

Technische Verbesserungen führen also mitnichten zu einer effizienteren Kontrolle oder besseren Kalkulierbarkeit von Entscheidungsabläufen. Jede Vorab-Ermächtigung zum Einsatz von Atomwaffen – wie sie unter heutigen Bedingungen reduzierter Vorwarnzeiten und extrem zielgenauer Waffen unterstellt werden muß – bedeutet daher objektiv eine Erhöhung der Kriegsgefahr.

Die für unseren Zusammenhang entscheidende Frage muß nun lauten: Würden sich im Zeichen der Weltraumrüstung die Bedingungen der Krisenkontrolle ändern? Würden die zuletzt genannten,

---

[29]Thomas Horlohe und Holger Iburg, "Chips im 'Drahtverhau'. Computerprobleme bei der Automatisierung des Militärs", in: Andreas Orth (Hg.), Krieg der Sterne: Ein amerikanischer Traum für Europa, Frankfurt/Main, 1985 (Hervorhebung im Text). Vgl. Bloomfield, "Human Frailty", 28.

[30]Vgl. Bloomfield, "Human Frailty", 29.

destabilisierenden Entwicklungen korrigiert werden?

Um die Antwort vorwegzunehmen: Mit Weltraumwaffen würde die Destabilisierung und die Tendenz zur strukturellen Entmachtung von Politik in Krisensituationen auf die Spitze getrieben. Jene Faktoren, die während der Kuba-Krise die politische Eindämmung militärischer Gewalt ermöglichten, würden außer Kraft gesetzt. Eine in der Art der Kuba-Krise ablaufende, künftige Konfrontation könnte dann wahrscheinlich nicht mehr kontrolliert und mit diplomatischen Mitteln beigelegt werden. US-Verteidigungsminister Caspar Weinberger bestätigte eine solche Einschätzung unfreiwillig, als er – auf die Möglichkeit eines sowjetischen Raketenabwehrsystems angesprochen – im Dezember 1983 antwortete, dies sei "eine der erschreckendsten Aussichten, die ich mir vorstellen kann".[31]

4. Bedingungen der politischen Kontrolle von Nuklearstrategien: das Beispiel Weltraumwaffen

Worauf gründet sich das negative Urteil über die Weltraumrüstung? [32]

1) Mit der sogenannten "Strategischen Verteidigungsinitiative" geht es nicht darum, nukleare Offensivpotentiale abzuschaffen und durch defensive Bewaffnung zu ersetzen. Die in der "Union of Concerned Scientists" zusammengeschlossenen amerikanischen SDI-Kritiker haben überzeugend nachgewiesen, daß ein absoluter Schutz gegen einen *umfassenden* sowjetischen Nuklearschlag unter keinen vorstellbaren Bedingungen möglich ist. Nur 3-5 % des augenblicklich der UdSSR zur Verfügung stehenden Atomarsenals würden ausreichen, um die Vereinigten Staaten vollständig zu zerstören. Mit anderen Worten: selbst bei einer 95-97-%igen Erfolgsquote – eine in jeder Hinsicht extrem günstige Einschätzung – könnte ein weltraumgestütztes Abwehrsystem keinen effektiven Schutz vor einer sowjeti-

---

[31]Caspar Weinberger, zit. n. ebd., 30.

[32]Zur Auseinandersetzung über die Weltraumwaffen vgl.: Hans Günter Brauch, Angriff aus dem All. Der Rüstungswettlauf im Weltraum, Berlin, Bonn, 1984; Dieter Engels, Jürgen Scheffran und Ekkehard Sieker, Die Front im All. Weltraumrüstung und atomarer Erstschlag, Köln, 1984; Bernd Greiner, "Zwanzig Argumente gegen den 'Krieg der Sterne'", in: Blätter für deutsche und internationale Politik, 30, 3 (1985), 265-284; John Tirman (Hg.), SDI. Der Krieg im Weltraum, Bern, München, Wien, 1985.

schen Großoffensive bieten. Dies wird – wie gesagt – von amerikanischer Seite auch gar nicht angestrebt.

Nicht ein reines Defensivsystem steht im Mittelpunkt der Überlegungen, sondern ein sog. "Waffenmix". Dieser sieht vor, parallel zu weltraumgestützten Systemen das Offensivpotential weiter auszubauen und zu verbessern. Es handelt sich hier also um den Versuch, erstens die Fähigkeit zur Zerstörung des sowjetischen Waffenarsenals beizubehalten bzw. zu optimieren, und zweitens sich Mittel und Möglichkeiten zu schaffen, einen *begrenzten* sowjetischen Nuklearschlag abzufangen oder weitgehend zu neutralisieren. Die anvisierten Abwehrsysteme können nur dann eine Erfolgsperspektive bieten, wenn sie *zusammen* mit Offensivsystemen operativ eingesetzt werden – nur dann, wenn mit den traditionellen Varianten strategischer Kriegsführung ein erheblicher Teil der sowjetischen Nuklearstreitkräfte und/oder anderer Kriegsführungskapazitäten zerstört und nicht mehr gegen die Vereinigten Staaten eingesetzt werden kann. Die strategische Offensive ist unabdingbare Voraussetzung für ein Funktionieren der Abwehrsysteme. *Der Schild kann nur schützen, wenn dem Gegner zugleich mit dem Schwert erheblicher Schaden zugefügt wird.*

In dieser Kombination von Schild und Schwert scheint die Weltraumrüstung das traditionelle Dilemma aller Nuklearstrategien zu lösen. Sie weist scheinbar einen Weg, wie die bisherige Gefahr der Selbstvernichtung umgangen und wie selbst im Zeichen von Overkill-Potentialen Krieg wieder zu einer "Fortsetzung des politischen Verkehrs mit anderen Mitteln" werden kann. Mit dem Waffenmix scheint es möglich:
- dem Gegner größeren Schaden anzudrohen bzw. zuzufügen, als dieser erwidern kann;
- die möglichen Schäden eines Nuklearkrieges für das eigene Land auf ein scheinbar akzeptables Maß zu reduzieren.

Das Vergeltungsrisiko wird reduziert, scheinbar eröffnen sich Möglichkeiten der Schadensbegrenzung. Auf Krisensituationen bezogen bedeutet dies, daß die Versuchung des Einsatzes von Nuklearwaffen steigt. Ein – wie auch immer illusionär – höheres Maß an Kalkulierbarkeit senkt die Atomschwelle.

2) Es gibt begründete Hinweise darauf, daß das Programm der Weltraumrüstung nicht in vollem Umfang zu verwirklichen sein wird

– sei es aus finanziellen Gründen, sei es wegen politischen Widerstandes, sei es infolge einer Kombination von beidem. Aber selbst in diesem Fall sind einschneidende Veränderungen zu erwarten. Mit der Weltraumrüstung werden nämlich Programme und Systeme entwickelt, die jederzeit nahtlos zur Verbesserung der atomaren Offensivkapazität eingesetzt werden können – in erster Linie satellitengestützte Leit- und Navigationssysteme für Interkontinentalraketen, Systeme zur U-Boot-Ortung und -vernichtung, verbesserte Endphasensteuerung der Raketen. Im Endeffekt werden qualitativ neue materielle Voraussetzungen geschaffen, um nukleare Präzisionsschläge zu führen. Auf die Nukleardoktrin bezogen heißt das: es ergeben sich neuartige Möglichkeiten (Optionen) zum selektiven, also quantitativ begrenzten Einsatz von Atomwaffen. Je weiter die technischen Fähigkeiten ausgereift sind, einzelne Zielobjekte individuell anzusteuern und präzise zu zerstören, desto stärker setzt die Nukleardoktrin auf sog. "chirurgische Schläge" *(surgical strikes)*. Diese sind vorrangig auf die politischen und militärischen Kommandozentralen des Gegners ausgelegt und sollen im Kriegsfall einen doppelten Zweck erfüllen: entweder so früh wie möglich den Gegner von der Sinnlosigkeit weiterer Kriegsführung zu überzeugen und ihn angesichts eines noch begrenzten Schadens zur vorzeitigen Kapitulation zu zwingen; oder aber seine politisch-militärische Infrastruktur so sehr zu schädigen, daß er zu effizienten Gegenmaßnahmen nicht mehr fähig ist. Seit mehreren Jahren wird diese Option in den USA unter dem Schlagwort "Enthauptung" *(de-capitation)* geführt. Nach allem, was wir über den gegenwärtig gültigen Nuklearen Einsatzplan (SIOP-6) der USA wissen, spielen die Option der 'chirurgisch'-begrenzten Einsätze und der 'Enthauptungsschläge' gegen die administrative Infrastruktur der UdSSR eine zunehmend größere Rolle. 20 % der Zielobjekte in der UdSSR bestehen augenblicklich bereits aus sog. "de-capitation targets"; und deren Zahl wird in dem Maße zunehmen, wie sich im Zuge des Weltraumprogramms die technischen Fähigkeiten zur begrenzten Kriegsführung erhöhen.

Damit aber würde ein entscheidendes Moment von Krisenstabilität aufgekündigt. Je vielfältiger die Möglichkeiten zu einem begrenzten Atomwaffeneinsatz sind, desto größer ist die Illusion der politischen Eskalationskontrolle und der militärisch siegreichen Führbarkeit eines Krieges. Die Kuba-Krise konnte nicht zuletzt deshalb im Zaum gehalten werden, weil eine solche Aussicht auf Begrenzbarkeit und Selektion *nicht* bestand. (Präsident Kennedy hatte anfänglich einen "surgical strike" gegen die Raketenbasen auf Kuba vorgeschlagen; dieser Gedanke wurde verworfen, nachdem die Militärs erklärt hatten, allein ein umfassender "all-out strike" könnte die gewünschten Ergebnisse bringen.) Die Kriegsursachenforschung hat gezeigt, daß die Illusion des Machbaren gerade in Krisensituationen zu einem politisch eigenständigen Faktor werden und unkontrollierbare Eskalationsprozesse auslösen kann.

3) Am Beispiel der Kuba-Krise konnte nachgewiesen werden, daß Krisenkontrolle entscheidend davon abhängt, ob die militärischen Absichten und Bewegungsformen beider Seiten kalkulierbar bleiben und ob genügend Zeit zur Verfügung steht. Der Waffenmix aus Offensiv- und Defensivpotentialen würde eine Entwicklung in Gang setzen, die diese Berechenbarkeit vollständig untergräbt. In einer Studie der amerikanischen "Union of Concerned Scientists" werden die Ursachen dieser Destabilisierung klar herausgearbeitet.[33] Weltraumrüstung kann nur dann den erhofften Schutz bieten, wenn im Zweifelsfall zum Mittel der prä-emptiven Kriegsführung gegriffen wird – d.h., wenn der Gegner attackiert wird, bevor er selbst Atomwaffen einsetzen kann. Mehr noch: der geschilderte Waffenmix übt in Krisensituationen einen zwanghaften Druck zur Prä-Emption aus.

Warum ist diese Vermutung gerechtfertigt?

– Sie ist gerechtfertigt, weil jedes Abwehrsystem bei einem umfassenden Angriff funktionslos wird. Wenn es überhaupt Schutz bieten soll, muß ein nennenswerter Teil des gegnerischen Potentials *vor* einem möglichen Einsatz gegen die USA ausgeschaltet werden. Einzig und allein ein *begrenzter* Gegenschlag kann abgewehrt werden. Gerade für den Waffenmix gilt der berühmt-berüchtigte Grundsatz: *"Use it or loose it"* – wende die Offensivwaffen als erster an oder verliere die Fähigkeit zur Defensive.

Wie jede Offensivplanung ist auch die amerikanische Nuklearstrategie auf den Überraschungseffekt zentriert. An den gedanklichen Grundlagen des Schlieffen-Plans aus dem Ersten Weltkrieg ausgerichtet, unterstellt sie, daß selbst ein nuklear hochgerüsteter Gegner in die Knie gezwungen werden kann, wenn nur die richti-

[33] Vgl. Tirman, Krieg im Weltraum.

gen Ziele zum richtigen Zeitpunkt und in ausreichender Zahl ausgeschaltet werden. Es gibt demnach "zeitkritische Ziele", die den sofortigen Einsatz militärischer Gewalt gebieten. In Krisensituationen liegt es dann nahe, jegliches Zuwarten und nochmaliges Verhandeln als ungebührliches Risiko für die eigene Seite abzulehnen. Ein vermeintlicher "Zwang zum sofortigen Losschlagen" wird dann handlungsbestimmend.[34]

– Der Zwang zur Prä-Emption bleibt auch dann bestehen, wenn man von der irrealen Annahme ausgeht, mit einer Weltraumabwehr könne ein umfassender Angriff abgefangen werden. Um dies zu erreichen, müßte *sofort* nach der Warnung vor dem Angriff der Brennphasenabfang, d.h. das Zerstören der Raketen in ihrer ersten Flugphase, ausgelöst werden. Die amerikanische Regierung müßte binnen Sekunden reaktionsfähig sein *und* zugleich die richtige Entscheidung treffen. Eine solche Entscheidung müßte wiederum ohne Zeitverzögerung weitergegeben und ausgeführt werden – es dürfte zu keinerlei Fehlinformationen, Mißverständnissen oder zeitverzögernden Meinungsverschiedenheiten kommen. Solche Voraussetzungen sind selbstredend irreal. Da sie nicht hergestellt werden können, muß ein handlungsorientierter Ausweg gefunden werden. Unter den gegebenen Bedingungen kann dieser Ausweg nur heißen: selbst handeln, bevor der Gegner handelt.

– Wenn die Reaktionsfähigkeit des Gegners geschwächt oder ausgeschaltet werden soll, dürfen nicht nur dessen Fernraketen angegriffen werden. Es müssen auch und gerade die Kommunikations- und Frühwarnsatelliten ausgeschaltet werden – und zwar ebenfalls so früh wie möglich. Je eher Kommunikationssatelliten vernichtet werden, desto geringer sind die Aussichten des Gegners, sein Waffenarsenal koordiniert und effektiv zum Einsatz zu bringen. Die Laserwaffen eines weltraumgestützten Abwehrsystems können und werden im Zweifelsfall diese Aufgabe übernehmen. Sie taugen nicht allein zum Angriff auf Raketen, sondern auch zur Vernichtung von Satelliten, die für die Gegenseite lebenswichtig sind.

– Diese Laserwaffen fordern ihren prä-emptiven Einsatz geradezu heraus. Sie gehören zu den sog. "soft targets", d.h. zu jenen verwundbaren Zielen, die von der UdSSR mit vergleichsweise gerin-

[34]Vgl. Jack Snyder, "Civil-Military Relations and the Cult of the Offensive, 1914 and 1984", in: International Security, 9, 1 (1984), 108-147.

gem Aufwand - z.B. mit "Killersatelliten" - zerstört werden können. Eben weil sie äußerst anfällig sind und der Gegenseite lohnende Angriffsobjekte abgeben, steigt der Druck, sie in einer kriegsträchtigen Krisensituation zum frühestmöglichen Zeitpunkt einzusetzen - es sei denn, man riskiert den unwiederbringlichen Verlust eines für die eigene Kriegsführung unverzichtbaren Systems. Je verwundbarer zentrale Systembestandteile sind, desto größer ist die Versuchung, ihrer möglichen Zerstörung durch Prä-Emption zu entgehen - nicht zuletzt auch deshalb, weil die weltraumgestützten Antisatelliten- und Antiraketenwaffen technisch für eine Prä-Emption geradezu in idealer Weise geeignet sind: jederzeit einsatzbereit, ermöglichen sie die Kriegsführung "aus dem Stand". Sie können ohne jede Mobilisierung und damit auch ohne jegliche Vorwarnzeit eingesetzt werden, und ihre Einsatzoptionen bleiben für den Gegner stets unkalkulierbar.

Es liegt auf der Hand, daß damit das Kernstück eines erfolgreichen Krisenmanagements, nämlich die politische Berechenbarkeit der militärischen Absichten des Gegners, unterhöhlt wird. Mehr noch: eine solche Berechenbarkeit ist nicht länger gegeben, wenn der Gegner

a) über erstschlagsfähige, weil extrem präzise Offensivwaffen verfügt; zudem

b) ein Defensivsystem aufbaut, das nur im Falle der Prä-Emption funktionieren kann; und

c) traditionell einer Nukleardoktrin verpflichtet ist, die im Falle eines scheinbar nicht mehr vermeidbaren Krieges die Option der präemptiven Kriegsführung favorisiert.

Es ist nicht erkennbar, wie unter solchen Bedingungen Krisensituationen gemeistert werden sollen - Situationen also, die immer mit extremem Entscheidungsdruck, streßbedingten Fehleinschätzungen und Fehlreaktionen einhergehen. Wird der Weltraum bewaffnet, kann unter Krisenbedingungen die geringste Fehlkalkulation auf der Erde zum kriegsauslösenden Faktor werden.

4) Mit dem oben Gesagten ist bereits angedeutet, daß im Zeichen der Weltraumrüstung auch die Möglichkeiten abnehmen, in Streßsituationen technische Fehlfunktionen zu korrigieren. In einer zugespitzten amerikanisch-sowjetischen Krise würde und müßte beispielsweise die sowjetische Seite einen technisch bedingten Ausfall von Kommunikations- und/oder Frühwarnsatelliten als amerikanischen Erstschlag interpretieren. Es ist nicht davon auszugehen, daß unter solchen Voraussetzungen die notwendige Zeit aufgewendet werden könnte, um diese Einschätzung zu überprüfen. Die Mechanismen militärischer Eskalation würden die Bemühungen um politische Kontrolle überholen.

5) Entsprechend den Kriterien zur Analyse der Kuba-Krise bleibt abschließend zu fragen, ob und in welcher Weise sich die amerikanische Weltraumrüstung auf militärische Maßnahmen der UdSSR in Krisensituationen auswirken könnte. Für die Beilegung der Krise im Oktober 1962 war es wichtig gewesen, daß die UdSSR auf spiegelbildlich eskalierende militärische Schritte verzichtete. Wir können davon ausgehen, daß dieser Verzicht nur zustande kam, weil die sowjetische Führung einerseits davon ausging, daß der Raketenkonflikt grundsätzlich kompromißfähig war, und andererseits im Verlauf der Krise genügend Zeit zur Verfügung stand, diesen Kompromißspielraum mit politischen Mitteln auszuloten. Im Zeichen einer Weltraumabwehr und eines Waffenmix hingegen würde diese Überschaubarkeit aufgekündigt; Unberechenbarkeit würde an ihre Stelle treten.

Die sowjetische Führung hat angekündigt, daß sie dieser Unberechenbarkeit ihrerseits mit militärischen Mitteln begegnen wird, falls es zu keiner Verhandlungslösung über Weltraumwaffen kommt. Das eigene Drohpotential würde dann in der Hoffnung erhöht, damit die Risikobereitschaft der anderen Seite zu senken. Vorstellbar ist beispielsweise:
- eine Doktrin des "launch on warning". In diesem Fall würde das eigene Raketenpotential oder Teile desselben bereits bei der ersten Warnung vor einer gegnerischen Militäraktion gegen das eigene Land eingesetzt – ohne daß diese Warnung überprüft werden könnte.
- eine Umorientierung der strategischen Nuklearoptionen auf präemptiven Einsatz. Diese Möglichkeit erscheint plausibel, wenn man die hohe Verwundbarkeit der amerikanischen Weltraumsysteme berücksichtigt. Würden diese "soft targets" frühzeitig ausgeschaltet, wäre die gesamte nukleare Kriegsführungsfähigkeit der USA entscheidend geschwächt.

Selbstredend wäre im Falle einer solchen Umorientierung der sowjetischen Nukleardoktrin die beiderseitige Unberechenbarkeit auf die

Spitze getrieben. Ein Krisenmanagement mit politischen Mitteln wäre dann dem puren Zufall überlassen.

Gegen alle hier vorgestellten Überlegungen kann grundsätzlich eingewendet werden, daß

a) sie sich nur mit theoretischen Entwürfen – Gedankenspielen also – zu einer veränderten Nukleardoktrin auseinandersetzen;

b) jede Beschäftigung mit zukünftigen Entwicklungsprozessen zu einem Gutteil stets spekulativ bleiben muß.

Insbesondere kann eingewendet werden, daß auch mit Weltraumrüstung oder anderen exotischen Waffenprogrammen ein Grundsatz nicht aus der Welt zu schaffen ist: ein Atomkrieg ist weder führ- noch gewinnbar – egal unter welchen Voraussetzungen er geführt wird.

Selbstverständlich trifft gerade der letztgenannte Einwand zu: von der Logik der Sache her sind alle Spekulationen um nukleare Kriegsführungsfähigkeit Irrsinn. Aber: dieser Einwand geht am Wesen der Nuklearstrategie und insbesondere am Wesen von Machtpolitik vorbei. Gerade die Kuba-Krise zeigt: die Logik von Machterhaltung und Machtausweitung folgt anderen Gesetzen. Auch damals war klar, daß ein Krieg in nuklearer Selbstvernichtung enden würde. Und trotzdem riskierte die Regierung Kennedy einen solchen Krieg, als sie der UdSSR ein Ultimatum stellte. Sie sah keine andere Möglichkeit, weil im Falle eines amerikanischen Nachgebens die 'weltpolitische Glaubwürdigkeit' der USA in Frage gestellt, weil die Autorität des Präsidenten geschwächt und damit seine Aussicht auf Wiederwahl getrübt worden wäre. Wie John Somerville schreibt: "Dies war das erste Mal in der menschlichen Geschichte, daß eine Gruppe von Menschen, die die physische Macht besaßen, das Menschengeschlecht zu vernichten, wohlüberlegt eine Entscheidung traf, bei der sie damit rechnen mußten, daß sie dieses Ergebnis haben würden."[35]

In Abänderung eines Satzes von Albert Einstein könnte man sagen: Die Atombombe hat in der Tat Alles verändert – außer einer Politik, die noch immer *im Militärischen* eine wesentliche Bedingung ihrer Durchsetzungsfähigkeit sieht. Weil dies nach wie vor gilt, sind die oben vorgestellten Überlegungen leider nicht hypothetisch oder spekulativ, sondern in gespenstischer Weise real.

[35] John Somerville, in: Kennedy, Dreizehn Tage, 147.

5. Alternativen

Vieles deutet darauf hin, daß die internationalen Beziehungen der kommenden Jahre äußerst störanfällig und krisenintensiv sein werden. "Wenn die auf den Erfahrungen der letzten zwei Jahrzehnte beruhenden strategischen Prognosen zutreffen, muß für die Periode bis zum Jahr 2000 mit dem Ausbrechen von bis zu einem Dutzend Krisen pro Jahr gerechnet werden."[36] Somit ist die Frage nach Krisenstabilität politisch unumgänglich und moralisch-normativ geboten. Augenblicklich werden mehrere Vorschläge unterschiedlicher Reichweite diskutiert:

Eine von den amerikanischen Senatoren Sam Nunn und John Warner eingerichtete Arbeitsgruppe fordert sog. "risk reduction centers".[37] Diese sollen in den USA und in der UdSSR eingerichtet werden und unmittelbar mit den politisch und militärisch entscheidungsbefugten Gremien in Verbindung stehen, präzise Krisenanalysen liefern und den Weg zu einer gewaltfreien Krisenlösung ebnen. Vorstellbar sei auch ein von beiden Staaten beschicktes Krisenzentrum in einem neutralen Land. In der amerikanischen Literatur werden diese Vorschläge intensiv diskutiert.[38] Der schwerwiegendste Einwand zielt darauf ab, daß hier mit technokratischen Mitteln an ein grundsätzlich nur politisch zu lösendes Problem herangegangen wird. Es ist nämlich nicht einsehbar, wieso eine zusätzliche bürokratische Instanz -der überdies keinerlei politische Kompetenz zugewiesen wird- inhaltlich positiv auf Krisenberatung einwirken soll. Viel wahrscheinlicher ist dagegen eine zusätzliche Diffusion und Komplizierung der Prozesse und eine Grenzüberschreitung zum sog. "information overload" - zu einer nicht mehr zu verarbeitenden und kontraproduktiv wirkenden Überinformation also. In Streßsituationen reagieren Entscheidungsträger häufig panisch, konfus und vorschnell auf einen solchen "overload". Gerade die Struktur und innere Dy-

---

[36] Daniel Frei, Der ungewollte Atomkrieg, München, 1983, 98.

[37] Vgl. Bulletin of the Atomic Scientists, June/July 1984, 28ff.

[38] Vgl. Richard Ned Lebow, "Practical Ways to Avoid Superpower Crisis", in: Bulletin of the Atomic Scientists, January 1985, 22-28. Phil Williams, "Nuclear Risk Reduction and Crisis Management Centres: An Appraisal", in: Arms Control, 6, 1 (1985), 3-17. Joseph S. Nye, Jr., "U.S.-Soviet Relations and Nuclear-Risk Reduction", in: Political Science Quarterly, 99, 3 (1984), 401-414.

namik beratender Gruppen sind gegen solche Prozesse keineswegs gefeit. "Kohärente Gruppen laufen leicht Gefahr, abweichende Meinungen und deren Vertreter abzulehnen."[39] Die Idee der "risk reduction centers" ist der Vorstellung eines "rational actors" und einer technisch herstellbaren, hohen Informationsverarbeitung in kürzester Zeit verpflichtet. Weder die Erfahrungen mit realen Krisen noch die zahllosen, zu Studienzwecken durchgeführten Krisensimulationen stützen eine solche Annahme. Die Vorstellung eines Krisenmanagements durch überlegen agierende Personen oder Gruppen – an vielen Stellen auch in Robert Kennedys Darstellung der Kuba-Krise suggeriert – kann als überholt und widerlegt gelten.[40]

Die Defizite der technokratisch-bürokratischen Modelle verdeutlichen: das übergeordnete Ziel von Politik kann nicht sein, Stabilität *in* der Krise zu schaffen, sondern durch Stabilität der internationalen Beziehungen Krisen zu verhindern. Auch diesbezüglich gibt es mittlerweile zahlreiche Vorschläge. Diese fordern einerseits *rüstungskontrollpolitische Sofortmaßnahmen.* Um nur einige Beispiele zu nennen:

- Abzug und Stationierungsverbot für Waffensysteme, welche die Vorwarnzeiten drastisch reduzieren (beispielsweise die Pershing-II und Cruise Missiles).
- Abkehr von nuklearen Kriegsführungsoptionen und insbesondere der Verzicht auf "Enthauptungsschläge", da diese strategischen Orientierungen in unkalkulierbaren Entscheidungssituationen zum Erstschlag herausfordern.
- Verhinderung der Produktion und Stationierung von Weltraumwaffen (u.a. der Anti-Satellitensysteme, die bereits 1987 seitens der USA bereitgestellt werden sollen).

Andererseits ist klar, daß solche Schritte nur bei einer weitreichenden Veränderung der *politischen Beziehungen* zwischen Ost und West realisierbar sind. Gefordert ist eine strukturierte Vernetzung der intersystemaren Beziehungen. Wie dies im Einzelnen aussehen kann und welche Politikfelder in welchem Ausmaß umzugestalten sind, bleibt Gegenstand demokratischer Phantasie und Debatte.

[39] Götz-Marchand, "Entscheidungen in Krisen", 10. Vgl. Strategic Studies Institute, US Army War College, Small Groups and Foreign Policy Decisionmaking: Some Experimental Findings, Carlisle Barracks, Pa., 1978.

[40] Vgl. Williams, "Nuclear Risk Reduction".

In dieser Auseinandersetzung sollte aber ein Gesichtspunkt besonders gewürdigt werden. Die derzeit in den Vereinigten Staaten mehrheitsfähigen Politikmodelle sind gegenüber bündnispolitischem Druck anfällig. Die USA verfügen nicht mehr über jene ökonomische Vormachtstellung innerhalb der NATO, die ihnen im Kalten Krieg ein Hinwegregieren über kritische Einwände erlaubte. Die amerikanische Dominanz ist augenblicklich und vornehmlich auf Militärmacht gestützt und damit politisch verwundbarer als in der Vergangenheit. Gerade deshalb wurde ja die Pershing-II-Debatte in der bekannten Härte geführt: hier stand längst nicht mehr nur ein Waffensystem zur Diskussion. Eine politische Ablehnung der 'Nach'-rüstung seitens der Bundesrepublik und anderer hätte die Gewichte innerhalb der Allianz neu verteilt und einer weiteren Konfrontationspolitik den Boden entzogen. Objektiv verfügen die westeuropäischen Staaten über einen größeren Handlungsspielraum gegenüber den Vereinigten Staaten als zu irgendeinem anderen Zeitpunkt nach 1945. Es liegt zu einem Gutteil an ihnen, in welcher Richtung sich die amerikanisch-sowjetischen Initiativen zur Verbesserung des gegenseitigen Verhältnisses weiterentwickeln.

Dieser Spielraum Westeuropas geht auch dann nicht verloren, wenn die USA mit ihrer forcierten Rüstung weiterfahren; er geht selbst dann nicht verloren, wenn Weltraumwaffen stationiert werden sollten. Auch dann bleibt immer noch die Möglichkeit, mit regionalen, von Europa ausgehenden Entspannungsinitiativen eigenständige Beziehungen zu den sozialistischen Ländern aufzubauen. In diesem Fall würden amerikanischer Hegemonialpolitik engere Grenzen gezogen und mithin die Voraussetzungen geschaffen, daß jene krisenhaften Zuspitzungen im Ost-West-Verhältnis vermieden werden, die das Kriegsrisiko erhöhen und im Zeichen erstschlagsfähiger Waffenarsenale wahrscheinlich zum Kriegsanlaß würden. Die USA haben nicht mehr die Macht, eine derartige westeuropäische Entspannungspolitik auf Dauer zu blockieren.

Eine solche *kooperative Eigenständigkeit* Europas erscheint grundsätzlich als die wichtigste Lehre der Kuba-Krise; sie in die politische Praxis umzusetzen, ist angesichts der drohenden Weltraumbewaffnung eine zeitkritische politische Maxime.

Ist SDI technisch machbar?

Probleme der weltraumgestützten Raketenabwehr

GUNNAR LINDSTRÖM

1. Einleitung

Die Beschäftigung mit diesem Thema erfordert einige Vorbemerkungen, mit denen die sehr eingeschränkte Fragestellung gleichzeitig kommentiert und erweitert werden soll. Dies erscheint umso notwendiger, weil in der gegenwärtigen öffentlichen Diskussion die prinzipielle Machbarkeit einer Raketenabwehr häufig als selbstverständlich vorausgesetzt wird. Hier besteht also ein Informationsbedürfnis, das die im Thema gewählte Beschränkung nahelegt. Andererseits erscheint es mir unzulässig, die politischen Konsequenzen eines derartigen Verteidigungssystems völlig außer acht zu lassen. Bevor wir aber über die technischen Möglichkeiten und die politischen Konsequenzen einer eventuell zukünftig realisierbaren Raketenabwehr nachdenken, müssen wir uns vor allem mit der gegenwärtig vorhandenen gegenseitigen nuklearen Bedrohung und dem durch sie garantierten Patt der Supermächte vertraut machen, einer Realität, deren Kenntnis wir, einem inneren Schutzmechanismus gehorchend, nur zu gern verdrängen.[1]

1.1. Stabilität durch MAD, die Fähigkeit zur gegenseitig garantierten Vernichtung

Weltweit ist heute ein Kernwaffenarsenal mit einer Gesamtsprengkraft von 18.000 Megatonnen (Mt) stationiert. Im Zweiten Weltkrieg detonierten Waffen mit einer Explosionswirkung von insgesamt 3 Mt, Hiroshima wurde durch eine vergleichsweise kleine Atombombe von 12,5 Kilotonnen (kt) zerstört. Das heutige Inventar entspricht also dem 6.000fachen des Zweiten Weltkrieges oder 1,5 Millionen

[1] C. Nedelmann, Wissen brach liegen lassen oder brauchen, Kapitel I. dieses Buches

Hiroshimas[2] (s. Schaubild 1). Moderne U-Boote in Ost und West sind zu Waffenträgern unvorstellbaren Ausmaßes geworden. Allein ein einziges der mit Poseidon-Raketen bestückten U-Boote hat eine Feuerkraft von 6 Mt (zweimal 2. Weltkrieg), die Abschußrohre der

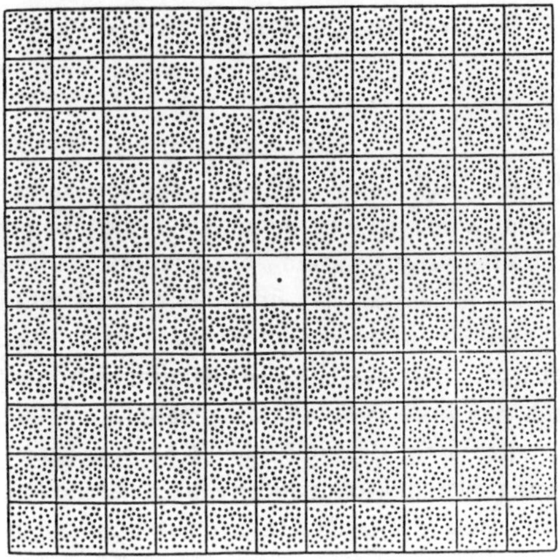

Schaubild 1: "Megatonnen-Karte" – Der einzelne Punkt im zentralen Feld symbolisiert die gesamte Sprengkraft aller im 2. Weltkrieg detonierten Bomben und Granaten: 3 Millionen Tonnen TNT. Jeder andere Punkt bedeutet ebenfalls 3 Mt.
Die Gesamtheit dieser Punkte ergibt die Sprengkraft aller heute existierenden Nuklearwaffen: 18 000 Mt.
(Quelle: BdWi – Bund demokratischer Wissenschaftlerinnen und Wissenschaftler e.V., Marburg)

Ohio-U-Boote können gegenwärtig 24 Trident-I-Raketen mit zusammen 19 Mt abfeuern; durch die zukünftig geplante Umrüstung mit den neu entwickelten Trident-II-Raketen wird die gesamte von einem derartigen U-Boot transportierte Sprengkraft auf 90 Mt gesteigert.[3] Dieses würde ausreichen, um in den 200 größten Städten der UdSSR

[2] World Nuclear Weapon Stockpiles, in: SIPRI Yearbook 1983, Taylor & Francis, London, 1983

[3] W.M. Arkin et al., Nuclear Weapons, in: SIPRI Yearbook 1985, Taylor & Francis, London, Philadelphia, 1985

ein vielfach größeres Inferno zu entfachen, als in Hiroshima und Nagasaki geschehen ist. Und natürlich gilt ähnliches für das nukleare Waffenarsenal der UdSSR. Dies ungeheure Gesamtpotential ist auf die beiden Supermächte etwa im Verhältnis 1:1 aufgeteilt.

Würde im Konfliktfall auch nur ein Teil des gegenwärtigen Kernwaffenarsenals zum Einsatz kommen, so wären nicht nur Opfer und Zerstörungen unvorstellbaren Ausmaßes zu erwarten; die klimatischen Folgen würden darüber hinaus zu einem "nuklearen Winter" führen, der weite Teile der Erde für lange Zeiten unbewohnbar machen könnte.[4] Aus alledem wird klar: einen Sieg kann es bei einem mit Kernwaffen geführten Krieg nicht geben, ein solcher würde zu "Asche in unseren Mündern", wie es J.F. Kennedy einmal formulierte. Aus der schon kurz nach dem Zweiten Weltkrieg entstandenen These, Kernwaffen seien nicht zur Kriegsführung, sondern nur zur Kriegsverhinderung geeignet, wurde die Doktrin der jederzeit garantierten Fähigkeit zur gegenseitigen Vernichtung (MAD – mutual assured destruction) entwickelt. Die Frage von McNamara, "Wieviel ist genug?", blieb in dem bisherigen, auch durch Verträge nicht wirksam gestoppten Rüstungswettlauf unbeantwortet. Handelt es sich um "einen Fall kollektiven Wahnsinns" (V.F. Weisskopf [5]), der schließlich zur Anhäufung eines solch ungeheuren Zerstörungspotentials führen wird, daß ein einziger Computerfehler das Gleichgewicht des Schreckens in ein Weltinferno verwandeln würde? Oder um "den Zug der Lemminge" (H. Segal [6]), das zwanghafte kollektive Streben zum Tode?

Sicher erscheint nach alledem, daß wir mit dieser Entwicklung auf Dauer nicht leben können. Wir brauchen Abrüstung statt weiterer Aufrüstung. Wir müssen Wege beschreiten, die hinführen zu einer Reduzierung des Gefahrenpotentials, das in der ungeheuren Zeit-

---

[4] R.P. Turco, O.B. Toon, T.P. Ackerman, J.B. Pollack, C. Sagan, Nuclear Winter. Global Consequences of Multiple Nuclear Explosions, in: Science 222 (1983) S.1283; R.P. Turco et al., Die klimatischen Auswirkungen eines Nuklearkrieges, in: Spektrum der Wissenschaft, Okt. 1984; P.R. Ehrlich et al., Long-Term Biological Consequences of Nuclear War, in: Science 222 (1983) S.1293

[5] V.F. Weisskopf, Noch gibt es Hoffnung auf Hoffnung, in: Physikalische Blätter 39 (1983) Nr.8, S.279; s. auch Physics Today 36 (1983) No.3, S.9

[6] H. Segal, Silence is the Real Crime, Gründungsversammlung der "International Psychoanalysts Against Nuclear Weapons", Hamburg, Juli 1985

bombe des gegenwärtig vorhandenen nuklearen Arsenals steckt. Die Angst der beiden Großmächte vor der befürchteten Überlegenheit des Gegners, die bisher den Rüstungswettlauf angeheizt hat, muß abgebaut werden, wieder mehr Vertrauen an ihre Stelle treten. Statt waffentechnologischer Entwicklungen, deren Zweck ausschließlich in der Abschreckung durch die damit angedrohte Vergeltung oder gar in einem vom Gegner zu befürchtenden Erstschlag liegen kann, brauchen wir solche, die unmißverständlich nur zu Defensivmaßnahmen zu verwenden sind.[7]

Vor diesem Hintergrund müssen wir uns die Frage stellen: Ist die Strategische Verteidigungsinitiative Präsident Reagans ein Schritt in die richtige Richtung? Wird sie dem Anspruch gerecht, eine reine Verteidigungsmaßnahme zu sein, mehr Vertrauen durch gegenseitig garantierte Sicherheit zu schaffen und eine dauerhafte Abrüstung zu erzielen, oder wird sie eher das Gegenteil bewirken?

1.2. Alte Raketenabwehrsysteme und der ABM-Vertrag von 1972

Die Idee, durch entsprechende Abwehrmaßnahmen eine Verteidigung des eigenen Territoriums gegen angreifende Interkontinentalraketen aufzubauen, ist 25 Jahre alt. Schon damals wurden – erstmals vom letzten U2-Flug der USA entdeckt – riesige Radaranlagen im asiatischen Teil der UdSSR gebaut, die als Suchradar dazu bestimmt waren, angreifende Interkontinentalraketen frühzeitig aufzuspüren, ihre Bahn zu verfolgen und eine Zielzuweisung für eigene Antiraketen-Raketen (ABM – antiballistic missile) zu ermöglichen. Diese Abfangraketen waren mit nuklearen Sprengköpfen versehen, sollten den feindlichen Raketen entgegengeschickt werden und diese durch Explosion in ihrer Nähe außerhalb der Atmosphäre und weitab vom Zielgebiet vernichten. Derartige Anlagen wurden damals sowohl von der UdSSR wie den USA entwickelt. Das zur Verteidigung von Moskau vorgesehene Galosh-System existiert bis heute, wäre aber gegen einen massiv vorgetragenen Angriff mit den heute vorhandenen, damals noch nicht entwickelten Mehrfachsprengköpfen völlig hilflos. Die USA nahmen 1974 das zum Schutz der Raketensilos in Grand

[7] Literatur hierzu s. z.B.: H. Ahfeldt, Defensive Verteidigung, rororo aktuell, Rowohlt, Reinbek, 1983

Forks, North Dakota, entwickelte Safeguard-System in Betrieb, das aber bereits ein Jahr später wieder abgebaut wurde; die enormen Unterhaltungskosten waren durch den erreichbaren marginalen Nutzen nicht mehr zu rechtfertigen.[8 9 10]

Folgende Überlegungen hatten schließlich zuerst in den USA und dann auch in der UdSSR die Politiker davon überzeugt, ABM-Einrichtungen nicht mehr für sinnvoll zu halten.[10 11] Mit der Explosion des nuklearen Antiraketensprengsatzes außerhalb der Atmosphäre ist ein intensiver elektromagnetischer Impuls (EMP – electromagnetic pulse) verbunden, der die eigenen elektronischen Systeme schädigen oder gar zerstören kann. Eine Lähmung des Warn-, Nachrichten- und Befehlssystems (C^3I) des Verteidigers wäre die Folge, so daß sich dieser letztlich durch seine eigenen Maßnahmen selbst schädigt. Ein weiteres Argument war die Verwundbarkeit eines derartigen Verteidigungssystems, insbesondere der großen Suchradars, die gegen Angriffe nicht zu schützen waren. Und schließlich war schon damals klar, daß ein absolut perfektes Verteidigungssystem nicht erreichbar, eine 100prozentige Raketenabwehr also unmöglich ist. Ein nur partiell wirksames, also durchlässiges System hätte aber unter anderem den entscheidenden Nachteil, daß es durch entsprechende Aufstockung des Angriffswaffen-Potentials des Gegners überschwemmt werden könnte.[12]

Es war vor allem auch dies letztgenannte Argument, das die Politiker zum Umdenken bewog. Sie hatten erkannt, daß aus all diesen Gründen die Errichtung einer umfassenden Raketenabwehr eher zu

---

[8] U.S. Congress, Office of Technology Assessment, Ballistic Missile Defense Technologies, OTA-ISC-254 (U.S. Government Printing Office, Washington, D.C., Sept. 1985) hier S.45ff: Ballistic Missile Defense Then and Now

[9] A.B. Carter, D.N. Schwartz (ed.), Ballistic Missile Defense, The Brookings Institution, Washington, D.C., 1984, hier: D.N. Schwartz, Past and Present, The Historical Legacy

[10] H.A. Bethe, R.L. Garwin, K. Gottfried, H.W. Kendall, Raketenabwehr im Weltraum, in: Spektrum der Wissenschaft, Dez. 1984

[11] Union of Concerned Scientists, The Fallacy of Star Wars – Why Space Weapons Can't Protect Us, Random House Inc., New York, 1984; dt. Ausgabe: SDI – Der Krieg im Weltraum, Scherz-Verlag, Bern/München/Wien, 1985, hier: Einleitung. Geschichte der Weltraumwaffen, S.19ff

[12] s. z.B. Fußnote 11, hier: Politische und strategische Auswirkungen, S.143ff

weiterer Aufrüstung statt zur Abrüstung führen würde. Schließlich wurde 1972 von Nixon und Breschnew im Rahmen von SALT I der "Vertrag über die Begrenzung der Raketenabwehrsysteme" (ABM-Vertrag) abgeschlossen, durch den die Raketenabwehr im Territorium der beiden Supermächte auf je ein System mit maximal 100 Abwehrraketen beschränkt wurde (lt. Zusatzprotokoll von 1974 durften diese um Moskau bzw. in Grand Forks, North-Dakota, stationiert werden; s.o.)[13]. Ein weiterer Ausbau wurde ausgeschlossen, Tests im Rahmen von Entwicklungsprogrammen nur für landgestützte, nicht mobile Systeme oder Komponenten erlaubt. Eine weltraumgestützte Verteidigung, so wie sie jetzt beabsichtigt wird, war also ausdrücklich ausgeschlossen. Der Vertrag legte außerdem fest, daß ABM-Einrichtungen aufgrund neuer physikalischer Prinzipien als Ersatz für die erlaubten traditionellen Systeme nur nach vorheriger Vereinbarung stationiert werden konnten. Nach allgemeiner Auffassung handelt es sich hier um einen der bisher weitestgehenden Rüstungsbegrenzungsverträge überhaupt, da er sich auf eine ganze Waffenkategorie bezieht. Unstrittig ist auch, daß dieser Vertrag bisher von beiden Parteien im wesentlichen eingehalten worden ist; vermutete Verstöße konnten in Beratungen der vertragsgemäß gebildeten ständigen Kommission geklärt werden. So wurde durch das Fortwirken dieses Vertrages über mehr als zehn Jahre ein Vertrauenspotential geschaffen, das nicht leichtfertig aufs Spiel gesetzt werden sollte.

Zweifellos würde der ABM-Vertrag durch die schon in der Entwicklungsphase des SDI-Programms erforderlichen Tests weltraumgestützter Waffen ausgehöhlt, durch den tatsächlichen Aufbau einer derartigen Raketenabwehr würde er völlig hinfällig.[14] Die Frage ist: Lohnt sich das?

1.3. Die Strategische Verteidigungsinitiative als neue Alternative zur MAD?

Die bisherige Stabilität beruht auf der Fähigkeit zur gegenseitig garantierten Vernichtung. Sie setzt daher die Erhaltung der eigenen

---

[13] s. Fußnote 11, hier: Anhang 1, S.263ff, und Fußnote 8, hier: Appendix, S.263ff

[14] Chr. Paine, The ABM-Treaty: Looking for Loopholes, in: Bulletin of the Atomic Scientists, Aug./Sept. 1983, S.13ff

Verwundbarkeit wie der des Gegners voraus. Durch Abschluß des ABM-Vertrages wurde diese zunächst auch für die weitere Entwicklung garantiert.

Dies soll sich nun ändern. SDI wird von der amerikanischen Regierung als eine zwar sehr schwierige, aber doch zu meisternde Aufgabe erklärt, durch deren Lösung der Abschreckungs-Frieden durch einen Sicherheits-Frieden ersetzt werden könne. Die moralisch einleuchtende Motivation ist dabei wiederum dieselbe, die auch Ende der 60er Jahre vor Abschluß des ABM-Vertrages verwendet wurde: Verteidigung ist besser als Angriff. Aber die Fragwürdigkeit dieser Alternative bleibt erhalten, zumindest dann, wenn Unverwundbarkeit ohne Verzicht auf ein Angriffspotential, durch das der Gegner dann straflos vernichtet werden könnte, angestrebt wird. Auch nur die Vermutung auf der Gegenseite, daß hier eine derartige Überlegenheit aufgebaut werden könnte, würde zu weiterer Destabilisierung der gegenwärtigen Situation führen.[15]

Es ist unabhängig von den verwendeten Techniken prinzipiell unmöglich, eine absolut perfekte Raketenabwehr aufzubauen. Woran liegt dies? Zielt man z.B. mit einem fest eingespannten Gewehr auf einen ruhenden Punkt, so wird man feststellen, daß trotz dieser idealen Bedingungen die Einschüsse um das angepeilte Ziel streuen, also längst nicht in allen Fällen punktgenaue Treffer erreicht werden. Hierfür sind im einzelnen vielerlei verschiedene, aber niemals vollständig zu unterdrückende Störeinflüsse verantwortlich. Man kann daher auch bei Verwendung noch so hochentwickelter Systeme und Methoden stets nur eine Trefferwahrscheinlichkeit von weniger als 100 % erhalten. Dies gilt für Angriffswaffen genauso wie für Waffen, mit denen Raketen oder ihre Sprengköpfe im Fluge abgeschossen werden sollen, zumal die Anforderungen, die an die Zielgenauigkeit bei der Raketenabwehr gestellt werden, geradezu fantastisch sind. Auch unter Verwendung inzwischen zumindest möglich erscheinender, moderner nichtnuklearer Technologien ("Strahlenwaffen") kann es also prinzipiell nicht gelingen, eine undurchdringliche Raketenabwehr aufzubauen. Der bestenfalls erreichbare territoriale Schutz wäre mit einem löcherigen Netz weit eher zu vergleichen als mit einem über den USA aufgespannten, undurchlässigen "Regenschirm".

---

[15] s. z.B. Fußnote 8, hier: S.33, und Fußnote 11, hier: S.150

Das schon bei der Diskussion des alten ABM-Systems erwähnte Argument der Überschwemmbarkeit bleibt also – unabhängig von der verwendeten Technologie – erhalten. Als Reaktion des Gegners muß daher eine Verstärkung seines Angriffspotentials oder die Einführung anderer billiger Gegenmaßnahmen vermutet werden, wie dies die Sowjetunion bereits angekündigt hat. Dadurch würde das propagierte Ziel einer Abrüstung ins Gegenteil verkehrt.

SDI wird also nicht zu der von vielen erträumten, jedoch aus den genannten Gründen als gefährlich einzuschätzenden Unverwundbarkeit führen. Die mit SDI verknüpften Zielvorstellungen der amerikanischen Regierung haben sich seit der "Star-Wars"-Rede Präsident Reagans vom März 1983 im Sinne einer realistischen Einschätzung gewandelt.[16] [17] Heute wird nicht mehr von einem erreichbaren undurchdringlichen Schirm gesprochen. Im Gegenteil, der Chef der SDI-Organisation, General Abrahamson, hat in einer Besprechung 1985 ausgeführt, hier zitiert nach dem Proxmire-Report[18]: "Ein undurchdringlicher Schirm gegen Raketen, der alle Amerikaner in einem Atomkrieg schützen würde, hat niemals zur Diskussion gestanden." Das (eingeschränkte) Ziel von SDI ist dagegen eine verbesserte Abschreckung. Auch Präsident Reagan hat dies in einem 1985 geführten Interview betont[18]: "Ich habe niemals 100 % gefordert. Das wäre ein feines Ziel, aber auch eine nicht hundertprozentig wirksame Verteidigungswaffe wäre sehr effektiv... Wenn SDI z.B. 80 % effektiv wäre, würde dies jeden sowjetischen Angriff als töricht erscheinen lassen. Sogar ein partieller SDI-Erfolg würde die Abschreckung stärken und der Friedensentwicklung dienen." Und die Autoren des Proxmire-Reports schließen hieraus: "In anderen Worten, mit oder ohne SDI, die sowjetische Furcht vor unseren Offensiv-Streitkräften wird das Bollwerk der U.S.-Abschreckung bleiben."

Aber auch die erreichbaren begrenzten Ziele könnten sich als problematisch erweisen. SDI stellt kein fertiges Patentrezept für eine einzige Wunderwaffe dar, mit der die Raketendrohung des Gegners

---

[16] R. Labusch, E. Maus, W. Send (Hg.), Weltraum ohne Waffen, C. Bertelsmann, München, 1984, S.13ff

[17] s. Fußnote 8, hier: Appendix H, S.297ff

[18] D. Waller, J. Bruce, D. Cook, SDI. Progress and Challenges, Staff Report Submitted to Senator William Proxmire, Senator J.B. Johnston and Senator L. Chiles, March 1986, hier: S.12

reduziert werden kann, sondern beinhaltet ein sehr komplexes Konglomerat aus vielen, z.T. schon seit langer Zeit in der Entwicklung befindlichen und relativ konventionellen Techniken (nukleare und nichtnukleare Abfangraketen, Hochgeschwindigkeitsgeschosse) und z.T. erst ansatzweise in der Forschungsphase befindlichen Methoden (Laser- und Teilchenstrahlwaffen). In keinem Fall handelt es sich hierbei um "science fiction"; die Realisierung mag allerdings im einzelnen sehr lange auf sich warten lassen. Es wäre also unzulässig, die Diskussion um SDI mit der Feststellung einiger Gegner dieses Programms zu beenden, SDI sei nicht machbar.[19] Auch eine klare gegenteilige Beantwortung, wie sie von Befürwortern geäußert wird, wird dem Problem nicht gerecht. Offenbar muß die Fragestellung des Themas modifiziert werden zu:

> Welche der im Rahmen von SDI diskutierten Abwehrkomponenten erscheinen machbar, welcher Zweck kann damit erreicht werden, und wäre dies auch bezüglich der Konsequenzen wünschbar oder nicht?

1.4. Wissenschaft und Technik als Allheilmittel zur Erhaltung des Friedens?

In der "Star-Wars"-Rede Präsident Reagans vom März 1983, mit der das SDI-Programm verkündet wurde, gelten Wissenschaft und Technik als Allheilmittel, um die gegenwärtigen Probleme zu lösen[16]:

> "Wäre es nicht besser, Menschenleben zu retten, als sie zu rächen? Sind wir nicht in der Lage, unsere friedlichen Absichten zu demonstrieren, indem wir all unsere Fähigkeiten und Einfallsreichtum einsetzen, um eine wirklich dauerhafte Stabilität zu erreichen? Ich glaube, wir können es, ja wir müssen es!
>
> Nach sorgfältiger Konsultation mit meinen Beratern, einschließlich der Chefs des gemeinsamen Stabes, bin ich zu der Überzeugung gekommen, daß es einen Weg gibt.

[19]Space-Based Missile Defense, A Report by the Union of Concerned Scientists, 1984

> Teilen Sie mit mir eine Vision der Zukunft, die Hoffnung bietet. Sie besteht darin, daß wir ein Programm in die Wege leiten, um der schrecklichen sowjetischen Raketenbedrohung mit Maßnahmen zu begegnen, die defensiv sind. Wollen wir uns auf eben die Stärke unserer Technologien besinnen, die unsere große industrielle Basis hervorgebracht und uns die Lebensqualität geschenkt hat, der wir uns heute erfreuen."

Und an anderer Stelle fährt Reagan mit einem Appell an die Wissenschaftler fort:

> "Aber unter genauer Berücksichtigung all dieser Überlegungen rufe ich die Gemeinschaft der Wissenschaftler, die uns die Kernwaffen gegeben haben, auf, ihre großen Talente der Sache der Menschheit und des Weltfriedens zu widmen; uns die Mittel an die Hand zu geben, um diese Kernwaffen unwirksam und überflüssig zu machen."

Wir haben uns daran gewöhnt, daß technische Entwicklungen, die vor Jahren noch als utopisch galten, heute zumindest denkbar erscheinen oder schon realisiert sind. So wird auch das Wort des amerikanischen Verteidigungsministers Caspar Weinberger, "science fiction von gestern ist heute Realität", bei vielen kaum Widerspruch erregen. Aber kann man mit Naturwissenschaft und Technik jedes Problem lösen? Es ist richtig, daß die Atombombe durch Ergebnisse aus der Grundlagenforschung ermöglicht und unter wesentlichem Einsatz von Physikern entwickelt und gebaut wurde. Aber können die Wissenschaftler wiederum durch eine weitere technische Entwicklung die Bedrohung durch Nuklearwaffen aus der Welt schaffen? In das pränukleare Zeitalter können wir nicht zurückkehren, das visionäre Streben nach Unverwundbarkeit muß illusorisch bleiben. Mit der Realität der Atombombe werden wir dagegen weiter leben müssen. Mir scheint, daß in dem gegenwärtigen Ost-West-Verhältnis nicht so sehr eine neue Waffentechnik, sondern vielmehr eine neue Politik gefragt ist, die den Einsatz dieser, die Existenz der Menschheit bedrohenden Atombomben unmöglich macht.

2. Technische Möglichkeiten zur Raketenabwehr

2.1. Das strategische Arsenal der Offensivwaffen

Die gegenseitige atomare Bedrohung besteht gegenwärtig vor allem in den sogenannten "Strategischen Waffen", das sind diejenigen Waffen, mit denen von den Stützpunkten der einen Seite aus direkt das Territorium des Gegners angegriffen werden kann. Man unterscheidet landgestützte Interkontinentalraketen (ICBM - intercontinental ballistic missile), Raketen, die von U-Booten aus gestartet werden können (SLBM - sea launched ballistic missile) und langreichweitige strategische Bomber, die mit Bomben, Raketen und Marschflugkörpern ausgerüstet sein können. Eine Analyse der möglichen Verteidigungsmaßnahmen setzt daher zunächst einmal voraus, daß man sich mit diesem strategischen Gesamtarsenal und seiner Strukturierung befaßt.

Wie bereits in der Einleitung erwähnt, beträgt der Gesamtlagerbestand aller nuklearen Waffen in den USA und der UdSSR je etwa 9.000 Mt. Tatsächlich auf strategischen Trägersystemen (ICBM, SLBM und strateg. Bombern) stationiert ist hiervon nur ein Teil, nämlich 3.890 Mt auf Seiten der USA und 5.830 Mt in der UdSSR. Die Strukturierung dieses Arsenals ist in Tabelle 1 dargestellt[20].

Die größere "Gesamttonnage" der UdSSR wird teilweise durch die höhere Anzahl von Sprengköpfen auf Seiten der USA kompensiert. Es ist bekannt, daß kleinere Sprengköpfe eine relativ höhere Zerstörungswirkung als größere haben (z.B. 2x 0,5 Mt die 1,3fache von 1 Mt [21]). Zudem scheint die U-Boot-Flotte der USA wesentlich zuverlässiger zu sein (etwa 50 % aller U-Boote ständig im Einsatz) als diejenige der UdSSR (15 - 20 %).[20]

Es wird angenommen, daß für die Aufrechterhaltung einer glaubwürdigen gegenseitigen Abschreckung die Bereitstellung von je 200 - 400 Mt ausreicht.[21] [22] Diese Sprengkraft entspricht 20.000 'Hiroshimas' und würde eine unvorstellbare Zerstörung bewirken. Aber

---

[20] S. Lodgaard, F. Blackaby, Nuclear Weapons, in: SIPRI Yearbook 1984, Taylor & Francis, London, Philadelphia, 1984

[21] s. Fußnote 9

[22] B.G. Levi, The Nuclear Arsenals of the USA and UdSSR, in: Physics Today, March 1983, S.43

selbst darüberhinaus noch stellt das vorhandene jeweilige Gesamtpotential einen 10 - 30 fachen "Overkill" dar!

Tabelle 1: Strategische Nuklearwaffen
Vergleich USA - UdSSR

	Träger-systeme		Spreng-köpfe		Potential (Mt)	
- USA -						
ICBM	1 045	56 %	2 145	22 %	1 375	35 %
SLBM	568	31 %	5 152	53 %	333	9 %
Bomber	241	13 %	2 368	25 %	2 178	56 %
Summe	1 854		9665		3 886	
- UdSSR -						
ICBM	1 398	56 %	6 273	71 %	4 427	76 %
SLBM	941	38 %	2 317	26 %	828	14 %
Bomber	145	6 %	290	3 %	580	10 %
Summe	2 484		8 880		5 835	

(Quelle: S. Lodgaard and F. Blackaby, Nuclear Weapons, in: SIPRI Yearbook 1984, Taylor & Francis, London, Philadelphia, 1984)

Die beiden Supermächte haben ihr strategisches Arsenal unterschiedlich strukturiert. Zwar verfügt jede der beiden Supermächte in jeder Waffengattung über mehr als das genannte Mindestabschreckungspotential. Während aber die USA mehr als die Hälfte des Gesamtpotentials auf strategischen Bombern stationiert haben (56 %), und bezüglich der Anzahl der Sprengköpfe die SLBMs das Übergewicht besitzen (53 %), verläßt sich die UdSSR sowohl hinsichtlich der Sprengkraft wie der Anzahl der Sprengköpfe überwiegend auf die landgestützten ICBMs (76 % bzw. 71 %).

Die strategische Verteidigungsinitiative der amerikanischen Regierung enthält also nur einen Teilaspekt für eine umfassende strategische Verteidigung, da die Überlegungen allein auf die Abwehr sowjetischer Interkontinentalraketen konzentriert sind. Zwar stellen diese den weitaus größten Anteil des Bedrohungspotentials dar; eine ausschließlich hierauf gerichtete Abwehr läßt aber die Bedrohung durch andere gegenwärtige (zunehmende Verlagerung auf Bomber und U-Boote) oder gar zukünftig denkbare Waffensysteme (z.B. Marschflugkörper interkontinentaler Reichweite oder sog. "Rucksackatombomben", d.h. einzuschmuggelnde Sprengsätze) außer acht.

Bevor die technischen Möglichkeiten von SDI erörtert werden können, müssen daher zunächst die Eigenschaften der Interkontinentalraketen, auf die sich die geplanten Verteidigungsmaßnahmen ja beziehen, dargestellt werden.

2.2. Eigenschaften von Interkontinentalraketen

Interkontinentalraketen sind dazu bestimmt, atomare Sprengköpfe über eine Reichweite von etwa 12.000 km auf das gegnerische Territorium zu schießen. Hierfür benötigen sie eine Flugzeit von insgesamt etwa 30 Minuten. Es sind dabei vier Hauptphasen zu unterscheiden (vgl. Schaubild 2)[23 24 25].

In der Start- oder Antriebsphase (boost phase) bringt eine meist dreistufige Rakete die 'Nutzlast' auf die erforderliche Endgeschwindigkeit von etwa 7 km/sec (20fache Schallgeschwindigkeit). Die dazu benötigte Schubkraft kann nur durch verhältnismäßig große Raketen aufgebracht werden. Sie haben eine vor allem aus dem Treibstoff bestehende Startmasse von 90 - 200 t, die am Ende der Antriebsphase erreichte Höhe liegt bei 200 - 400 km, und die hierfür benötigte Zeit beträgt 3 - 5 Minuten (alle Angaben beziehen sich auf die amerikanische MX- bzw. die sowjetische SS-18-Rakete). Relativ leicht erreichbare Modifikationen können zu einer Erschwerung für den Verteidiger führen, wie wir noch sehen werden. So etwa bei Entwicklungen, die unter Verwendung einer abgeflachten Flugbahn (auf Kosten einer etwas geringeren Nutzlast) einen Brennschluß des Raketentriebwerks noch innerhalb der Erdatmosphäre und somit eine verkürzte Startphase (50 Sekunden) ermöglichen. Bei einer derartigen schnell-

[23] s. Fußnote 8, hier: Ballistic Missile Defense Technologies, S.139ff

[24] s. Fußnote 10

[25] s. Fußnote 9

brennenden MX-Rakete wäre die Busphase bereits nach insgesamt 60 Sekunden in einer Höhe von 110 km beendet! [26]

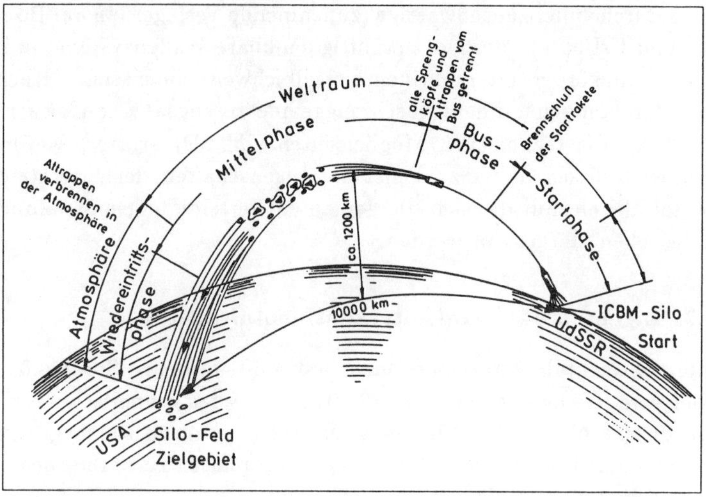

Schaubild 2: Die vier Flugphasen einer Interkontinentalrakete (ICBM): ⇑, mit dem Bus: ▭, Mehrfachsprengköpfen (MIRV): ◃, Maskierungen: ⊠ und Attrappen: ○ ; vgl. Text.

Die Nutzlast besteht bei modernen Raketen aus mehreren Sprengköpfen (bis zu zehn), die in dem sogenannten "Bus" transportiert werden. Der Bus kann – dies ist zukünftig als relativ einfache Antwort auf die Entwicklung eines Verteidigungssystems möglich – zusätzlich eine wesentlich höhere Anzahl von leichten Durchdringungshilfen zur Täuschung und Maskierung enthalten (s.u.). Er verfügt über ein präzises Steuerungssystem, mit dem Bahnkorrekturen durchgeführt und die Sprengköpfe auf vorprogrammierte, leicht unterschiedliche Bahnen gebracht werden können, die dazu geeignet sind, verschiedene gegnerische Ziele zu treffen. Man spricht kurz von Mehrfachsprengköpfen, die aber unabhängig voneinander zielbar sind (MIRV – multiple independently targetable reentry vehicle). Diese zweite Phase, die Busphase (post boost phase – Nachantriebsphase), ist nach etwa 10 Minuten abgeschlossen.

[26] s. Fußnote 11, hier: S.70

Nach Beendigung der Busphase bewegen sich alle Sprengköpfe und Attrappen außerhalb der Atmosphäre wegen der fehlenden Luftreibung mit gleicher Geschwindigkeit auf Wurfbahnen (ballistischen Bahnen). Sie erreichen eine Steighöhe von 1000 - 1500 km und fallen dann im freien Fall zurück, um nach Durchdringung der Lufthülle die verschiedenen Ziele zu treffen. Diese dritte, die Mittelphase (mid course phase), dauert bis zum Eintreten in die Atmosphäre etwa 20 Minuten.

Die letzte Phase beginnt, wenn die Wiedereintrittskörper in etwa 100 km Höhe auf die Erdatmosphäre treffen; sie dauert bis zur schließlichen Explosion etwa 100 Sekunden. Die Luftreibung bewirkt eine enorme Abbremsung, so daß die Sprengköpfe trotz spezieller Struktur und Hitzeschild bis zur Weißglut aufgeheizt werden. Attrappen, ausgebrannte Raketenstufen, der Bus und andere, ebenfalls auf Bahnen des freien Falls mitfliegende Körper verglühen dagegen sofort in der Atmosphäre.

Schließlich detonieren die Sprengköpfe, und die Atomexplosion produziert eine Druckwelle, einen Feuerball und radioaktive Strahlung. Um die eigenen Raketenstellungen gegen diese Explosionswirkungen bei einem gegnerischen Angriff zu schützen ("härten"), befinden sich die Abschußrampen in unterirdischen Betonbunkern ("Raketensilos"). Die Härtung ist ausreichend, um der Druckwelle einer 500-kt-Explosion standzuhalten, wenn der Abstand mehr als 200 m beträgt. Dieselbe Druckwelle würde ein städtisches Gebiet von 40 km^2 vollständig zerstören.[27]

Es ist also klar, daß zur Zerstörung gehärteter militärischer "Punktziele" eine hohe Treffergenauigkeit angestrebt wird. Diese wird durch den Radius desjenigen Kreises um das Ziel angegeben, in dem der Sprengkopf mit 50%iger Wahrscheinlichkeit auftrifft (CEP – circular error probable). Für zivile Ziele (Städte) sind derartige Überlegungen völlig unerheblich.

Die sowjetische Interkontinentalrakete SS-18 ist mit 10 Sprengköpfen à 550 kt ausgerüstet. Auch die amerikanische MX (neuerdings bezeichnenderweise "peace keeper" genannt), deren Stationierung für 1986 vorgesehen ist, trägt 10 Sprengköpfe, aber zu je 300 kt. Für die SS-18 wird ein CEP-Wert von 300 m angegeben, während

[27] s. Fußnote 9

derjenige der MX wahrscheinlich bei 105 - 120 m (!) liegt.[28] [29] Diese beiden Raketen sind hier beispielhaft für landgestützte Interkontinentalraketen (ICBM) genannt worden.

U-Boote können sehr nahe an das gegnerische Territorium herankommen, die auf ihnen stationierten Raketen (SLBM) brauchen also keine so große Reichweite zu haben (Trident etwa 7.500 km), die gesamte Flugzeit ist daher erheblich kürzer (ca. 10 Minuten), der CEP-Wert amerikanischer Systeme liegt bei 450 m, derjenige sowjetischer SLBMs noch erheblich darüber.[29] Allerdings ist geplant, die Zielgenauigkeit durch Einsatz eines Satelliten-Navigations-Systems zukünftig erheblich zu verbessern.[30]

2.3. Aufgabe und Struktur eines Raketenabwehrsystems

Jedes Raketenabwehrsystem muß die folgenden Aufgaben erfüllen[31] (s. auch Schaubild 3).

Zielerfassung: Die erste Aufgabe eines derartigen Systems wäre es, alle vom gegnerischen Territorium startenden Raketen und alle im Weltraum fliegenden Objekte zu erfassen. Man weiß damit allerdings noch nicht, ob das gesehene Objekt auf einer Bahn fliegt, mit der das eigene Gebiet überhaupt getroffen werden könnte. Nur derartige Flugkörper würden ja, wenn überhaupt, eine Bedrohung darstellen. Testflüge von Raketen werden dagegen wohlweislich immer auf Bahnen durchgeführt, die zweifelsfrei nicht auf das Territorium des jeweiligen Gegners gerichtet sind.

Bahnverfolgung: Die zweite Aufgabe besteht also darin, die Bahn des erfaßten Objekts solange zu verfolgen, bis eine Vorausberechnung möglich ist und damit die Unterscheidung zwischen bedrohlichen und unbedrohlichen Flugbahnen gestattet. Allerdings ist dann noch nicht klar, ob es sich um ein gefährliches Objekt (Rakete oder Sprengkörper) oder ein harmloses (Attrappe, ausgebrannte Raketenstufe, Weltraumschrott) handelt.

---

[28] s. Fußnote 3

[29] s. Fußnote 22

[30] s. Fußnote 16, hier: E. Sieker, Künstliche Himmelskörper für die Navigation, S.51ff

[31] s. Fußnote 9, u. Fußnote 8, hier: S.146

Zielunterscheidung: Man muß also eine Unterscheidung vornehmen, mit der die ungefährliche Spreu vom gefährlichen Weizen getrennt wird. Diese Aufgabe kann sich zumindest in der Freiflugphase, wo viele Täuschungs- und Maskierungsmöglichkeiten bestehen, als die weitaus schwierigste erweisen.

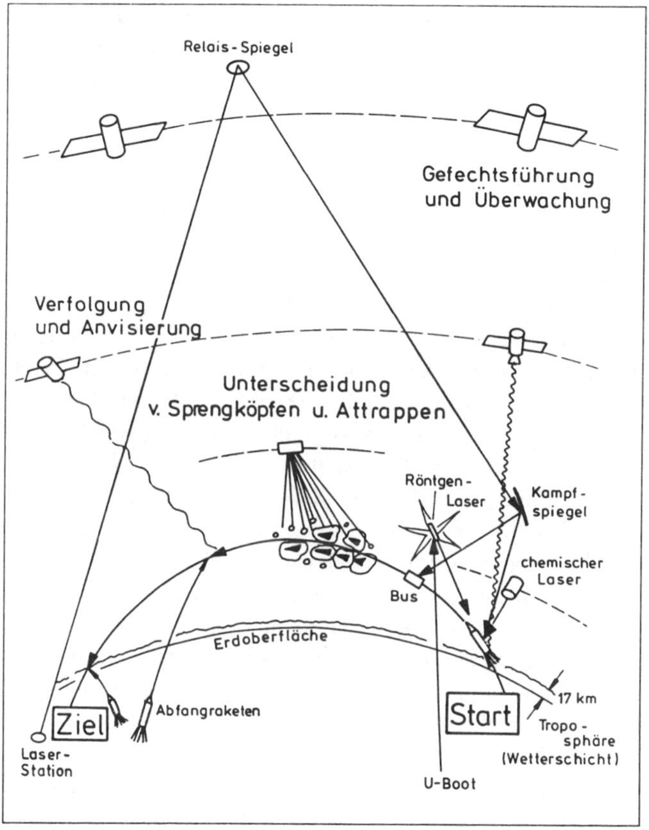

Schaubild 8: Geplantes mehrschichtiges Verteidigungssystem mit den Komponenten: Zielerfassung, Einsatz der Abwehrwaffen und Gefechtsführung (schematische Darstellung). In der Mittelphase wird die Abwehr durch die gegenüber der Zahl gestarteter Raketen 10 mal größere Anzahl von Sprengköpfen und eine sehr hohe Zahl von Attrappen (einige Millionen) enorm erschwert; s. Text.

Einsatz des Abwehrsystems: Erst jetzt ist der Einsatz des eigentlichen Abwehrsystems möglich. Das gefährliche Objekt ist klar erkannt, seine Bahn exakt vorausberechnet. Es muß nun zunächst eine Zielzuweisung erfolgen, d.h., eine für die jeweilige Situation geeignete Abwehrwaffe muß auf die abzufangende Rakete oder den Sprengkopf (der ja mit einer Geschwindigkeit von 7 km/sec fliegt!) gezielt werden. Dann muß der Einsatzbefehl erteilt werden, und schließlich ist der tatsächliche Erfolg der Abwehrmaßnahme zu kontrollieren.

Jede dieser verschiedenen Aufgaben kann nur mit einer systembedingten Zuverlässigkeit, niemals mit hundertprozentiger Sicherheit, ausgeführt werden. Hieraus setzt sich die Gesamtabfangwahrscheinlichkeit zusammen. Die einzelnen Verteidigungssysteme müssen den Eigenschaften der Offensivwaffen in ihren verschiedenen Flugphasen angepaßt werden. Folgende Vor- und Nachteile sind zu beachten.[32] [33] [34] [35]

Start- bzw. Antriebsphase: In der Startphase stellen die Raketen leicht verwundbare Ziele dar, die wegen der großen Wärmestrahlung der Triebwerke einfach zu orten sind (Infrarotsensoren). Andererseits ist diese Antriebsphase nur kurz, und die Rakete befindet sich noch über dem Territorium des Angreifers, weit weg vom Verteidiger. Eine Abwehr ist daher nur mit weltraumgestützten Waffen möglich. Ein Teil der Bahn verläuft während der Antriebsphase innerhalb der Atmosphäre, welche durch Absorption (bei Strahlenwaffen) oder Reibung (bei Hochgeschwindigkeitsgeschossen) die Abwehr behindert.

Bus- und Mittelflugphase: Der Bus besitzt nur relativ schwache Triebwerke und ist wesentlich kleiner als die große Startrakete. Er ist daher nicht so leicht zu orten und zu treffen. Wegen der längeren Dauer der Busphase steht aber zum Einsatz der Abwehr mehr Zeit zur Verfügung. Nur ein möglichst frühzeitiger Abschuß würde allerdings garantieren, daß alle vom Bus transportierten Sprengköpfe unschädlich gemacht werden können. Die folgende Mittelphase der aus dem Bus auf leicht unterschiedliche Bahnen ent-

[32] s. Fußnote 10

[33] s. Fußnote 9

[34] s. Fußnote 19

[35] s. Fußnote 16, hier: R. Fischbach, Raketenabwehrtechnologien – eine Übersicht, S.62ff

lassenen Sprengköpfe birgt die größten Probleme für eine wirksame Abwehr. Die ballistischen (d.h. antriebslosen, nur dem freien Fall unterliegenden) Bahnen im Vakuum des Weltraums sind zwar mit hoher Präzision vorauszuberechnen, und die lange Flugzeit erleichtert eine Abwehr. Neben den eigentlichen Sprengköpfen können die Busse aber eine Vielzahl von Attrappen mit möglicherweise gleicher Infrarot- bzw. Radar-"Signatur" mitführen, so daß ihre Unterscheidung zumindest stark erschwert wird. Sprengköpfe und Attrappen können ferner in einer Wolke radarreflektierender Metallstreifen oder infrarotreflektierender Aerosole versteckt werden, die ebenfalls vom Bus ausgestoßen wird. Die hier angeführten Täuschungsmöglichkeiten beruhen auf vorhandenen Techniken und wären zumindest in Zukunft leicht zu installieren.

Wiedereintrittsphase: Beim Wiedereintauchen in die Erdatmosphäre in einer Höhe von etwa 100 km verglühen alle leichten und nicht widerstandsfähigen Attrappen und andere Objekte infolge der auftretenden Reibungshitze. Die Lufthülle wirkt also als Filter, der die tatsächlichen Sprengköpfe wieder klar erkennen läßt. Die jetzt ausgesandte Wärmestrahlung ermöglicht eine gute Ziel-Erfassung und -Verfolgung durch Infrarotsensoren, die zusätzlich zu Radarsystemen eingesetzt werden. Vorteilhaft für eine Abwehr in dieser Endphase des interkontinentalen Fluges ist auch, daß Sensoren und Abwehrwaffen nur eine kurze Reichweite haben müssen. Ein großes Handikap für die Endphasenverteidigung ist dagegen die hierfür zur Verfügung stehende kurze Zeit, da die gesamte Wiedereintrittsphase nur etwa 100 Sekunden dauert. Bei einem Angriff auf militärische, gehärtete Punktziele kann diese Zeit voll ausgenutzt werden, da ein Raketensilo nur nahezu durch Volltreffer zu zerstören ist (s.o.); daher ist ein Abfang in geringer Höhe auch kurz vor der Explosion noch möglich. Für einen eventuellen Vergeltungsschlag reicht ferner aus, wenn eine genügende Anzahl von Silos intakt bleibt, so daß man die Verteidigung auf einen Teil der angegriffenen Ziele konzentrieren kann. Zivile Ziele können dagegen schon durch Explosionen in großer Höhe zerstört werden; der für die Verteidigung zur Verfügung stehende Zeitrahmen ist also weiter eingeschränkt. Zudem wäre die Explosion schon eines Sprengkopfes unerträglich. Trotz Schwierigkeiten durch die Luftreibung sind offenbar in Zukunft auch widerstandsfähige Attrappen und andere Täuschungsmöglichkeiten (allerdings in kleinerer Zahl als für die ballistische Phase) denkbar, auf die hier im einzelnen nicht eingegangen wird. Schließlich soll erwähnt werden, daß auch manövrierfähige Wiedereintrittskörper geplant sind, eine Entwicklung, die die Abwehr weiter erschwert.

Eine effiziente Verteidigung gegen Interkontinentalraketen ist angesichts der dargestellten komplexen Aufgabe und der Schwierigkeiten, die mit ihrer Erfüllung verbunden sind, allenfalls dann möglich, wenn man eine Abwehr in jeder Phase der Flugbahn versucht. Folgerichtig gehen die bisherigen Ideen davon aus, ein gestaffeltes Verteidigungssystem in mehreren Schichten aufzubauen, die unabhängig voneinander auf die Startphase, die ballistische Flugphase durch den Weltraum und die Endanflugphase ausgerichtet sind. Die jüngsten Pläne des Pentagon scheinen von einem siebenfach gestaffelten Verteidigungssystem auszugehen.[36] Würde man beispielsweise drei Verteidigungsgürtel installieren, und jeder von ihnen würde eine Abfangrate von 65 % ermöglichen, so erhielte man insgesamt eine 96 prozentige Sicherheit; der Verzicht auf einen der drei Gürtel würde diesen Wert auf 88 % sinken lassen. Eine derartige Wahrscheinlichkeitsrechnung ist allerdings nur dann zulässig, wenn die mit den einzelnen Schichten erreichbaren Sicherheiten wirklich unabhängig voneinander sind. Das teilweise Versagen des ersten, für die Startphase gedachten Gürtels könnte die nachfolgenden Schichten wegen der dann auftretenden Überfütterung mit Sprengköpfen und Attrappen vor nicht mehr zu bewältigende Probleme stellen, so daß die errechnete Gesamtsicherheit nicht mehr erreicht wird. Wegen der dargestellten Vor- und Nachteile erscheint das Abfangen der startenden Raketen besonders verlockend, zumal man hier mit einem erfolgtem Abschuß alle transportierten Sprengköpfe vernichtet. Die Abfangmöglichkeit in der Freiflugphase ist hingegen sehr schwierig, diejenige in der Zielanflugphase zumindest zur Verteidigung ziviler Ziele riskant. Daher sei hier noch eine andere Modellrechnung angeführt. Eine Abfangwahrscheinlichkeit von jeweils 30 % in den letzten beiden Phasen würde eine 90 prozentige Sicherheit erbringen, wenn man bereits 80 % aller startenden Raketen (innerhalb der ersten 2-5 Minuten!) abschießen könnte. Eine 95 prozentige Sicherheit wäre unter denselben Bedingungen nur zu erhalten, wenn 90 % aller angreifen-

[36] Ch. Mohr, SDI-Proposal Urges 7 Layers of Space Defense, in: International Herald Tribune, 4. Nov. 1985

den Raketen unmittelbar nach ihrem Start vernichtet würden. Wäre dagegen eine Abwehr in der Startphase unmöglich, und man könnte trotz der erwähnten Schwierigkeit der dann zu bekämpfenden großen Zahl von Objekten eine Abfangsicherheit von je 30 % in den letzten beiden Phasen garantieren, so würde die Hälfte aller angreifenden Sprengköpfe ihr Ziel erreichen! Es sei darauf hingewiesen, daß die hier angegebenen Zahlen nur zur Illustration der Bedeutung einer mehrschichtigen Raketenabwehr sowie der überragenden Rolle der Startphasenverteidigung dienen soll. Eine 90- oder 95-prozentige Sicherheit erscheint vorläufig völlig illusorisch.

Aus diesem Überblick gehen die enormen Schwierigkeiten hervor, mit denen jedes Verteidigungssystem gegen landgestützte Interkontinentalraketen konfrontiert sein würde. Bei der notwendigen Einbeziehung U-Boot-gestützter ballistischer Raketen ergeben sich weitere Komplikationen. Der Startort dieser Raketen ist zunächst unbekannt, und vor allem wird die Abwehrmöglichkeit wegen der wesentlich kürzeren Flugzeit erheblich erschwert. In jedem Fall ist die Bekämpfung der Raketen schon während der Startphase von überragender Bedeutung. Ohne eine schon hier erfolgende Dezimierung der Angriffswaffen wäre die Verteidigung in der nachfolgenden Freiflugphase wegen der großen Zahl zu erfassender Objekte und der Täuschungs- und Maskierungsmöglichkeiten überfordert. In der Wiedereintrittsphase sind die Verteidigungsmöglichkeiten für 'harte' militärische Punktziele wesentlich besser als für 'weiche' zivile Flächenziele.

2.4. Raketenabwehrtechnologie am Beispiel der Laser-Waffen

Es wäre ein viel zu umfangreiches Unterfangen, wollte man die gesamte Systemtechnologie einer denkbaren Raketenabwehr darstellen. Hierzu würden die Zielverfolgungssysteme und die Raketenabwehrwaffen genauso zählen wie vor allem auch die computergestützte Einsatzleitung/Gefechtsführung (vgl. Schaubild 3). Auch das gesamte Arsenal der in der Diskussion befindlichen Raketenabwehrwaffen soll hier nicht beschrieben werden. Es umfaßt sowohl relativ *'traditionelle Systeme'* (z.B. Antiraketen-Raketen mit nuklearen Sprengköpfen), in der Entwicklung befindliche ***nichtnukleare***

Abfangflugkörper (zielsuchende Flugkörper, Hochgeschwindigkeitsgeschosse) sowie die heute noch eher futuristisch anmutenden *Strahlenwaffen* (Laser- und Teilchenstrahlwaffen). Welche Bedeutung die amerikanische Regierung den einzelnen Unterprogrammen der SDI-Forschung zumißt und welchen großen Stellenwert die Strahlenwaffen hierbei einnehmen, wird anhand des SDI-Budgets ersichtlich (vgl. Tabelle 3 im Abschnitt 6, Kapitel IV dieses Buches).

Da für jedes Verteidigungssystem gegen Interkontinentalraketen die Abwehr in der Startphase von überragender Bedeutung ist, sollen die folgenden Ausführungen hierauf beschränkt werden. Für den hier zu errichtenden Abwehrgürtel hat man die größten Hoffnungen auf die Entwicklung von *Laserwaffen* gesetzt. Beispielhaft sollen drei verschiedene Möglichkeiten besprochen werden, die in der bisherigen Diskussion noch am verlockendsten erscheinen. Auf die Darstellung der physikalischen Grundlagen wird dabei verzichtet. Folgendes ist aber wichtig.

Ein Laser ist ein Gerät, mit dem ein nahezu paralleles Bündel von Lichtstrahlen einer einzigen Wellenlänge ("Farbe") erzeugt werden kann. Nur durch diese ideale Bündelung, die mit einer normalen Lichtquelle unmöglich ist, kann der Strahl auch nach Durchqueren großer Entfernungen zu einer so hohen Bestrahlungsdichte führen, daß das Ziel (die Rakete) schließlich durch Aufschmelzen ihrer Außenhaut zerstört wird. Die hierfür benötigte Energiedichte hängt von der Beschaffenheit der Rakete ab, die zusätzlich "gehärtet" werden kann. Gegenwärtig wird hierfür 200 Millionen Joule pro m^2 angenommen.[37] Diese Energiedichte ist auch mit zukünftigen leistungsstarken Lasern besonders deswegen schwer zu erreichen, weil – bedingt durch die unvermeidliche Beugung des Lichts – auch ein Laserstrahl nur auf einen gewissen Bündeldurchmesser fokussiert werden kann. Das vom Laser emittierte Licht erzeugt also immer einen Brennfleck endlicher Größe, aber niemals einen Brennpunkt. Da die im Laserstrahl enthaltene Energie sich mit Lichtgeschwindigkeit (300.000 km/sec) ausbreitet, wird das Ziel in optimal kurzer Zeit erreicht. Eine "Kampfentfernung" von beispielsweise 3.000 km wird in einer hundertstel Sekunde überbrückt, eine Warnung oder ein Ausweichmanöver kann es dabei für das angegriffene Objekt kaum geben.

[37] s. Fußnote 19; vgl. auch Fußnote 8, S.147, hier wird 10-1000 MJ/m^2 angenommen.

Allerdings hat sich die Rakete in dieser Zeit auch schon um bis zu 70 m bewegt!

Laserwaffen erscheinen geradezu prädestiniert zum Einsatz gegen Raketen in der Startphase. Bezüglich tatsächlicher Waffenentwicklungen und der mit ihrem Einsatz verbundenen Probleme klaffen aber Wunsch und Wirklichkeit noch sehr weit auseinander.

a. Infrarot-Laser auf Satellitenkampfstationen

Bei diesem Lasertyp handelt es sich um "chemische Laser", die ihre Energie aus der Verbindung zweier Atome zu einem Molekül gewinnen. Besondere waffentechnische Bedeutung haben sie erlangt, weil die mit ihnen z.Zt. erreichbare Leistung die aller anderen Laser übersteigt und die ausgesandte Infrarotstrahlung (Wärmestrahlung) in der Atmosphäre nur wenig absorbiert wird. Aus der täglichen Erfahrung wissen wir alle, daß die Sonnenstrahlung uns bei klarem Himmel intensiv wärmt, durch Bewölkung allerdings weitgehend abgeschirmt wird. Der Einsatz eines Infrarot-Lasers wird dadurch kaum behindert, da das eigentliche Wettergeschehen und damit auch jede Wolkenbildung schon in etwa 17 km Höhe aufhört; so können Raketen in der Startphase bekämpft werden (Schaubild 4). Allerdings wäre eine Stationierung auf Satelliten-Kampfstationen in niedrigen Umlaufbahnen erforderlich, und es würden Hochleistungslaser und Präzisionsspiegel benötigt, die heute bei weitem noch nicht realisiert werden können. Mit einem Wasserstoff-Fluorid-Laser der amerikanischen Marine wurde bisher etwa ein Zehntel der angestrebten Leistung erreicht; ein Spiegel mit einem Durchmesser von 1,5 m scheint ebenfalls schon zusammen mit einem Infrarot-Laser getestet zu sein. Die Intensität des hiermit erzielbaren Strahls wäre gegenüber derjenigen des gewünschten Lasers mit 25 Megawatt und einem Spiegeldurchmesser von 10 m noch um einen Faktor 500 zu klein.[38 39 40]

---

[38] s. Fußnote 19

[39] s. Fußnote 16, hier: J. Altmann, Laserwaffen, S.79ff; ders.: Laserwaffen, in: Schriftenreihe Friedens- und Abrüstungsforschung Nr.2, 1986, hrsg. v. Arbeitskreis Marburger Wissenschaftler für Friedens- und Abrüstungsforschung.

[40] G. Yonas, Strategic Defense Initiative: The Politics and Science of Weapons in Space, in: Physics Today, June 1985

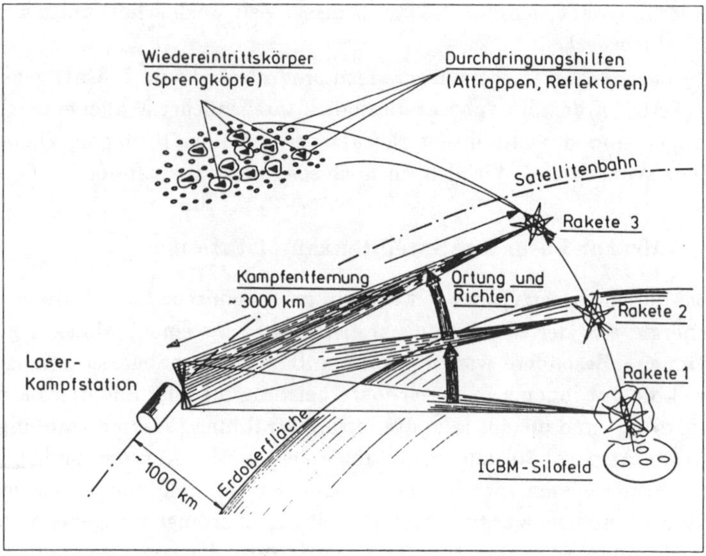

Schaubild 4: Laserkampfstation in niedriger Umlaufbahn beim Einsatz gegen startende Raketen. Jeder Infrarot-Laser kann nacheinander mehrere Raketen 'abschießen', wobei aber Zeiten zum Orten und Richten berücksichtigt werden müssen; s. Text. Das Bild unterstreicht noch einmal die Bedeutung der Abwehr in der Startphase; eine diesen Gürtel durchdringende Rakete vervielfacht die Schwierigkeiten des nächsten Abwehrgürtels durch eine Vielzahl von MIRVs und Attrappen.

Selbst wenn man aber glaubt, diese technologischen Hindernisse in Zukunft überwinden zu können, so gibt es doch prinzipielle Stationierungsprobleme.[41] Sie entstehen durch die relativ große Wellenlänge der Infrarotstrahlung – der Wasserstoff-Fluorid-Laser sendet Licht einer Wellenlänge von 2,7 μm aus –, mit der eine entsprechend starke Beugung des Lichts verknüpft ist. Aus diesem Grund kann die Fokussierung auf einen genügend kleinen Brennfleck nur bei verhältnismäßig geringen Entfernungen gelingen, so daß die Laser auf Satelliten in niedrigen Umlaufbahnen stationiert werden müssen. Geht man daher von Kampfstationen aus, die sich auf Erdumlaufbahnen in einer Höhe von 1.000 km befinden, können bei dem angenommenen Aktionsradius (Kampfentfernung) von 3.000 km fast alle

[41] s. Fußnote 19

sowjetischen Raketensilos von einer sich gerade über dem Gebiet der UdSSR befindlichen Kampfstation erreicht werden (s. Schaubild 5).

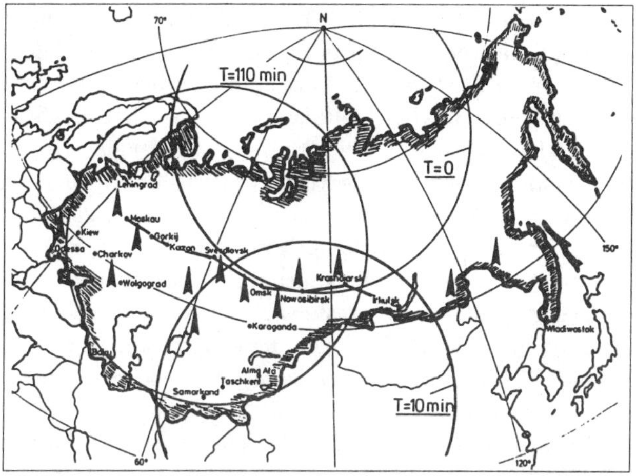

Schaubild 5: 'Abwesenheitsproblem' von Satellitenkampfstationen auf niedrigen Umlaufbahnen (hier: ca. 1 000 km) mit geringer Umlaufdauer (hier: etwa 100 Minuten), so daß sich der Satellit nur kurze Zeit über dem Territorium der UdSSR befindet; außerdem rotiert die Erde unter der raumfesten Satellitenbahn hinweg, wodurch diese aus dem zu bewachenden Bereich hinauswandert. Die Kreise bezeichnen die bei einer Reichweite von 3 000 km jeweils abgedeckten Gebiete zu verschiedenen aufeinanderfolgenden Zeiten. Pfeilsymbole markieren die ICBM-Silofelder der UdSSR.
(nach: Space-Based Missile Defense, A Report by the Union of Concerned Scientists, 1984)

Bei dieser Kampfentfernung beträgt die zum Durchschmelzen des Raketenmantels benötigte Zeit etwa 7 Sekunden, wenn ein Hochleistungslaser der gewünschten Art eingesetzt wird. Man nimmt ferner an, daß zum Abschuß aller bei einem massiven Angriff gleichzeitig gestarteten Raketen eine Zeit von 100 Sekunden zur Verfügung steht. Dies ist sicherlich eine optimistische Annahme; bereits bei den MX-Raketen wird die gesamte Startphase nur 180 Sekunden betragen, und eine Verkürzung auf 50 Sekunden wäre zukünftig denkbar (s.o.). Ohne Berücksichtigung der Schwierigkeiten bei Zielsuche und

Ausrichten der großen Spiegel könnten also bei einer angenommenen Kampfentfernung von 3.000 km durch einen einzigen Laser 14 Raketen abgeschossen werden. Die mittlere Kampfentfernung kann erheblich niedriger sein, wenn sich jederzeit Laserkampfstationen in genügender Nähe über den Silofeldern aufhalten. Die neue Studie der Union of Concerned Scientists geht daher davon aus, daß etwa 50 Raketen von einer Kampfstation vernichtet werden können.[42] Da die UdSSR aber über 1.400 ICBM-Raketenbasen verfügt, benötigt man jederzeit 30 Laserwaffen in Reichweite der Silofelder. Die Kampfstationen befinden sich auf niedrigen Umlaufbahnen, die Erde rotiert außerdem in W-O-Richtung unter ihnen hinweg, so daß sie sich während der meisten Zeit nicht in Kampfposition über der UdSSR befinden. Wegen dieser "Abwesenheitsrate" braucht man selbst bei optimistischer Schätzung mindestens 10 mal so viele, also insgesamt 300 Lasersysteme. Bei Rechnungen dieser Art kann es sich nur um Abschätzungen handeln; zuverlässigere Resultate erhält man unter Einbeziehung folgender Überlegungen. Statt etwa die Satelliten auf Bahnen kreisen zu lassen, die jeweils den Nord- und Südpol kreuzen, wird man solche bevorzugen, die gegen die Erdachse geneigt sind und zwar so, daß der Winkel zwischen Äquatorialebene und Bahnebene ("Inklination") der geographischen Breite der Silofelder entspricht. Auf diese Weise erhält man eine höhere Konzentration über den Silofeldern und gewinnt dadurch gegenüber der mittleren Erdüberdeckung etwa einen Faktor 3.[43]

Andererseits kann das Ausrichten eines Kampfspiegels auf ein neues Ziel aber sicherlich nicht trägheitslos ohne Zeitverlust erfolgen. Schließlich sei darauf hingewiesen, daß der vom Laser auf die 3.000 km entfernte Rakete fokussierte Lichtstrahl von 1 m Durchmesser während der Einbrennzeit von 7 Sekunden nur wenige Millimeter wandern darf, während er mit der Rakete mitgeführt werden muß, die in dieser Zeit eine Flugstrecke von fast 50 km zurücklegt! Dies erfordert eine fantastische Ziel- und Nachführgenauigkeit. Unter Annahme einer Ziel-Dauer von 0,5 Sekunden benötigt man nach einer neueren Studie von Garwin bei optimalen Bedingungen 250 Kampflaser der angenommenen, vorläufig noch utopischen Qualität (25 MW

[42] s. Fußnote 11, hier: S.95

[43] s. Fußnote 39

Leistung, Spiegeldurchmesser 10 m, s.o.), um alle 1.400 Raketen innerhalb von 100 Sekunden zu bekämpfen. Würde die Sowjetunion die Startphase ihrer ICBMs verkürzen, so daß nur 40 Sekunden zum Abschuß zur Verfügung ständen, würde man bereits 630 Kampflaser benötigen.[44] Wollte man die U-Boot-Raketenbasen mit in eine derartige Verteidigung einbeziehen, so wäre praktisch eine homogene Überdeckung der gesamten Erdoberfläche erforderlich.

Es ist außerordentlich schwierig, die Kosten für ein solches, auf die Startphase der Angriffsraketen ausgerichtetes und auf derartigen Laserkampfstationen basierendes Verteidigungssystem auszurechnen. Eine Abschätzung hierzu wurde kürzlich von Field und Spergel, zwei Wissenschaftlern der Harvard-Universität in den USA vorgelegt.[45] Die Autoren gehen dabei so vor, daß sie zunächst die Anzahl angreifender Raketen berechnen, die von einer Laserkampfstation vernichtet werden können – sie kommen hier zu ganz ähnlichen Resultaten wie Garwin (s. Fußnote 44). Anhand bekannter Kosten für andere Weltraumsysteme wird dann der Preis pro Kampfstation und damit die Kosten zur Zerstörung einer angreifenden Rakete abgeschätzt. Schließlich wird dieser Preis verglichen mit demjenigen zur Aufstellung einer –zusätzlichen– Angriffsrakete. Dabei werden die Kosten für das Verteidigungssystem optimistisch (d.h. eher niedrig), diejenigen für das Angriffssystem pessimistisch (also eher hoch) angesetzt. Die Kosten für den Aufbau eines Verteidigungssystems sollten immer niedriger sein als diejenigen (des Gegners), dieses Verteidigungssytem durch Aufstellung zusätzlicher Angriffsraketen zu überwinden, da sonst der Gegner zu dieser vergleichsweise dann billigen Option greifen würde, die ja gerade verhindert werden soll (Kostenkriterium von Paul Nitze[46]). Field und Spergel gelangen nun zu dem Resultat, daß der Aufbau des Verteidigungssystems mit La-

---

[44] R.L. Garwin, How Many Orbiting Lasers for Boost-Phase Intercept, in: Nature 315 (1985) S.286

[45] G. Field, D. Spergel, Cost of Space-Based Laser Ballistic Missile Defense, in: Science 231 (1986) S.1387

[46] P. Nitze, Hauptberater Präsident Reagans in Fragen der Rüstungskontrolle, in einer Rede vor dem "Philadelphia World Affairs Council", Philadelphia, PA, 20. Feb. 1985; das zweite in diesem Zusammenhang von Nitze aufgestellte Kriterium verlangt die Unverwundbarkeit des weltraumgestützten Verteidigungssystems.

serkampfstationen Kosten von mindestens 150 Millionen $ (auf der Basis von 1984) *pro angreifender Rakete* verursachen wird. Die Kosten für eine MX-Rakete inklusive aller Nebenkosten betragen dagegen 50 Mio $. Diese "Kosten-Nutzen-Relation" von 3:1 zugunsten der Angriffswaffen würde sich bei einer möglichen Verkürzung der Startphase auf 9:1 erhöhen, unter Berücksichtigung einer evtl. notwendigen längeren Ziel- und Ausrichtzeit sogar auf 16:1. Trotz aller Unzulänglichkeiten derartiger Rechnungen scheint eines klar zu sein: Das oben zitierte Kriterium von Paul Nitze, dessen Erfüllung zumindest eine Voraussetzung für die Nützlichkeit eines Verteidigungssystems ist, ist grob verletzt.

Aber selbst bei Voraussetzung der technischen und finanziellen Realisierungsmöglichkeit bleibt ein gravierender Einwand bestehen: Derartige Kampfstationen auf niedrigen Umlaufbahnen wären bei der erkennbaren Weiterentwicklung der Antisatelliten-Waffen (ASAT) extrem verwundbar. "Unverwundbarkeit" derartiger Systeme ist aber sicherlich ein zweites – ebenfalls von Nitze aufgestelltes – Kriterium, das erfüllt sein muß, soll ihr Wert nicht von vornherein in Frage gestellt sein. Satelliten sind sehr viel leichter zu zerstören als Interkontinentalraketen oder Sprengköpfe. Unmittelbar vor einem Angriff könnte also der Angreifer zunächst einmal die über seinem Territorium befindlichen Laserkampfstationen und damit das gegen ihn gerichtete Verteidigungsnetz in einer wesentlichen Komponente lahmlegen. Fast unausweichlich erscheint daher, daß die Laserkampfstationen wieder selbst gegen Antisatellitenwaffen verteidigt werden müssen, eine Schraube ohne Ende.

Wie nahe hier das Verteidigungssystem der einen Seite und ein zu seiner Bekämpfung geschaffenes System der Gegenseite beieinanderliegen können, mag durch folgendes Beispiel erläutert werden. Als mögliche Maßnahme gegen Laserkampfstationen werden u.a. atomare Weltraumminen diskutiert, die ihnen als 'Wachhunde' folgen und im Fall einer eskalierenden Krise zur Explosion gebracht werden können, um das gegnerische Verteidigungssystem vor dem Einsatz der eigenen Offensivwaffen entscheidend zu schwächen. Dies würde mit einer Knopfdruckautomatik ablaufen, die jedes vernünftige Krisenmanagement von vornherein ausschließt (vgl. Kapitel II dieses Buches).

Die Verwundbarkeit des Verteidigungssystems hätte schon in normalen Zeiten gravierende Konsequenzen. Es ist nämlich denkbar, daß eine Satelliten-Kampfstation durch einen technischen Defekt oder Kollision mit Weltraumschrott bzw. Meteoriten ausfällt. Ein derartiges, plötzliches Versagen eines für das Verteidigungssystem lebenswichtigen Satelliten würde den Verteidiger in höchste Alarmbereitschaft versetzen, da er dies als Folge eines gegnerischen Präventivschlags interpretieren könnte. Er würde daher vorsorglich den nächsten Schritt einer Mobilmachung seiner strategischen Verbände einleiten, was wiederum vom Gegner als Vorzeichen eines (gar nicht beabsichtigten) Schlagabtausches angesehen werden müßte. Die Eskalation der Krise, die aus einem technischen Versagen entstanden ist, wäre so unter Umständen unvermeidlich.

b. Bodengestützte Ultraviolett-Laser mit geostationären Relaisspiegeln

Eine Alternative zu den chemischen Infrarot-Lasern stellen u.a. die "Excimer-Laser" dar. Diese beziehen die Laserenergie aus Bildung und Zerfall eines angeregten Quasimoleküls aus einem Edelgas- und Fluoratom. Es wird ultraviolettes Licht mit einer zehnfach kleineren Wellenlänge ausgesandt, beim Krypton-Fluorid-Laser beträgt diese beispielsweise 0,25 μm. Ähnliche Eigenschaften bietet der "Freie-Elektronen-Laser". Hier wird ein hochenergetischer Elektronenstrahl durch ein periodisch wechselndes Magnetfeld geführt, wobei die Elektronen – durch das Magnetfeld entsprechend abgelenkt – eine wellenförmige Bahn durchlaufen. Dabei wird Licht ausgesendet, dessen Wellenlänge durch die Energie der Elektronen und die Periodizität des Magnetfeldes bestimmt ist. Auch mit diesem Prinzip läßt sich ein Laser sehr kurzer und sogar variabler Wellenlänge bauen. Die Entwicklung von Hochleistungs-Excimer-Lasern steckt noch in den Anfängen. Für zivile Zwecke erhältliche Laser dieses Typs haben beispielsweise nur eine Leistung, die noch um den Faktor 100.000 unter dem benötigten Wert liegt. Freie-Elektronen-Laser lassen einen relativ hohen Wirkungsgrad erhoffen, ihre Entwicklung wird daher bevorzugt gefördert. In jedem Fall bietet die mit Excimer- oder Freie-Elektronen-Lasern erreichbare Erzeugung von Lichtstrahlen sehr kurzer Wellenlänge einen entscheidenden Vorteil. Die bei der

Lichtausbreitung auftretenden Beugungsprobleme sind längst nicht so groß wie bei den Infrarot-Lasern, und daher wäre der Transport des Strahlbündels auch über sehr weite Distanzen möglich.[47 48 49]

Derartige Laserstationen könnten daher auf dem Boden der USA selbst, etwa auf hohen Bergen, errichtet werden. Von dort wird der Strahl auf einen geosynchronen "Relaisspiegel" (Abstand von der Erdoberfläche: 36.000 km!) gerichtet, der ihn wiederum auf entsprechende "Kampfspiegel" in niedrigen Umlaufbahnen reflektiert (Schaubild 6). Mit dem Kampfspiegel ist es dann – ähnlich wie bereits beschrieben – möglich, die gegnerischen Raketen in der Startphase abzuschießen.

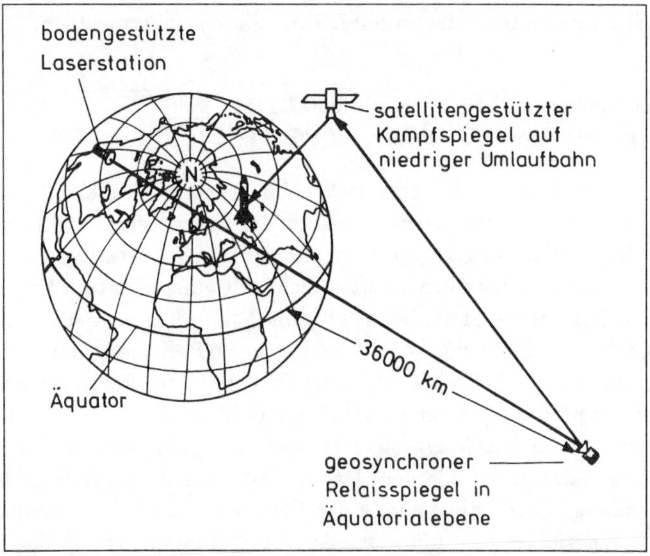

Schaubild 6: Einsatz eines Ultraviolett-Lasers vom Territorium des Verteidigers aus. Der Laserstrahl wird über einen geostationären Relaisspiegel und einen in niedriger Umlaufbahn befindlichen Kampfspiegel auf die angreifende Rakete gerichtet.

[47] s. Fußnote 10

[48] K. Tsipis, Laserwaffen – Alptraum oder Hirngespinst, in: Spektrum der Wissenschaft, Feb. 1982

[49] s. Fußnote 39, hier: S. 3/9, S. 3/55

Dieser Vorschlag stammt vom Wissenschaftsberater des amerikanischen Präsidenten, Georg Keyworth, und hätte gegenüber anderen diskutierten Konzepten noch die größten Realisierungschancen.

Folgende Schwierigkeiten existieren: Bedingt durch atmosphärische Turbulenzen (die auch für das Funkeln der Sterne am Nachthimmel verantwortlich sind) kann die Wellenfront eines Parallellichtbündels eventuell so gestört werden, daß der Strahl nicht mehr in ausreichend guter Qualität durch die Erdatmosphäre gelangt. Hohe Energieverluste bereits auf dem Weg zum geostationären Spiegel wären die Folge. Durch Einsatz einer äußerst raffinierten, bislang nur als Idee existierenden Regelungstechnik ("adaptive Optik") ist es vielleicht möglich, diese Schwierigkeiten in Zukunft zu überwinden.[50] Der Energiebedarf, in diesem Fall der Bedarf an elektrischer Energie, stellt ein weiteres schwerwiegendes Problem dar. Selbst unter optimistischen Voraussetzungen würden etwa 20 - 60 % der Gesamtleistung aller Kraftwerke der USA benötigt. Da eine derart hohe Leistung nicht plötzlich dem Stromnetz entnommen werden kann (ein Zusammenbruch des gesamten Stromversorgungssystems wäre die Folge), müßten exklusiv für die Excimer-Laser Kraftwerke gebaut werden. Die Kosten würden auf der Grundlage heutiger Baupreise 40 - 110 Milliarden Dollar betragen; bei der zukünftig vorauszusehenden Verkürzung der Startphase auf 50 Sekunden würden sie auf 100 - 300 Milliarden Dollar steigen.[51]

Selbst dann, wenn die technologischen Schwierigkeiten überwunden werden können und die gewaltigen Kosten tragbar wären, bleibt ein gravierender Einwand. Das System ist auf den Einsatz von Kampfspiegeln in niedrigen Umlaufbahnen angewiesen, diese wären aber wiederum durch Antisatelliten-Waffen extrem verwundbar. Ein weiteres Problem mag darin bestehen, daß die Excimer-Laser erst dann eingeschaltet werden können, wenn speziell bereitgestellte Kraftwerke den benötigten Strom liefern. Hierfür wären enorme Kapazitäten erforderlich, für die in Friedenszeiten kaum Verbraucher vorhanden sind; solche Kraftwerke würden also vermutlich erst in einer Krise in Betrieb genommen werden. Dies könnte aber vom Gegner wiederum als ein alarmierendes Zeichen für einen bevor-

---

[50] s. Fußnote 10

[51] s. Fußnote 19

stehenden Schlagabtausch mißverstanden werden. Inwieweit völlig andere, für die Versorgung mit der nur für kurze Zeit benötigten Energie konzipierte "Kraftwerke" (z.B. nach dem Prinzip der Raketentriebwerke) entwickelt und benutzt werden können, ist z.Zt. noch eine offene Frage.

c. "Pop-up"-System mit Röntgen-Laser

Die bisher diskutierten Laserwaffen, die gegen die startenden Raketen des Gegners eingesetzt werden können, haben den großen Nachteil, daß sie als Laser-Kampfstationen oder Kampfspiegel auf Satelliten in niedrigen Umlaufbahnen stationiert werden müssen. Sie befinden sich also ständig im Weltraum und wären daher ein leichtes und lohnendes Ziel im Falle eines beabsichtigten Angriffs. Man hat daher darüber nachgedacht, wie dieser Nachteil zu umgehen ist. Einen möglichen Ausweg bietet die "Pop-up"-Methode, bei der die Abwehrwaffe erst nach einem erfolgten Start der feindlichen Interkontinentalraketen in den Weltraum geschossen wird. Man benötigt dafür besonders sprintstarke Raketen, da diese ja die Kampfposition erreicht haben müssen, bevor die bereits aufgestiegenen Interkontinentalraketen außer Reichweite sind. In Kombination mit dieser Methode erscheint der "Röntgenlaser" als eine besonders geeignete und daher viel diskutierte Waffe (vgl. Schaubild 7).

Die folgenden Überlegungen sind einer im Jahrbuch des Stockholmer Instituts für Friedensforschung (SIPRI) erschienenen Studie entnommen.[52] Etwa 80 % der bei einer Kernexplosion freiwerdenden Energie wird primär in Röntgenstrahlung umgesetzt, die in einem sehr kurzen Impuls emittiert wird. Raketen sind gegen diesen Röntgenblitz empfindlich, da die äußerste Schicht ihres Mantels verdampft und der dadurch verursachte Rückstoßimpuls auf das Raketensystem dessen Zerstörung bewirken kann. Für die hierzu benötigte Energiedichte wird wiederum 200 MJ/m^2 für gehärtete Raketen angenommen. Die primäre Röntgenstrahlung selbst einer 1-Mt-Explosion kann jedoch nicht als hinreichende Abwehrwaffe verwendet werden. Das Röntgenlicht breitet sich von der Quelle her gleichmäßig nach allen Seiten aus; seine Intensität nimmt ent-

---

[52] K. Tsipis, Third Generation Nuclear Weapons, in: SIPRI Yearbook 1985, s. Fußnote 3

sprechend mit wachsender Entfernung stark ab. Sie würde angreifende Raketen in diesem Fall nur bis zu einem Abstand von 300 m zerstören. Wesentlich höhere Kampfentfernungen sind aber erforderlich. Abgesehen von anderen Schwierigkeiten ist das Problem auch mit wesentlich größeren Sprengsätzen nicht zu meistern. Man kann

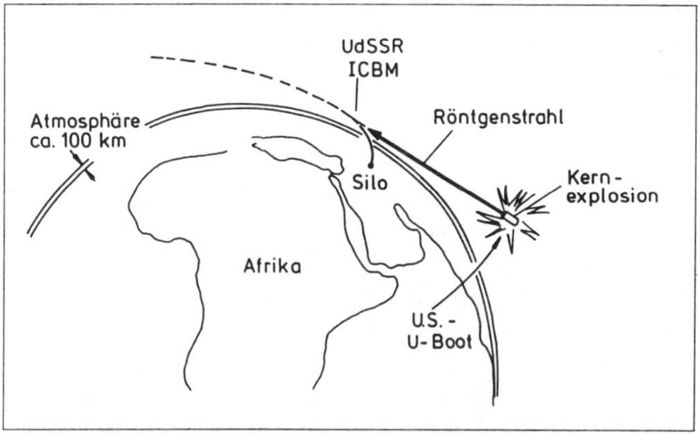

Schaubild 7: Prinzip des 'Pop-up-Systems' für einen nukleargepumpten Röntgenlaser. Dieser wird von einem U-Boot (hier z.B. im Indischen Ozean) gestartet und muß seine Kampfhöhe von etwa 1 000 km innerhalb der Startdauer der zu zerstörenden Interkontinentalrakete erreicht haben.

den Sprengkopf aber eventuell so konstruieren, daß ein großer Teil der primären Röntgenstrahlung auf eingebaute, nach außen gerichtete Metalldrähte konzentriert wird. Bei ihrer Verdampfung senden sie für eine sehr kurze Zeit, die der Röntgenlaser bis zu seiner Zerstörung durch die Atomexplosion 'lebt' (dies sind nur einige Milliardstel Sekunden!), sekundäre Röntgenstrahlung in die durch die Metalldrähte vorgegebene Richtung aus. Dieses Röntgenlicht wird allerdings nicht als idealer (Laser-)Strahl ausgesandt, sondern in Form eines leicht auseinanderlaufenden (divergenten) Bündels. Eine genaue Analyse der physikalischen Zusammenhänge ergibt, daß der Öffnungswinkel des Strahlbündels bei optimaler Konstruktion ein tausendstel Grad beträgt. Man nimmt an, daß eine Nuklearexplosion mit einer Stärke von 10 kt zum Betreiben eines Röntgenlasers ausreicht. Die Energie des Röntgenblitzes wird dabei mit 100 MJ abgeschätzt, kann aber durch Verwendung einer höheren Sprengladung systembedingt nicht mehr gesteigert werden. Selbst bei einer Zusammenfassung vieler Drähte zu einem parallelen Bündel und unter Voraussetzung anderer möglicher Verbesserungen läßt sich wohl kaum mehr als eine Verstärkung um den Faktor 1.000 erreichen. Damit würde der Aktionsradius dieser Abwehrwaffe, innerhalb dessen angreifende Raketen noch zerstört werden könnten, auf etwa 1.000 km begrenzt sein. Der hohe Grad an Geheimhaltung, mit dem die Forschung auf diesem Gebiet verbunden ist, läßt aber verläßliche Aussagen über das tatsächlich Erreichbare nicht zu.

Eine Stationierung in niedrigen Umlaufbahnen hätte wie bei jeder Satellitenkampfstation den Nachteil hoher Verwundbarkeit; eine Weltraumstationierung kommt auch aus folgendem Grund nicht in Frage. Da jeder Laser höchstens eine Rakete vernichten kann (das System wird ja bei der Zündung selbst auch zerstört), müssen sich über dem Gebiet der UdSSR zu jeder Zeit mindestens 1.400 dieser Waffen (entsprechend der Zahl aufgestellter Raketen) befinden. Der Abstand zwischen ihnen wäre dabei so klein, daß bei einem Einsatz die Gefahr der gegenseitigen Vernichtung durch die Wirkung ihrer Kernexplosionen besteht. Dieser Effekt ist als "Brudermord" bekannt. (Er gilt im übrigen auch für einen mit vielen Sprengköpfen auf Raketensilos vorgetragenen Angriff; dies ist genau der Grund, weswegen die ICBM-Aufstellung in Silofeldern konzentriert wird.) Die Stationierung nuklearexplosions-gepumpter Röntgenlaser im Weltraum würde aber vor allem auch gegen den Weltraumvertrag von 1967 verstoßen, der die Aufstellung jeglicher Kernwaffen im All verbietet.

Der Röntgenlaser kann also nur in Verbindung mit dem schon beschriebenen Pop-up-System zur Raketenabwehr verwendet werden. Von einem etwa im Indischen Ozean stationierten U-Boot aus gestartet, muß er in einer Kampfhöhe von mindestens 1.000 km eingesetzt werden, da der Röntgenblitz sonst wegen der Erdkrümmung die in 4.000 km Entfernung startende ICBM-Rakete nicht erreichen kann (s. Schaubild 7).

Damit der erfolgreiche Einsatz überhaupt gewährleistet werden kann, muß der Verteidiger allerdings extrem reaktionsschnell handeln, sonst läuft ihm die Zeit davon. Nach dem Start einer feindlichen

Interkontinentalrakete müssen vom Abwehrsystem nämlich folgende Operationen ausgeführt werden:

- Erfassung des Starts durch einen Frühwarnsatelliten,
- Meldung an eine Zentrale über einen Nachrichtensatelliten,
- Bahnberechnung und Entscheidung über den Einsatz der Abwehr,
- Einsatzbefehl an das auf einem U-Boot stationierte Pop-up-System,
- Start der Rakete und Flug bis in die Einsatzhöhe von 1.000 km,
- präzise Ausrichtung des Röntgenlasers und Zündung.

Alles dies muß in weniger als der Zeit geschehen, die die bereits aufgestiegene Interkontinentalrakete bis zum Erreichen derselben Höhe benötigt. Man schätzt, daß die beschriebenen Aufgaben des Verteidigers in günstigstenfalls 200 Sekunden ausgeführt werden können. Da die Dauer der Startphase sowjetischer ICBMs gegenwärtig 300 Sekunden beträgt, wäre heute ein Erfolg gerade noch gesichert. Es ist aber vorauszusehen, daß auch in der UdSSR künftige Entwicklungen zu einer wesentlich kürzeren Startzeit von etwa 1 Minute führen werden. Zudem kann die Startphase ganz auf die Atmosphäre beschränkt werden, wodurch die Raketen für Röntgenlaser unangreifbar werden, da die emittierte weiche Röntgenstrahlung innerhalb der Lufthülle sehr schnell absorbiert würde.

Bei den o.g. Schwierigkeiten ist schwer vorstellbar, daß ein Pop-up-System mit nukleargepumptem Röntgenlaser als Verteidigungsmaßnahme dem Kostenkriterium von Nitze genügt, billiger zu sein als die Aufstellung einer ICBM-Rakete.

Unter diesen Umständen läßt sich nicht erkennen, daß der Pop-up-Röntgenlaser – so bestechend diese Idee zunächst auch erscheinen mag – bei der erkennbaren Weiterentwicklung der Angriffswaffen noch eine Chance für eine wirksame Abwehr in der Startphase bietet. Auch der bereits zitierte OTA-Report hält die Praktikabilität eines globalen Verteidigungssytems unter Einschluß von Pop-up-Röntgenlasern für zweifelhaft.[53] Die Entwicklung wird aber – offenbar mit der Ausrichtung auf den Bus oder die Raketensprengköpfe selbst in späteren Flugphasen – weiter vorangetrieben. Bei Etatkürzungen in anderen SDI-Bereichen hat die Röntgenlaser-Forschung 1986 sogar erheblich mehr Mittel erhalten.[54]

---

[53] s. Fußnote 23, hier: S.153

[54] s. Fußnote 18, hier: S.20

Gleichzeitig ist hier eine wachsende Geheimhaltung zu beobachten.[55]

Abschließend sei noch einmal darauf hingewiesen, daß es nicht die Absicht des Autors war, die gesamte Palette der in der Entwicklung und Diskussion befindlichen SDI-Technologien zu beschreiben. Vielmehr wurden als Beispiele bewußt nur die möglichen Abwehrmaßnahmen gegen angreifende Raketen in der Startphase herausgegriffen. Edward Teller, 'Vater' der Wasserstoff-Bombe und einer der SDI-Befürworter, hat als Ziel von SDI bildhaft davon gesprochen, man wolle eine undurchdringliche Glocke über das Territorium der UdSSR stülpen. Die hier vorgetragenen Überlegungen zeigen, daß dies kaum machbar erscheint.

2.5. Zusammenfassung

Nach dem Überblick über die zur Zeit vorrangig diskutierten Laserwaffen soll eine Gesamtbewertung der heute denkbaren Raketenabwehrmaßnahmen versucht werden, wobei allerdings auf technische Details nicht mehr eingegangen wird.

Wie mehrfach betont, müßte eine wirksame, militärische *und* zivile Ziele einschließende Raketenabwehr schon gegen die Raketen in der Startphase gerichtet sein, da es sich hier um eine relativ kleine Anzahl leicht zu ortender, großer Objekte handelt. Wegen der angestrebten Verkürzung der Startphase mit ihrer Beendigung innerhalb der Atmosphäre scheiden Röntgenlaser aus. Ähnliches gilt im übrigen auch für Teilchenstrahlwaffen. Die genannten Lasersysteme können auf verwundbare Kampfstationen in niedrigen Umlaufbahnen nicht verzichten, so daß eine Abwehrmöglichkeit in dieser Phase generell fraglich erscheint.

Eine Raketenabwehr in der Startphase würde darüber hinaus eine extreme Reaktionsgeschwindigkeit des Verteidigers voraussetzen. Der für die Abwehr hier zur Verfügung stehende gesamte Zeitrahmen hätte zukünftig nur eine Dauer von 1 Minute. Daher müßten die notwendigen Entscheidungen vollständig von Computern getroffen werden. Zur Benutzung des 'Roten Telefons' bliebe keine Zeit

[55] R.J. Smith, X-Ray Laser Budget Grows as Public Information Declines, in: Science 232 (1986) S.152

mehr. Fehler wären nicht korrigierbar; ein Krieg aus Versehen, mit katastrophalen Folgen, ist nicht auszuschließen.[56] [57]

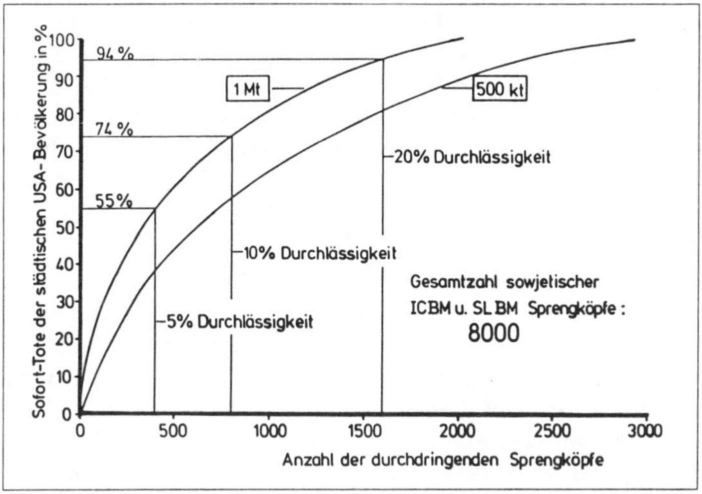

Schaubild 8: Erwarteter Anteil an Sofort-Toten der städtischen Bevölkerung der USA in Abhängigkeit von der Durchlässigkeit eines Raketenabwehrsystems bei einem angenommenen Totalangriff der UdSSR mit 8 000 Sprengköpfen zu je 1 Mt (obere Kurve) bzw. 0,5 Mt (untere Kurve).
(nach: A.B. Carter, D.N. Schwartz (ed.), Ballistic Missile Defense)

Im bereits erwähnten Proxmire-Report wird ausgeführt, daß das Problem der Unverwundbarkeit von weltraumgestützten Systemen, die für die Startphasenverteidigung in jedem Fall erforderlich sind, wesentlich größer als erwartet ist, noch höher als die sowieso schon beträchtlichen technischen Probleme, die mit der Waffenentwicklung selbst verbunden sind.[58]

Die Busphase bietet die nächste interessante Möglichkeit einer Abwehr. Auch hier handelt es sich noch um eine verhältnismäßig ge-

---

[56] A.B. Carter, Gefechtsführung im Nuklearkrieg, in: Spektrum der Wissenschaft, März 1985

[57] H. Lin, Software für Raketenabwehr im Weltraum, in: Spektrum der Wissenschaft, Feb. 1986, S.30

[58] s. Fußnote 18, hier: Executive Summary, S.1ff

ringe Anzahl. Die Busse sind allerdings wesentlich kleiner als die Raketen; sie sind sehr viel schwerer zu orten und zu treffen und können unvorhersehbare Manöver ausführen. Im Gegensatz zur Startphase muß die Busphase stets in den Weltraum hineinreichen, da nur hier die Sprengköpfe, Attrappen und Tarnobjekte auf eine durch Luftreibung unbeeinflußte Bahn gebracht werden können. Bei der im Abschnitt 2.2. erwähnten, verbesserten Version der MX-Rakete wird die Busphase aber auf 10 Sekunden (!) verkürzt, d.h. innerhalb von 60 Sekunden nach dem Start in einer Höhe von nur 110 km, also nur wenig außerhalb der Atmosphäre beendet sein. Die Möglichkeiten eines erfolgreichen Angriffs auf den Raketenbus werden also in Zukunft außerordentlich eingeschränkt sein.

Die ballistische Freiflugphase ist trotz der relativ langen Flugzeit außerordentlich schwer zugänglich, da die Sprengköpfe nur schwer zu orten sind und weitreichende Möglichkeiten zur Täuschung (Attrappen) und Maskierung (Radar-, Infrarotreflektoren) bestehen. Durch Einsatz der MIRV-Technik kann die Zahl der Sprengköpfe noch erheblich gesteigert werden. Und der Proxmire-Report sagt hierzu[58]: Bei den offenbaren Schwierigkeiten der Startphasenverteidigung wird die Unterscheidung zwischen echten Sprengköpfen und Attrappen in der Freiflugphase (wegen der dann hier zu erwartenden größeren Anzahl von Objekten) wesentlich problematischer als bisher angenommen sein. Die Waffenlabors rechnen gegenwärtig mit einer gegenüber den Annahmen der SDI-Organisation vom Sommer 1985 10fach höheren Bedrohung in dieser Phase. Passiven Möglichkeiten (z.B. verbesserte Infrarotsensoren) wird nur eine geringe militärische Bedeutung zuerkannt, da sie leicht durch sowjetische Gegenmaßnahmen gestört werden können. Offenbar werden in letzter Zeit sog. "interaktive" Methoden studiert, wobei beispielsweise Neutralteilchen-Strahlwaffen als Sonde eingesetzt werden könnten. Diese Methode ist aber, so der Proxmire-Report, gegenwärtig wenig mehr als eine interessante Idee.

Noch am ehesten machbar erscheinen heute die zukünftigen Möglichkeiten für eine außer- und inneratmosphärische Endphasenverteidigung, da man hier u.a. auf relativ traditionelle, bodengestützte Systeme zurückgreifen kann. Vorteile ergeben sich aus der bequemen Stationierung im eigenen Land, aus der geringen erforderlichen Reichweite der Abfangwaffen und (für die inneratmosphärische

Verteidigung) aus der Filterwirkung der Luft, die Täuschungs- und Maskierungsmöglichkeiten weitgehend ausschaltet. Von Nachteil ist die kurze zur Verfügung stehende Zeit (nur eine Minute Flugdauer innerhalb der Atmosphäre). Die Verwendung eines nichtnuklearen, zielsuchenden Miniatur-Abfangflugkörpers ist die bisher einzige avantgardistische Methode für den außeratmosphärischen Bereich, die mit Erfolg getestet wurde.[59] Für diese letzte Phase möglicher Verteidigungsmaßnahmen wird nach wie vor der Einsatz sprintstarker Abfangraketen mit atomaren Sprengköpfen zumindest für den Fall diskutiert, daß die anderen Entwicklungen nicht die gewünschten Erfolgsaussichten versprechen. Wegen der Größe des zu verteidigenden Gebietes und des Risikos einer vom Angreifer vorzeitig ausgelösten Kernexplosion erscheint die Endphasenverteidigung für zivile Ziele (Städte) kaum einsetzbar; militärische Ziele ("gehärtete", verbunkerte Raketenabschußbasen und Kommandozentralen) könnten jedoch weit eher in einem gewissen Maße geschützt werden.

Die gesamte Gefechtsführung eines komplexen Raketenabwehrsystems kann nur durch Großcomputer (heute noch nicht existierender Speicherkapazität und Rechengeschwindigkeit) bewältigt werden. Zudem ist jedes Computerprogramm prinzipiell nicht fehlerfrei. Beweisverfahren für die Richtigkeit von Rechenprogrammen existieren jedoch nicht; zur Fehlererkennung und Korrektur ist man stattdessen auf zahlreiche Probeläufe angewiesen, die normalerweise auch durchgeführt werden können. Das Gefechtsführungsprogramm einer umfassenden Raketenabwehr wird aber unter realistischen Bedingungen nie getestet werden – oder der einzig realistische Test wird in einem tatsächlichen Kriegsfall der erste und letzte sein. Die hiermit verbundenen Risiken können selbst bei einwandfreiem Funktionieren aller sonstigen Komponenten die Aufgabe des Gesamtsystems in Frage stellen.[60] [61]

Neben den bereits genannten Gegenmaßnahmen der Täuschung

[59] C.A. Robinson, BMD Homing Interceptor Destroys Reentry Vehicle, in: Aviation Week & Space Technology, June 18, 1984

[60] D. Lorge Parnas, University of Victoria, Canada, Letter to J.H. Offut BM/C3 of SDI on Software, June 1985

[61] s. Fußnote 57

oder Bekämpfung eines bestehenden Abwehrsystems gibt es auch die schon erwähnte Möglichkeit der "Überschwemmung". Da ein Verteidigungsnetz prinzipiell niemals hundertprozentig dicht sein kann, läßt sich die Zahl eindringender Gefechtsköpfe auf nahezu jedes gewünschte Maß bringen, indem man das Angriffspotential entsprechend aufstockt. Zwar würde dies gegen die bestehenden Rüstungsbegrenzungsverträge verstoßen; diese Maßnahme könnte sich aber für den Gegner als billigere Antwort auf die Errichtung eines Verteidigungssystems erweisen, wie dies im Beispiel der Infrarot-Laser-Kampfstationen ausgeführt wurde.

Zivile bewohnte Gebiete sind wesentlich verwundbarer als militärische, gehärtete Ziele. Selbst dann, wenn der Aufbau eines zur Zeit völlig illusorisch erscheinenden 95 % 'dichten' Verteidigungssystems gelingen sollte, würden bei einem massiven Angriff der UdSSR mit dem bereits vorhandenen Offensivpotential 50 % der städtischen Bevölkerung der USA sofort sterben (s. Schaubild 8; vgl. [62 63]).

3. Schlußbemerkungen

3.1. SDI – Idee und Wirklichkeit

Wie stehen heute die Realisierungschancen für die ursprünglich mit SDI verbundene Idee einer umfassenden Raketenabwehr, durch welche die Angriffsraketen obsolet würden? Was ist geblieben von der Vorstellung, man könne durch SDI die bisherige schreckliche, auf der gegenseitigen Vernichtungsdrohung beruhende Stabilität durch eine solche ersetzen, die auf der Sicherheit vor einem gegnerischen Angriff basiert? Aus den bisherigen Überlegungen ergeben sich hierzu folgende Bemerkungen.

SDI berücksichtigt nur einen Teilaspekt des strategischen Arsenals vorhandener Offensivwaffen. Selbst eine perfekte Abwehr gegen Interkontinentalraketen würde die bestehende Bedrohung durch U-Boot-gestützte SLBMs, durch Fernbomber und zukünftig durch Marschflugkörper nicht ausschalten, sondern eher noch zu einer weiteren Verlagerung führen. Das strategische Arsenal der UdSSR basiert zu 76 % auf landgestützten ICBMs, das der USA nur zu 35 %;

[62] s. Fußnote 9

[63] s. Fußnote 19

eine auf beiden Seiten installierte, erfolgreiche Raketenabwehr hätte daher zur Zeit für die USA und die UdSSR unterschiedliche Bedeutung.

Selbst wenn man sich in unzulässiger Weise auf die Abwehr landgestützter Interkontinentalraketen beschränkt, wäre nur eine nahezu hundertprozentige Verteidigung sinnvoll. Dies ist nicht einmal bei herkömmlichen Offensivwaffen annähernd erreicht worden. Prinzipiell ist ein absolut perfektes System auch gar nicht möglich. Sogar eine utopisch hoch erscheinende Sicherheit von 95 % würde heute nicht ausreichen, zivile Ziele gegen einen massiv vorgetragenen Angriff des Gegners zu verteidigen.

In der erwähnten OTA-Studie wird hierzu ausgeführt[64]: Die Bedeutung der durch ein Verteidigungssystem erreichbaren Sicherheit hängt von dem hiermit verfolgten Ziel ab. Ist dieses ausschließlich auf die Verteidigung eigener ICBM-Silos beschränkt, so wäre der Unterschied zwischen einer 40- oder 50-prozentigen 'Überlebensrate' für eine glaubhafte Abschreckung unerheblich. Sollen aber zivile Ziele - Städte - verteidigt werden, so kann der Unterschied zwischen einer 90- und einer 99,9-prozentigen Sicherheit gleichbedeutend sein mit demjenigen zwischen der Vernichtung und dem Überleben der Zivilisation.

Offenbar sind nur Verteidigungskonzepte mit begrenzter, niemals absoluter Sicherheit denkbar. Die vermutliche und auch schon geäußerte Antwort des Gegners hierauf wird u.a. eine weitere Aufstockung des Offensivwaffenarsenals sein, nicht dessen Abbau. Der Unterstaatssekretär im US-Verteidigungsministerium, Richard de Lauer, hat vor einem Ausschuß des Repräsentantenhauses erklärt: "Jedes Abwehrsystem kann überrannt werden, durch quantitative Überlegenheit und durch Täuschziele und nochmals Täuschziele." Für die Bewertung einer denkbaren Raketenabwehr sind ferner die Kriterien von Paul Nitze (Berater des Präsidenten zu Rüstungskontrollfragen) zu berücksichtigen: Eine nützliche Raketenabwehr muß erstens unverwundbar sein, und zweitens müssen die Kosten der eigenen Verteidigung geringer sein als diejenigen der möglichen Gegenmaßnahmen des Angreifers.[65] Für eine Raketen-

[64] s. Fußnote 8, hier: S.146

[65] s. Fußnote 46

abwehr in der Start- und Mittelphase wird das Unverwundbarkeitskriterium nur durch das Pop-up-Röntgenlaser-Konzept erfüllt, das aber bei der erkennbaren Weiterentwicklung der Angriffsraketen zumindest für die Startphase überhaupt nicht und für die Busphase nur sehr eingeschränkt in Frage kommen wird. Das Kostenkriterium wird, soweit bisher erkennbar, ebenfalls von keinem der diskutierten neuen Verteidigungswaffen erfüllt. Ein Preisvergleich zwischen Verteidigungs- und Gegenmaßnahmen scheint immer zugunsten der Verbesserung bzw. Vermehrung der Angriffswaffen auszugehen. Falls sich diese Situation nicht ändern sollte, würde daher der Aufbau einer Raketenabwehr sicherlich zu einer Erhöhung des Angriffswaffenpotentials führen, nicht aber, wie von Präsident Reagan angestrebt, zu ihrer Verschrottung.

Seit der Star-Wars-Rede vom März 1983 ist eine zunehmend realistischere Beurteilung an die Stelle der ursprünglichen Ideen getreten; sie beruht auf einer Analyse der praktikablen Möglichkeiten, wie sie auch in diesem Beitrag versucht wurde. Selbst die Meinungen der offiziellen Befürworter scheinen nicht sehr einheitlich. Die OTA-Studie führt dazu wörtlich aus[66]: "Das Ziel, mit SDI das Überleben der amerikanischen Bevölkerung bei einem sowjetischen Angriff in jedem Fall absichern zu können, ist unerreichbar." Die technische Schwierigkeit, Städte gegen einen massiven Angriff zu schützen, könne nur überwunden werden, wenn der Angriff bezüglich Anzahl und Eigenschaften der verwendeten Waffen selbst begrenzt sei. Die Regierung Reagan scheint lt. OTA gegenwärtig diese Ansicht zu teilen. Dagegen sind nach dem OTA-Urteil die Technologien zur Hand, die es gestatten würden, ein System zur Verteidigung amerikanischer Raketensilos gegen einen sowjetischen Erstangriff aufzubauen. Auf diese Weise würde man, so das Argument von Befürwortern, eine Verstärkung der Abschreckungswirkung durch Erhöhung der 'Überlebensrate' dieser ICBM-Silos erreichen und damit die Zweitschlagsfähigkeit auch bei Weiterentwicklung der gegnerischen Offensivwaffen sichern.[67] [68]

Dieses Ziel ist schon durch eine vergleichsweise traditionelle,

---

[66] s. Fußnote 8, hier: S.32ff

[67] s. Fußnote 40

[68] W.K.H. Panofsky, The Strategic Defense Initiative: Perception vs Reality, in: Physics Today, June 1985

auf die wenigen Silofelder begrenzte Endphasenabwehr zu erreichen. Eine umfassende Gebietsverteidigung der gesamten USA ist in diesem Fall nicht erforderlich. Eine mobile Aufstellung derartiger Raketen wäre dagegen eine rein passive, auch durch die Vermehrung der gegnerischen Angriffsraketen kaum zu kompensierende Maßnahme und daher zu bevorzugen. Außerdem kann ein sowjetischer Erstschlag gegen die amerikanischen ICBM-Silofelder die Zweitschlagfähigkeit der USA nicht ernsthaft gefährden – 65 % der dafür benötigten Kapazität sind auf Bombern und U-Booten stationiert.

Schließlich sei hier ein Satz des damaligen Direktors der Verteidigungsforschung in der amerikanischen Regierung aus dem Jahre 1964 angeführt: "Sogar bei optimaler Endphasenverteidigung (von Raketensilos) bleibt es jedoch schwierig, den Effekt großer Angriffe auf städtische/industrielle Gebiete zu negieren. Dies führt zu einer Nützlichkeitserwägung, die darin besteht, die Stärke des gegnerischen Angriffs durch Zerstörung seiner Raketen *vor* ihrem Start mittels unserer eigenen Offensivwaffen zu reduzieren."[69] Man nennt diese Option heute einen 'prä-emptiven Schlag' (siehe auch Kapitel II. dieses Buches).

Die einseitige Errichtung eines auch nur partiell wirksamen Verteidigungssystems wäre schließlich ein höchst gefährliches, destabilisierendes Unterfangen, da es vom Gegner als Teil einer Erstschlagstrategie selbst dann mißverstanden werden könnte, wenn nur eine sehr beschränkte Sicherheit erreicht worden wäre, die dem Gegner zudem auch unbekannt wäre. Die USA könnten nämlich – so eine vorhersehbare Angst der UdSSR – versuchen, die UdSSR in einem ersten massiven Schlag so zu schwächen, daß der danach mögliche, beschränkte Gegenschlag der UdSSR durch die Verteidigung der USA in vertretbarem Maße aufgefangen werden könnte. Entscheidend wären hierbei nicht die tatsächlichen Intentionen der USA; es gibt keinen Grund anzunehmen, sie könnten einer solchen Idee anhängen. Entscheidend ist vielmehr, was die UdSSR auf der Basis einer "worst case assumption" befürchten würde. Zur Wahrung

[69] Director of Defense Research and Engineering, Damage Limiting: A Rationale for the Allocation of Resources by the US and the USSR, 1964 (ehemals geheime Studie)

ihrer eigenen Zweitschlagsfähigkeit würde die UdSSR wiederum ihr Offensivwaffenpotential enorm aufstocken oder gar dem befürchteten Angriff der USA durch einen eigenen, massiven Angriff zuvorkommen. Dieses Konzept führt daher zur Eskalation, nicht aber zum Abbau bestehender Spannungen. Im übrigen ist sich Präsident Reagan offenbar selbst der Gefahr eines solchen Konzepts bewußt, wenn er in seiner Rede ausführt: "Ich bin mir völlig darüber im klaren, daß Verteidigungssysteme Grenzen haben und bestimmte Probleme und Unsicherheiten aufwerfen. Wenn sie aber mit Offensivwaffen gepaart werden, dann können sie als Nährboden einer aggressiven Politik betrachtet werden, und das will niemand." Es ist nur die Frage, ob dieser begrüßenswerte Satz auch immer beachtet wird. Die amerikanische Weigerung, auf ein umfassendes Atomteststop-Abkommen einzugehen, das auch die bisher noch erlaubten unterirdischen Tests einschließt, sowie die einseitige Aufkündigung von SALT-II lassen daran zweifeln.

Schließlich sei noch einmal auf die Konsequenzen eingegangen, die die Entwicklung einer Raketenabwehr für bestehende Rüstungsbegrenzungsverträge haben könnte. Sollte die UdSSR als Antwort auf SDI tatsächlich versuchen, ihr Angriffspotential drastisch zu erhöhen, um die Abschreckung auch nach Errichtung dieses amerikanischen Verteidigungssystems zu erhalten, so würden die bisherigen Begrenzungsverträge für strategische Waffen hierunter zusammenbrechen.

Ohne Frage ist der ABM-Vertrag zur Begrenzung der Raketenabwehrsysteme schon während der Forschungs- und Entwicklungsphase von Aushöhlung bedroht. Er würde wohl bei konsequenter Weiterführung des SDI-Programms nicht lange zu halten sein. Seine Aufkündigung würde Vertrauen abbauen, Mißtrauen verstärken und könnte so negative Auswirkungen auf künftige Rüstungskontrollvereinbarungen haben. Führende Politiker der USA, unter ihnen George F. Kennan und Robert McNamara, merken hierzu an: "Dem Star-Wars-Programm nachzujagen und dadurch den ABM-Vertrag zu verlieren, wäre ein Akt des Irrsinns."[70]

---

[70] Mc.G. Bundy, G.F. Kennan, R.S. McNamara, G. Smith, The President's Choice: Star Wars or Arms Control, in: Foreign Affairs, Winter 1984/85, S.264

3.2. Die militärische Nutzung des Weltraums

Die militärische Nutzung des Weltraums ist alt. Sie begann im Gefolge des Sputnik-Schocks von 1957. Seither sind Satelliten für immer weitreichendere Aufgaben in ständig steigender Qualität entwickelt und stationiert worden. Ihre stabilisierende Rolle als Mittel der Frühwarnung und der Überwachung von Rüstungskontrollabkommen wird in letzter Zeit durch Entwicklungen überschattet, die nicht so sehr der Kriegsverhinderung, sondern eher der Wiedererlangung einer Kriegführungsfähigkeit dienen können. Hierzu zählen Systeme zur Erhöhung der Zielgenauigkeit von Offensivwaffen genauso wie der Ausbau einer Echtzeitaufklärung sowie die Härtung dieser Systeme gegen die Folgen von Nuklearexplosionen.[71]

Auch die Entwicklung von Antisatellitenwaffen reiht sich in diese bedrohliche Wende der militärischen Nutzung des Weltraums ein. Durch ASAT-Waffen könnten lebenswichtige Komponenten des gegnerischen Satellitensystems, etwa Frühwarnsatelliten, zerstört werden; ein Konzept, das in jedem Fall destabilisierende Wirkungen hätte. Heute verfügt keine der beiden Supermächte über ein derart bedrohliches ASAT-System; die Entwicklungen der USA sind aber denjenigen der UdSSR technologisch überlegen.[72]

Eine wirklich neue Dimension der militärischen Nutzung des Weltraums wird durch die Strategische Verteidigungsinitiative angestrebt. Bei ihrer Verwirklichung werden erstmals Waffen im Weltraum stationiert und von ihm aus operieren. Die hochgesteckten Erwartungen lassen sich jedoch nicht erfüllen. Eine hundertprozentig effektive Raketenabwehr ist nicht zu erzielen. Das allenfalls erreichbare System wird militärische Ziele eher schützen als zivile. Es muß befürchtet werden, daß eine machbare, nur eingeschränkt wirksame Verteidigung destabilisierende Wirkungen hat, den Rüstungswettlauf anheizt und sich auf Rüstungsbegrenzungsverträge negativ auswirkt. Der Weiterbestand des ABM-Vertrages ist bei Entwicklungen, die über die Forschungsphase hinausgehen, nicht mehr möglich. Durch Verquickung von Antiraketen- und Antisatelliten-Technologien wird

---

[71] s. Fußnote 30, und R. Labusch, Erstschlagstrategie und Erstschlagfähigkeit, in: Weltraum ohne Waffen, s. Fußnote 16

[72] R.L. Garwin, K. Gottfried, D.L. Hafner, Anti-Satelliten-Waffen, in: Spektrum der Wissenschaft, Aug. 1984

die Problematik noch erheblich verschärft, da der bestehende ABM-Vertrag durch Tarnung von zu erprobenden ABM-Systemen als ASAT-Systeme unterlaufen werden kann.

Noch hat die militärische Nutzung des Weltraums als Operationsfeld hier stationierter Waffen nicht begonnen. Vorläufig werden hierzu 'nur' Forschungen durchgeführt. Es gibt zahlreiche Initiativen, die in dieser Situation zu einem jetzt noch möglichen Stop der bevorstehenden Eskalation aufrufen. Diese Stimmen stammen aus den USA ebenso wie der UdSSR. Am 15. Dezember 1983 wurde die UNO-Resolution 38/70 zur Verhinderung des Wettrüstens im All von einer überwältigenden Mehrheit beschlossen. Der jüngste und wohl weitreichendste Vertragsentwurf zur Begrenzung der militärischen Nutzung des Weltraums wurde auf dem Kongreß "Naturwissenschaftler warnen vor der Militarisierung des Weltraums" in Göttingen im Juli 1984 vorgestellt.[73] Hierin wird ein Verbot von weltraumgestützten Systemen zur direkten Lenkung von Nuklearwaffen, von Antisatellitenwaffen und weltraumgestützten Defensiv- und Offensivwaffen vorgeschlagen, also aller derjenigen Systeme, deren Entwicklung auch im hier vorgelegten Beitrag als besonders destabilisierend herausgestellt wurde.

3.3. Resümee

SDI bietet nicht die technischen Möglichkeiten für einen auch die Zivilbevölkerung einschließenden, hundertprozentigen Schutz vor einem atomaren Angriff des Gegners. Selbst die beiderseitige Errichtung eines derartigen Raketenabwehrsystems kann also nicht dazu führen, die bisherige Abschreckungsdoktrin der gegenseitig garantierten Vernichtung durch eine solche der gegenseitig garantierten Sicherheit zu ersetzen. Der 'Frieden' zwischen den Blöcken wird – zumindest scheinen dies die Repräsentanten der sich gegenüberstehenden Systeme zu glauben – nach wie vor auf ihrer jederzeit vorhandenen Zweitschlagfähigkeit beruhen. Ein eingeschränktes Ziel, auf das sich in letzter Zeit auch die amerikanische Regierung zurückgezogen hat, ist die verstärkte Garantie dieser Zweit-

[73] H. Fischer, R. Labusch, E. Maus, J. Scheffran, Entwurf eines Vertrages zur Begrenzung der militärischen Nutzung des Weltraums, in: Weltraum ohne Waffen, s. Fußnote 16

schlagfähigkeit, die man durch ausreichenden Schutz der eigenen Raketensilos und Kommandozentralen zu erreichen hofft. Dies soll durch eine Entwicklung erkauft werden, die zu einer weiteren Eskalation des Rüstungswettlaufs führen wird, und bei der erstmals die Bewaffnung des Weltraums mit einbezogen wird.

Das erreichbare, nur begrenzt wirksame System wird dabei noch nicht abschätzbare Kosten verursachen. Es wird ein hohes Sicherheitsrisiko beinhalten, da es nie unter den Bedingungen, für welche es erschaffen wird, erprobt werden kann. Bezüglich möglicher Abwehrmaßnahmen in der Startphase angreifender Raketen, die wegen der hohen Effektivität besonders verlockend erscheinen, ist innerhalb der zur Verfügung stehenden Zeit von etwa einer Minute nur eine automatisierte Reaktion denkbar. Eine Zeitspanne zur Bedienung des Roten Telefons verbleibt nicht, ein Krieg aus Versehen kann nicht ausgeschlossen werden. Die Kriterien, die von Paul Nitze, dem Berater des amerikanischen Präsidenten zu Fragen der Rüstungskontrolle, für jedes 'vernünftige' Verteidigungssystem aufgestellt wurden, können nicht erfüllt werden. Weder ist – zumindest für die weltraumgestützten Komponenten – eine Unverwundbarkeit erreichbar, noch werden die Kosten für das Verteidigungssystem billiger sein als diejenigen, die der Gegner zu dessen Überwindung aufwenden müßte. Vielmehr ist eine Schraube ohne Ende von Verteidigungsmaßnahmen, Gegenmaßnahmen und Gegengegenmaßnahmen zu erwarten. Zu den Gegenmaßnahmen gehört auch die eher billige Option der Vermehrung und Verbesserung der Interkontinentalraketen; eine Entwicklung, die ja durch SDI gerade verhindert werden sollte. Auch das verstärkte Ausweichen auf andere, von SDI nicht oder nicht gleichermaßen abzudeckende Waffenkategorien wie Bomber mit fortschrittlicher Technologie und U-Boot-gestützte Raketen, vor allem aber auch die Weiterentwicklung der Marschflugkörper (cruise missiles) wird zu den voraussehbaren Konsequenzen gehören.

Vorläufig ist SDI ein (durch den ABM-Vertrag nicht verbotenes) Forschungsprogramm. Bei einem bis zur Mitte der 90er Jahre geplanten Übergang zur tatsächlichen Waffenentwicklung werden sich aber bereits weitgehende Konsequenzen für bestehende Rüstungskontrollabkommen ergeben. Die Vermischung von Antisatelliten- und Antiraketentechnologien ist besonders gefährlich, da selbst bei formaler Aufrechterhaltung des ABM-Vertrages SDI-

Entwicklungen und Erprobungen (die durch den Vertrag verboten sind) als vertraglich nicht verbotene ASAT-Entwicklungen getarnt werden könnten. Zumindest längerfristig wird der ABM-Vertrag ausgehöhlt und schließlich der SDI-Entwicklung zum Opfer fallen. Bei der erkennbaren billigeren Antwort des Gegners, die Aufstockung seines Offensivwaffenpotentials zu bevorzugen, könnten bestehende Abkommen über die Begrenzung dieser Waffen (SALT) in Frage gestellt werden.

Schließlich wird die Aufstellung von Verteidigungssystemen auch nur beschränkter Wirksamkeit -wenn sie gepaart wird mit der sich abzeichnenden Verfügbarkeit verbesserter Angriffswaffen- auf der Gegenseite eher zur Verstärkung der Angst vor einem Erstschlag und damit zu erhöhter Instabilität führen, als einen Abbau des Mißtrauens und eine Minderung der Spannungen zwischen den Supermächten bewirken.

SDI – Auswirkungen auf Wirtschaft und Wissenschaft

RAINER RILLING

1. Vorbemerkung

Die neue große Debatte um den Aufstieg der Bundesrepublik zur – auch militärischen – "Weltraummacht des 21. Jahrhunderts" (K. Kaiser[1]) hat gegenüber der Diskussion um die Aufstellung der Pershing-II und Cruise Missiles deutlich neue Akzente: komplizierte rüstungstechnische, wirtschafts-, wissenschafts- und damit auch rüstungs- und sozialpolitische Argumente spielen nunmehr erstmals eine beträchtliche Rolle. *Hier spiegelt sich wieder, daß – anders als bei der Aufstellung der Mittelstreckenraketen – die durch das riesige SDI-Projekt angestrebte Weltraumbewaffnung unsere gesamten Lebensverhältnisse beeinflussen wird.*

Die Befürworter eines deutschen Beitrags zur Bewaffnung des Weltraums gebrauchen zwei einander widersprechende Argumente. Wohl beruhigen soll der Hinweis, daß die zusätzliche Rüstungsbelastung geringfügig und ohne größere Auswirkungen auf die Wirtschaft der Bundesrepublik sei, in der die Rüstung ohnehin eine vergleichsweise schmale Rolle spiele: nur 0,2 % des Bruttosozialprodukts gingen in den Rüstungsexport, in der Rüstungsindustrie sei nur ein kleiner Teil aller Erwerbstätigen beschäftigt, und die Gefahr eines Militär-Industrie-Komplexes existiere in unserem Land nicht. Während hier also der geringe Umfang der (Weltraum-) Rüstung hervorgehoben wird, betont eine zweite Argumentation gerade das hohe zivilwirtschaftliche Gewicht der modernen, hochtechnologisch angelegten Rüstung: nur über die Militarisierung des Weltraums

[1] Kaiser, K., Argumente für eine deutsche Weltraumpolitik, in: Frankfurter Allgemeine Zeitung, 30.10.1985

könne der Sprung in die nächste industrielle Revolution (K. Seitz[2]) geleistet werden. Wer sich abseits halte, gerate in die technologische Drittklassigkeit (L. Späth[3]). Rüstung helfe aus der Krise und schaffe zudem Arbeitsplätze. Eine wissenschafts- und wirtschaftspolitische Bewertung des offenbar weltweiten Ressourcenaufwuchses in der Weltraumrüstung kommt daher ohne eine präzise Vorstellung der gegenwärtigen Größenordnungen und Entwicklungstendenzen der globalen Rüstung nicht aus. In diesem Kontext wären dann die momentane Weltraumrüstung und die durch sie aufgeworfenen wirtschafts-, sozial- und forschungspolitischen Probleme zu erörtern.

2. Die Rüstung in den 80er Jahren: Eine neue Situation

Für 1984 gibt das SIPRI *Weltmilitärausgaben in Höhe von 649 Mrd $* (in Preisen von 1980) an, wobei hiervon 53,7 % auf die westlichen Industriestaaten und 30,2 % auf die sozialistischen Länder entfallen.[4] *Die Entwicklungsdynamik liegt hier offenbar eher bei den westlichen Staaten*, die ihren Anteil seit 1975 zu Lasten der sozialistischen Länder um rund 4 % steigerten. Nach Angaben des Washingtoner "Center for Defense Information" liegen die Zuwachsraten der amerikanischen Militärausgaben (real) zwischen 1979 und 1984 über denen der UdSSR.[5] Für 1985 werden die Weltrüstungsausgaben auf rund 940 Mrd $, für 1986 auf über 1 Billion $ geschätzt.[6] Jährlich hat jeder Mensch über 570 DM an Rüstungskosten zu erwirtschaften.

Zwischen 1950 und 1985 haben sich die Weltausgaben für Rüstungszwecke ungefähr *versechsfacht*. In den militärischen Sektor fließen momentan *zwischen 5 und 8 % der globalen Produktion*. Von ihm hängen etwa 50 Millionen Menschen ab. Zur gleichen Zeit leiden

---

[2]Seitz, K., SDI – die technologische Herausforderung für Europa, Europa-Archiv 13/1985

[3]Der Spiegel, 11.3.1985

[4]SIPRI, Rüstungsjahrbuch 5, Reinbek, 1985, S.188

[5]Center for Defense Information, The Defense Monitor 4/1985

[6]U.S. Arms Control and Disarmament Agency, World Military Expenditures and Arms Transfers 1985, Washington, 1985; Weltföderation der Wissenschaftler, Neue ökonomische und soziale Auswirkungen des Wettrüstens – Gefahren und Herausforderungen. Studie des Abrüstungsausschusses, London, 1986

rund 570 Millionen Menschen an *Unterernährung*, waren 800 Millionen *Analphabeten* und erhielten 1,5 Milliarden Menschen keine oder nur eine äußerst mangelhafte *medizinische Betreuung.*

So unfasslich derartige globale Größenordnungen und Vergleiche auch sein mögen: wir sind mit ihnen aus zahlreichen Reden, Aufrufen oder Studien gleichsam vertraut.

Um so nachdrücklicher muß auf die *grundsätzlich neue Qualität* aufmerksam gemacht werden, die sich in der momentanen Aufrüstungsphase ausdrückt, die seit Mitte der 70er / Anfang der 80er Jahre eingesetzt hat. Die achtziger Jahre markieren einen tiefen, ja historischen *Bruch*, in dem sich die besondere Gefährlichkeit der jetzigen Etappe der Aufrüstung zeigt.

Hat es im ersten Vierteljahrhundert nach dem Ende des letzten Krieges noch ein paralleles Wachstum von Bruttosozialprodukt, Lebensstandard und Militärausgaben gegeben ("Kanonen und Butter"), und galt für einen Teil der 70er Jahre noch, daß die Wachstumsraten der Militäraufwendungen relativ zurückblieben oder sich auf die niedrigeren Zuwachsraten des Wirtschaftswachstums einpendelten, so änderte sich dies mittlerweile in doppelter Hinsicht grundlegend. Seit Anfang des letzten Jahrzehnts haben die westlichen Staaten zweimal tiefe ökonomische Krisen durchgemacht (1974/76 bzw. 1980/82), in deren Verlauf der Trend des ökonomischen Wachstums sich rasch verringerte bzw. zeitweise sogar negativ wurde. Auch die Aufschwungsphasen waren kürzer und flacher. Trotz dieser für die Nachkriegszeit in diesem Ausmaß neuen Verknappung der verfügbaren Ressourcen sind die Rüstungsaufwendungen nicht etwa verringert worden. Sie wachsen, und die Wachstumsraten sind doppelt so hoch: 1978-1982 beliefen sie sich auf rund 4 %, in den vier Jahren zuvor lagen sie bei etwa 2 %. Die nominalen Weltrüstungsausgaben haben sich zwischen 1981 und 1985 verdoppelt. Für die USA und die Bundesrepublik Deutschland zeigt die *Tabelle 1* diese Trendwende.

Die gegenüber früheren Wachstumsschüben überdurchschnittlich lange andauernde Phase stark erhöhter Wachstumsraten und damit die Steigerung des Aufrüstungstempos trotz einer Wirtschaftskrise, die nur mit der sogenannten "großen Depression" nach der Gründerkrise 1873 und der Weltwirtschaftskrise 1929-32 vergleichbar ist – *dies ist die signifikante Veränderung im letzten Jahrzehnt.* Eine

Veränderung, die sich vollzieht, ohne daß einer der großen Blöcke in einen ressourcenzehrenden Krieg verwickelt wäre.

Tabelle 1: Entwicklung des Bruttoinlandprodukts (B.I.P.) und der Rüstungsausgaben (inflationsbereinigt, in %)

	- USA -		- BRD -	
	Rüstung	B.I.P.	Rüstung	B.I.P.
1975-1979	+ 3,5	+20,1	+ 3,6	+16,3
1979-1983	+34,8	+ 3,7	+ 5,8	+ 2,1

(Aus: NATO-Brief, Bonn, lfd.;
OECD (Hg.), National Accounts of OECD Countries, Paris, lfd.)

3. Die amerikanische Aufrüstung

Die letzten Jahre haben in den USA *die größte Aufrüstung in Friedenszeiten* gebracht. Was die Fähigkeit zur Durchsetzung der Steigerung der Rüstungsausgaben angeht, ist die gegenwärtige amerikanische Regierung (so jüngst "Foreign Affairs") weit erfolgreicher als alle ihre Vorgängerinnen seit Kriegsende: sie konnte im amerikanischen Kongreß fast 97 % der beantragten Mittel durchsetzen. Erst bei den Budgetberatungen 1986 scheint der rüstungspolitische Impuls der Regierung Reagan gedämpft worden zu sein. Für 1987 beantragte die Regierung einen Rüstungsetat in Höhe von rund 700 Mrd DM. Der amerikanische Rüstungsetat ist 1985 51 % höher als vor fünf Jahren, die Zuwächse in diesem Zeitraum summieren sich auf erkleckliche 330 Mrd $. In der ersten Hälfte dieses Jahrzehnts gibt das Ministerium der Verteidigung (DoD) rund *1,3 Billionen $* aus, in der zweiten Hälfte sollen es nach dem Planungsstand von Anfang 1985 *2 Billionen $* sein. In nur 10 Jahren, von 1980 bis 1990, sollen die DoD-Ausgaben von 143,9 Mrd $ auf 488,1 Mrd $ jährlich ansteigen, ihr Anteil am Bundesetat von 22 % (1980) auf 36 % (1990), ihr Anteil am Bruttosozialprodukt von 5,2 % auf 7,2 %.[7]

[7]Center on Budget and Policy Priorities, The FY 1986 Defense Budget. The Weapons Buildup Continues. Washington, 1985; Committee for National Security, A Sensible Alternative for a Sounder Defense, Washington, 1985; General

Das amerikanische Verteidigungsministerium ist der größte einzelne Nachfrager nach Gütern und Dienstleistungen in den USA. Es beschäftigte Mitte der 80er Jahre über 4,3 Millionen Menschen, darunter 1,1 Millionen als Zivilisten. Mindestens 2 Millionen arbeiten

Tabelle 2: Ausrüstung der Streitkräfte der USA (1985)

Panzer	60.000
Fahrzeuge	600.000
Takt. Raketen	70.000
Panzerabwehrraketen	200.000
Hubschrauber	9.300
Kampfflugzeuge	7.500
Transportflugzeuge	1.900
Sonst. Flugzeuge	6.500
Flugzeugträger	13
U-Boote	100
Kampfschiffe	230
Sonst. Schiffe	176
(Schiffe im Bau	94)
Bomber	300
Strategische U-Boote	38
ICBMs und SLBMs	1.640
Takt. Nuklearraketen	6.000

(Quelle: G.E. Hudson, J. Kruzel (ed.): American Defense Annual 1985-1986, Lexington 1985, S.54)

in der Rüstungsindustrie und bei anderen Auftragnehmern. Einer von zwanzig Arbeitsplätzen in den Vereinigten Staaten hängt mit dem Pentagon zusammen. Der ***Sachwert der Ausrüstungen*** des Pentagon beläuft sich auf über ***3,2 Billionen $*** (ohne den Wert der rund

Accounting Office, Defense Spending and Its Relationship to the Federal Budget, Washington, 1983; Huntington, P., The Defense Policy of the Reagan Administration 1981-82, Baltimore, London, 1983; House Committee on the Budget, Defense Budget and Policy Overview, Washington, 1983; Kaufmann, W.K., The 1986 Defense Budget, Washington, 1985; Murphy, P. (Center on Budget and Policy Priorities), The Military Tax Bite. An Analysis of the Military Share of the Federal Income Tax, Washington, 1985; Stubbing, R., The Defense Program: Buildup or binge? Foreign Affairs 1/1985; Adams, G., Pentagon manoeuvres for high funding, in: Bull. of the Atomic Scientists 4/1986; Center on Budget and Policy Priorities, Defense Spending in the 1980's: Analytical Tables and Graphics, Washington, 1986

41.000 Quadratmeilen Landbesitz). Der augenblickliche Stand der Ausrüstung der amerikanischen Streitkräfte ist *Tabelle 2* zu entnehmen. Was diese Tabelle nicht zeigt: täglich bauen die USA fünf neue Nuklearsprengköpfe.

Will man allerdings die Gesamtbeanspruchung des amerikanischen Staatshaushalts durch Militär- und Rüstungsausgaben erfassen, sind eine Reihe weiterer Beträge zu berücksichtigen, die hier nur summarisch genannt werden: Ausgaben des Department of Energy für die Erforschung, Entwicklung und Herstellung militärischer Nuklearsprengköpfe, -materialien und -reaktoren; die strategische Bevorratung; Zivilschutz; internationale Militärhilfe; Ausgabenanteile der NASA; Versicherungszahlungen und vergleichbare Dienstleistungen für (ehemalige) Militärangehörige; schließlich der militärisch bedingte Teil des Schuldendienstes. Zusammengenommen summiert sich dies auf einen *zusätzlichen* Betrag in Höhe von 70-100 Mrd $ jährlich. Eine neuere Berechnung des Gesamtbudgets Rüstung in den USA gibt das *Schaubild 1* wieder.

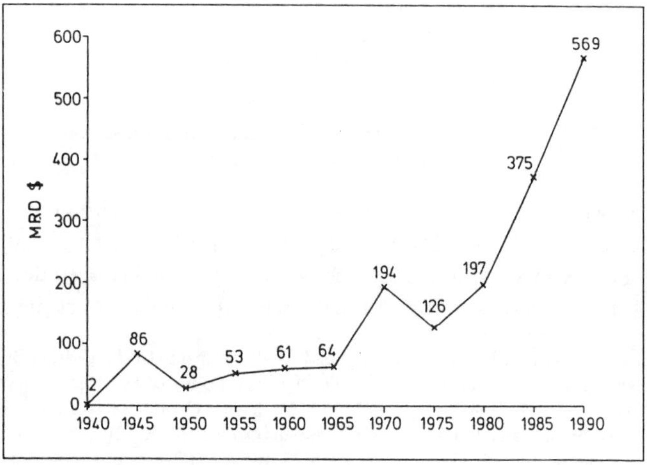

Schaubild 1: **Militärische Ausgaben in den USA (in Mrd $).**
(Quelle: P. Murphy, Center on Budget and Policy Priorities, The Military Tax Bite. An Analysis of the Military Share of the Federal Income Tax, Washington, 1985)

4. Die Aufrüstung in der Bundesrepublik

Auch in der Bundesrepublik Deutschland weitet sich im Zeichen wirtschaftlicher Krisenentwicklung und zunehmender Ressourcenverknappung die Sphäre der Rüstung aus. Sicherlich ist der Abstand zu den USA riesig; allein die vom Pentagon für 1987 geforderten *zusätzlichen* Gelder übertreffen den gegenwärtigen *Gesamt*haushalt der Bundeswehr. Die BRD ist der fünftgrößte Produzent von militärischem Gerät und der viertgrößte Waffenexporteur; 1983 betrug der Produktionswert der militärischen Güter rund 22 Mrd DM. Rund 300.000 Personen sind in der Rüstungsindustrie tätig, die als sechstgrößter und rasch wachsender Industriezweig gelten kann. Der Anteil der Rüstungsnachfrage am produzierenden Gewerbe der Bundesrepublik ist von 1,92 % in 1976 auf 2,88 % in 1983 gestiegen – der höchste Anteil seit Gründung der Bundeswehr. Seit Ende der 70er Jahre steigt in der Bundesrepublik der Anteil der Rüstung am Bundeshaushalt. Nach dem Regierungsentwurf soll sich der Bundeshaushalt 1986 auf 263,9 Mrd DM belaufen (+ 2,4 %). Der Militäretat soll mit 50,3 Mrd DM (19,3 % des Bundeshaushalts) erstmals die 50-Mrd-DM-Grenze überschreiten und mit 3,1 % überdurchschnittlich anwachsen. Zwar steht der Etatzuwachs des Bundesministeriums der Verteidigung (BMVg) anders als in den letzten zwei Jahren nicht an erster, sondern an dritter Stelle; im Zeitraum der zwei letzten Finanzpläne ist der Rüstungshaushalt jedoch überdurchschnittlich gewachsen. In den vier Haushaltsjahren der konservativ-liberalen Regierung wuchsen der Bundeshaushalt um 7,9 % und der Militärhaushalt um 14,2 %, während derjenige für den Bereich Soziales im gleichen Zeitraum abnahm.[8]

Alles spricht dafür, daß sich die Ressourcenverlagerung in den Rüstungsbereich *in Zukunft außerordentlich beschleunigen wird*, sollten die Planungen der Bundesregierung realisiert werden. Das Kabinett verabschiedete am 17. Oktober 1984 den "Bundeswehr-Langzeitplan

[8] Arbeitsgruppe Planerinnen und Planer et al., Stellungnahme zum Rüstungshaushalt 1986, Marburg, 1985; BMVg, Der Verteidigungshaushalt 1986 – Entwurf, Erläuterungen und Vergleiche, Bonn, 1985; Borgmann, A. (Hg.), Die konventionelle Aufrüstung der neunziger Jahre, Kassel, 1985; Wilke,P., Wulf,H., Rüstungsproduktion in der Bundesrepublik, Beilage zu: Das Parlament, 11.1.1986; Arbeitsgruppe Alternative Wirtschaftspolitik, Memorandum '86, Köln, 1986

1985-1997". Er enthält die Personal- und Beschaffungsplanung der Bundeswehr und sieht dabei die Anschaffung neuer Waffen im Werte von 240 Mrd DM vor – und dies (trotz einer vom BMVg konzedierten Inflationsrate für Rüstungsgüter von rund 5 %) gerechnet zu konstanten Preisen vom 1.4.1984! Berücksichtigt man die wahrscheinlichen Preissteigerungen, dann werden in den nächsten zwölf Jahren Rüstungskosten von rund 500 Mrd DM anfallen – das ist das Vierfache dessen, was in den letzten zwölf Jahren (1972-1984) ausgegeben wurde. Doch nicht genug: die horrenden Mehrkosten, die durch gewandelte Militärstrategien/doktrinen (FOFA, Air-Land-Battle, SDI) auf die Bundesrepublik zukommen, sind hier noch nicht berücksichtigt.

Anfang November 1985 legte der Bremer Ökonom J. Huffschmid *drei Szenarien* vor, die Varianten zukünftiger Entwicklungen verdeutlichen (vgl. *Schaubild 2*). Zugrundegelegt wurde der offizielle Haushalt "nach NATO-Kriterien" (s.u.), der gegenwärtig 23,2 % des Bundeshaushalts beträgt. Ein erstes "Krisenszenario", das von einem stagnierenden Wirtschaftswachstum (Stagnation des BSP, d.h. nominal + 3 %), einer Fortsetzung der Konsolidierungspolitik (Haushaltswachstum unter dem BSP-Wachstum) und einer Steigerung der Militärausgaben von nominal 8 % (rüstungsspezifische Inflationsrate von 5 % und Zuwachs von 3 % entsprechend der NATO-Forderung) ausgeht, prognostiziert einen Anteil des Rüstungsetats am Bundeshaushalt von 34,2 % in 1990, 45,5 % in 1995 und 60,5 % für das Jahr 2000. Das würde bedeuten, daß im Jahr 2000 nur noch 46,5 % des jetzigen Haushaltsanteils für zivile Zwecke verfügbar wäre. Ein zweites Szenario geht von einem realen BSP-Zuwachs von 1 %, einer abgeschwächten Konsolidierungspolitik (Haushaltswachstum: + 1 %) und einem ebenfalls abgeschwächten Wachstum der Militärausgaben (+ 7 %) aus; in diesem Fall beliefe sich der Anteil des Rüstungsetats auf 29,9 % (1990), 34,5 % (1995) bzw. 39,7 % (2000). Das dritte Szenario arbeitet mit äußerst optimistischen Annahmen: Wachstum des BSP und des Haushalts um real 2 % bei einer Zunahme des Militäretats von nominal 7 %, d.h. unter der Zuwachsrate des Bundeshaushalts. Selbst unter diesen Annahmen würde der Anteil des Rüstungsetats am Bundeshaushalt 1990 bei 27,0 %, 1995 bei 30,7 % und im Jahr 2000 bei 33,7 % liegen, also innerhalb der nächsten 15 Jahre um über 10 % steigen. Auch diese Szenarien, die gegenwärtige Entwicklungstendenzen unter Berücksichtigung der momentanen Langfristplanungen extrapolieren, beziehen die zusätzlichen Belastungen nicht ein, die im Gefolge neuer militärstrategischer Konzepte auftreten können und sind, so gesehen, eher konservativ.

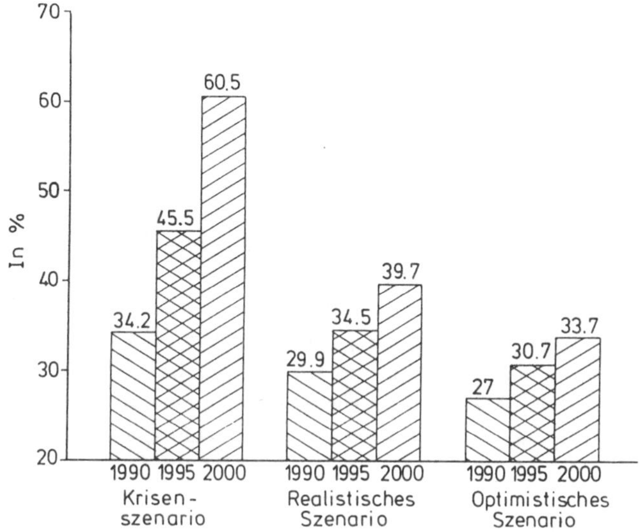

Schaubild 2: Szenarien der Budgetentwicklung – Anteil militärischer Ausgaben am Bundesetat der BRD in den Jahren 1990, 1995 und 2000.
(Quelle: J. Huffschmid, W. Voß, N. Zdrowomyslaw (Hg.), Neue Rüstung – Neue Armut, Köln, 1986)

Bliebe zu ergänzen, daß natürlich auch im Falle der Bundesrepublik Deutschland ein beträchtlicher Teil der Aufwendungen für Rüstungs- und Militärzwecke *außerhalb* des Einzelplans 14 (Etat 1986: 50,3 Mrd DM) des Bundesministeriums der Verteidigung veranschlagt ist. Der Militärhaushalt entsprechend den von der NATO 1950 festgelegten Kriterien schließt unter anderem noch ein: Ausgaben für den Wehrbeauftragten, den NATO-Zivilhaushalt, Mittel für Verteidigungs- und Ausrüstungshilfe, für den Bundesgrenzschutz, die

Wehrstrafgerichtsbarkeit, den Bundeswehr-Wohnungsbau, die Militärruhegehälter, Ausgaben für die Stationierungsstreitkräfte sowie die Personalverstärkungsmittel (1986: 10,5 Mrd DM). Weitere militärisch unmittelbar relevanten Aufwendungen kommen hinzu (etwa für die Mitglieder des Verteidigungsausschusses, Beschaffungsstellen, anteilige Kosten für Flugsicherung, Straßenbau etc. – 1986: 4,4 Mrd DM). Unter Einbeziehung einer anteiligen Zinslast von 7,6 Mrd DM (1985) ergeben sich für 1986 voraussichtliche *Rüstungslasten in Höhe von 72,8 Mrd DM* (ohne die "Berlin- Hilfe" des Bundes von 22,0 Mrd DM, die gegenüber der NATO als Verteidigungsausgabe angegeben wird, tatsächlich aber weder Rüstungs- noch Militärausgabe ist). Nur am Rande sei festgehalten, daß die Bundesländer und Gemeinden gegenwärtig jährlich weitere militärisch relevante Ausgaben in Höhe von über 4 Mrd DM tätigen. Die außerhalb des Einzelplans 14 realisierten militärischen Belastungen erreichen fast 50 % des Volumens dieses Einzelplans.

Diese Zukunftsplanungen und Entwicklungsprognosen zeigen: wir stehen offensichtlich vor grundsätzlichen Weichenstellungen, über die in diesem Jahrzehnt des Umbruchs entschieden wird. Sollten sich die hier ablesbaren Aufrüstungstendenzen durchsetzen, dann wird die Bundesrepublik im nächsten Jahrzehnt eine andere Republik sein.

5. Folgen der Aufrüstung

Wie realistisch die Befürchtung ist, daß in dieser Republik die Ansprüche des Rüstungsstaats ein immer größeres Gewicht bekommen, zeigen die eben skizzierten "Szenarien": nur in einer von Aufschwungsoptimismus und der Hoffnung auf Abdämpfung der Aufrüstung getragenen Positivvariante werden uns um die Jahrtausendwende geringfügig mehr staatliche (Bundes-) Mittel für zivile Zwecke zur Verfügung stehen als heute (+ 11 %). Bei weitem wahrscheinlicher ist, daß die Rüstungsausgaben, jene *"ökonomisch völlig absurde Vergeudung"* (Rosa Luxemburg 1899)[9], als Sozialstaatsgrenze und Verursacher sozialer Verelendung eine ständig wachsende Rolle spielen werden. Die Folgen dieser Entwicklung können hier nur mit wenigen Stichworten umrissen werden.

---

[9]Luxemburg, Rosa, Gesammelte Werke, Bd.1/1, Berlin (DDR), 1974, S.452

a. Stärkung der Rüstungsindustrie

Die Rüstung bekommt innerhalb der staatlichen Wirtschaftspolitik ein immer stärkeres Gewicht. In den 80er Jahren wächst der Anteil der Investitionen an den staatlichen Rüstungsaufwendungen stark an. Er stieg in den USA von 37,7 % in 1980 auf 50 % in 1986. Rund 2/3 des kumulierten Zuwachses der Militärausgaben zwischen 1980 und 1985 – 191 von über 330 Mrd $ – entfielen auf die investiven Ausgaben.[10] Damit fließt – ungeachtet der Reaganomics-Rhetorik vom "Rückzug des Staates aus dem Wirtschaftsgeschehen" – *ein immer größerer Teil der staatlichen Militäraufwendungen unmittelbar in die Rüstungsindustrie.* "Die Gewinne für die Waffenproduzenten lassen die US-Industrie hinter sich", vermerkte die "International Herald Tribune" vom 10. April 1985 in einer Analyse der Gewinnentwicklung von zehn der größten Auftragnehmer des DoD für 1984; die Gewinne auf Rüstungsaktien lagen in diesem Jahr mit 25 % doppelt so hoch wie im gesamten produzierenden Gewerbe. War die Gewinnentwicklung der amerikanischen Rüstungsindustrie in den 70er Jahren noch relativ moderat, so hat sich dies mittlerweile offensichtlich dramatisch geändert.

Ein vergleichbarer Prozeß vollzieht sich in der Bundesrepublik: während hier zwischen 1980 und 1984 die öffentlichen Investitionen um 18,3 % zurückgingen, wuchsen im selben Zeitraum die Verteidigungsinvestitionen um 37,4 %. Der Anteil der Militärinvestitionen an den öffentlichen Gesamtinvestitionen ist von 17 % in 1980 auf 26,1 % in 1984 gestiegen. Die öffentliche Alimentierung der Rüstungsindustrie blüht.[11]

Hier geht ein *außerordentlicher Umverteilungsprozess* vor sich:

---

[10] Adams, G., The Iron Triangle. The Politics of Defense Contracting. New York, 1981; Center on Budget and Policy Priorities, The FY 1986 Defense Budget. The Weapons Buildup Continues. Washington, 1985; IRRC (ed.), The Nuclear Weapons Industry, Washington, 1983; Lewis, A., The Military-Industrial Complex, in: The New York Times, 21.11.1985; Mintz, A., Political, Economic, and International Determinants of Resource Allocations in the U.S. Department of Defense 1948-1980, Evanston, 1981; Ball, G.W., The War for Star Wars, in: The New York Review of Books, 11.4.1985; International Herald Tribune, 24.4.1985

[11] Huffschmid,J., Voß,W., Zdrowomyslaw,N. (Hg.), Neue Rüstung – Neue Armut, Köln, 1986

Das vom Staat mittels Steuern mobilisierte gesellschaftliche Kapital wird in Form von Rüstungsinvestitionen bei einem Teil der Industrie privat verwertet. Dort liefern sie eine entscheidende materielle Grundlage für den Ausbau ökonomischer Macht. Die Formierung zweier Rüstungsblöcke um MBB und Daimler-Benz und vor allem der damit verbundene dramatische Einstieg der Deutschen Bank in das Rüstungsgeschäft baut auf solchen vergangenen wie zukünftigen Umverteilungsprozessen auf. Die Zentralisationsprozesse des Jahres 1985 in der Rüstungsindustrie (die ja keineswegs zufällig mit dem Kampf um den Einstieg in SDI zusammenfallen) zeigen ganz offenbar, daß sich führende Teile des Industrie- und Bankkapitals der Bundesrepublik Deutschland auf eine stärker rüstungspolitisch angelegte Option einstellen. Offensichtlich wird innerhalb der Wirtschafts- und Wissenschaftspolitik der Bundesrepublik der Rüstungssektor in Zukunft eine weitaus gewichtigere Rolle spielen als bisher.

b. Volkswirtschaftliche Folgen

Rüstung und Militärausgaben produzieren weder Konsumgüter, deren gegenwärtige Vernutzung die menschliche Arbeitskraft wiederherstellt, noch Produktionsmittel, die zur Akkumulation dienen, welche zukünftige Lebensbedingungen sichern kann; ebensowenig tragen sie zur Ausdehnung oder Verbesserung der materiellen oder wissenschaftlichen Infrastruktur bei. Die Aufwendungen für die Rüstung verbrauchen somit riesige wirtschaftliche Ressourcen für Zwecke und Aktivitäten, in deren Ergebnis keine materiellen Produkte und Aktivitäten entstehen, die als Faktoren der weiteren Wirtschaftsentwicklung dienen können. Rüstungsprodukte verlassen vielmehr den ökonomischen Kreislauf und vermindern ganz prinzipiell die Möglichkeiten der Gesellschaft, ihr materielles Lebensniveau zu verbessern. Sie sind *nichtreproduktive* Waren, woran dadurch nichts geändert wird, daß die Rüstung unter den Bedingungen einer kapitalistischen Erwerbsgesellschaft als produktiv gilt, sofern sie Kapital profitabel verwertet, ihr Kapitalcharakter daher als für unsere Wirtschaftsordnung spezifische, mächtige Triebkraft der Aufrüstung fungiert. Gleichwohl sind Rüstung und Krieg "unmittelbar ökonomisch dasselbe..., als wenn die Nation einen Teil ihres Capitals ins Wasser würfe"[12] – gleichgültig, ob diese Nation kapitalistisch oder sozialistisch ist. *Heute ist die Situation so, als ob die Welt alle fünfzehn Jahre eine Jahresproduktion ihrer Güter ins Wasser würfe.*

Die augenblickliche Diskussion um Aufrüstung als Vehikel der Krisenüberwindung lässt sich nun freilich auf diese Ebene der unmittelbaren – eben *prinzipiell negativen* – ökonomischen Konsequenzen der Rüstung nicht ein, sondern stellt statt dessen auf *vorgeblich positive, indirekte Auswirkungen* ab. Zur neuen Blüte gelangt ist die in den 50er und frühen 60er Jahren weit verbreitete *Spin-Off-These*, wonach aufgrund der wachsenden Verflechtung ziviler und militärischer Technologie die Rüstungstechnik einen hohen zivilwirtschaftlichen Nutzen nach sich ziehe.[13]

---

[12]Karl Marx, MEGA, Grundrisse, 2.Abt. Bd.1.1. S.62; Huffschmid, J., Kapitalismus und Rüstung – Die ökonomischen Aspekte bei Marx und die heutigen Probleme, in: IMSF Jahrbuch Sb.1, Frankfurt/M., 1982, S.130ff.; Weltföderation der Wissenschaftler, Neue ökonomische und soziale Auswirkungen des Wettrüstens – Gefahren und Herausforderungen. Studie des Abrüstungsausschusses, London, 1986

[13]DeGrasse, R.W., Jr., Military Expansion – Economic Decline, New York, 1983; Defense Science Board, An Analysis of Export Control of U.S. Technology – A DoD Perspective, Washington, 1976; Eisbach,H., Rilling,R., Mit SDI in die Zweitklassigkeit? PIW-Studie 2, Bremen, 1985; Housego, D., French study says SDI will benefit civil industry little, in: Financial Times, 6.5.1985; Junne, G., Das amerikanische Rüstungsprogramm: ein Substitut für Industriepolitik? o.O.(Amsterdam), o.J.(1985); Kubbig, B.W., Zivilen Nutzen schaffen mit Raketenabwehrwaffen? Frankfurt, 1986; O.V., Military Research and the Economy: Burden or Benefit? The Defense Monitor 1/1985; Reppy, J., Military R&D and the civilian economy, in: Bull. of the Atomic Scientists 10/1985; Rilling, R., Welchen zivilen Nutzen hat SDI? in: Blätter f.dt.u.int.Pol., 5/1985; Rilling, R., Konsequenzen der "Strategic Defense Initiative" für die Forschungspolitik, in: Blätter f.dt.u.int.Pol., 6/1985; Rilling, R., Militärische Forschung in der BRD, in: Blätter f.dt.u.int.Pol. 8/1982; Schomacker,K., Wilke,P., Wulf,H., Weltraumrüstung: Wirtschaftliche Sackgasse oder Aufbruch in die technologische Zukunft? S+F 1/1986; Rilling, R., Rüstungsforschung und Rüstungspolitik und Probleme der Wissenschaftsentwicklung in Systemen unterschiedlicher Gesellschaftsordnung, Diss., Bremen, 1973; Rilling, R., Aufrüstung der Gehirne. Die Rüstungsforschung im Wissenschaftssystem, in: H.-P. Dürr u.a. (Hg.), Naturwissenschaftler gegen Atomrüstung, Reinbek, 1983, S.235ff.; Tirman, J., The Militarization of High Technology, Cambridge (USA), 1984; Weltföderation der Wissenschaftler, Neue ökonomische und soziale Auswirkungen des Wettrüstens – Gefahren und Herausforderungen. Studie des Abrüstungsausschusses, London, 1986; Wilke,P., Wulf,H., Technologieschub durch Weltraumrüstung? WSI-Mitteilungen 9/1985

Hinter dem Gebrauch des Spin-Off-Arguments verbargen sich in der Vergangenheit jeweils Plädoyers für verschiedene wirtschafts- und industriepolitische Entwicklungswege. Bis Mitte der 60er Jahre drückte seine starke Verbreitung aus, daß in dieser Phase die Förderung des allgemeinen Wirtschaftswachstums durch den Aufbau einer wissenschaftsintensiven Rüstungsindustrie, auf deren zivilwirtschaftlich nutzbaren "Fall-out" man baute, ein zentraler Bestandteil der Wirtschaftspolitik war. *Industrieförderung geschah indirekt auf dem Umweg über die Entwicklung der Rüstungsindustrie.* Diese Strategie wurde 1966/67, also nach dem Abschluß nachkriegskonjunktureller Sonderbedingungen und dem Übergang in eine Phase intensiver Reproduktion, unter dem damaligen Forschungsminister Stoltenberg von einer Politik abgelöst, die durch eine *Auffächerung des Spektrums forschungspolitischer Staatsinterventionen auf direkte infrastrukturelle, partiell sozialstaatliche, vor allem aber zivilindustrielle Förderung gekennzeichnet war.* Diese Entwicklung, ausgeprägt vor allem in der Bundesrepublik, wurde in den USA durch den Vietnamkrieg abgeschwächt bzw. zeitlich verschoben und damit zugleich abgekürzt, denn schon *Mitte der 70er Jahre setzte dort der Übergang in eine weitere Phase ein, die durch eine erneute Forcierung einer rüstungsindustriellen Entwicklungsvariante charakterisiert war. Im Verlauf des letzten Jahrzehnts hat diese Variante in allen westlichen Ländern an Gewicht gewonnen.* Auch in der Bundesrepublik tritt sie schrittweise seit 1978/79, verstärkt dann seit 1982/83 in den Vordergrund. Im Hintergrund der Auseinandersetzung um SDI steht somit der Kampf um neue industrie- und forschungspolitische Weichenstellungen: soll die Bundesrepublik vor allem dem amerikanischen und englischen Konzept folgen und übergehen zu einem rüstungsindustriell stark geprägten oder gar dominierten Entwicklungsmodell, das sie vor wenigen Jahren erst verlassen hat? Wobei ein solcher Übergang unter den gegenwärtigen Bedingungen ökonomischer Krisen es keineswegs bei der bloßen Wiederaufnahme einer früheren Politik belassen könnte: *die Mobilisierung des neuen hochtechnologischen Rüstungspotentials wäre unmöglich ohne tiefe Eingriffe in die schon unter Adenauer aufgebauten Sozialsstaatsstrukturen.* Die Wiederaufnahme dieser industrie- und technikpolitischen Entwicklungsvariante erfordert heute zwingend eine sozialreaktionäre Sozialpolitik, führt zu sozialen Konflikten und schließt daher die Schwächung der Vertretungsorganisationen abhängig Beschäftigter ein. In diesem Sinne sind der momentane und zukünftig geplante Ausbau des Rüstungspotentials und der aktuelle Versuch, durch Änderung des §116 Arbeitsförderungsgesetz (AFG) das gewerkschaftliche Streikrecht gleichsam vorbeugend faktisch zu beseitigen, zwei Seiten einer Medaille.

In diesem Zusammenhang muß auch der *soziale Charakter* von Rüstungstechnik, soweit sie in eine zivilwirtschaftliche Nutzung transferiert wurde, erörtert werden. In welchen zivilen Bereichen zu welchen Zwecken eine transferierte Technologie eingesetzt wird, ist sicherlich eine zentrale Frage. Fördert sie die Entwicklung der Infrastruktur? Kann sie zum Ausbau des Sozialstaats eingesetzt werden? Kurz: ist der Spin-Off der avisierten Laserkampfstationen eine sozialstaatlich nützliche, gesellschaftliche Bedürfnisse befriedigende, ökologisch vernünftige Technologie? Auch wenn die Frage mit großer Wahrscheinlichkeit negativ zu beantworten ist – das Problem ist noch nicht einmal untersucht worden. Sehr fraglich zumindest ist die Behauptung, daß diese Art Technologie geeignet ist, einen Beitrag zur Überwindung wirtschaftskrisenhafter Entwicklungen zu leisten. In aller Regel wird es sich um eher kapitalintensive Technologie handeln, deren Einsatz vergleichsweise hochqualifizierte Arbeitskräfte verlangt, die momentan noch unterdurchschnittlich von Arbeitslosigkeit und sozialen Restriktionen betroffen sind. Der Anteil von Verfahrenstechnologien mit hohem Verbreitungsgrad dürfte gering sein. Sollte also ein Spin-Off aus der Rüstungstechnik existieren, wird sein Beitrag zur Beseitigung der dringendsten sozialen Probleme der Wirtschaft vermutlich *äußerst gering* sein.

Doch es gibt auch eine ganze Reihe von Sachverhalten, die *gegen* das Vorliegen eines großen zivilen Nutzens der Rüstungsforschung und -technik sprechen (vgl. *Schaubild 3*).

Volkswirtschaftlich weitreichende Basisinnovationen kommen in aller Regel aus der *Grundlagenforschung*. Typisch nun für Rüstungsforschung wie SDI ist ein vergleichsweise geringer Anteil an Grundlagenforschung. Die Umlenkung von Wissenschaftsressourcen in den Rüstungssektor kommt vorrangig der angewandten Forschung bzw. vor allem der Entwicklung zugute, wie die Verhältnisse in den USA zeigen: das Department of Defense sieht für 1986 von insgesamt

42,3 Mrd $ für militärische Forschung und Entwicklung (FuE) 38,7 Mrd $ für Entwicklung und 973 Mio $ für Grundlagenforschung vor; von den 15,9 Mrd $ staatlicher Mittel für zivile Forschung entfielen dagegen 7 Mrd $ auf die Grundlagenforschung und nur 3,8 Mrd $ auf die Entwicklung. Die Diskrepanz ist offensichtlich: gegenüber der zivilen Forschung gibt das Pentagon das Zehnfache für Entwicklung, aber nur knapp ein Siebtel für Grundlagenforschung aus.

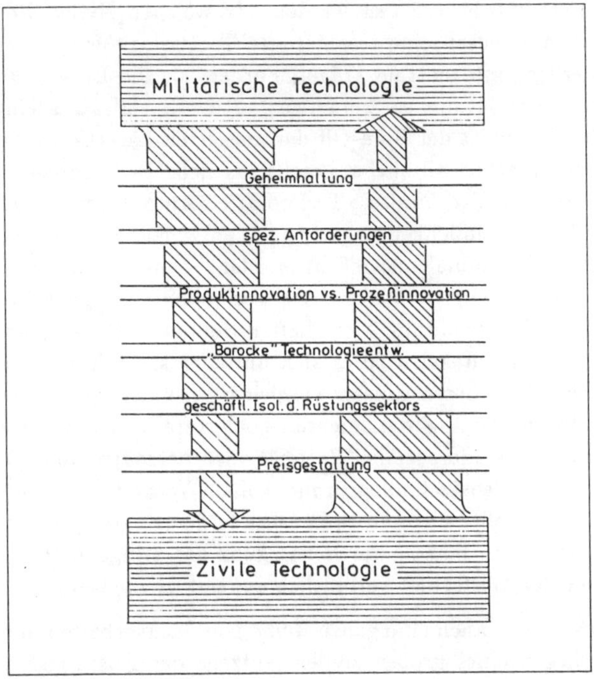

Schaubild 8: Hemmnisse des Technologietransfers.
(Quelle: J. Reppy, Military R&D and the Civilian Economy, in: Bulletin of the Atomic Scientists 10/1985)

Rüstungsforschung schwächt die Position der Grundlagenforschung im nationalen Forschungssystem. Cum grano salis gilt dies auch für SDI: das Krieg-der-Sterne-Projekt ist kein "ambitioniertes Grundlagenforschungsprogramm" (Späth), auch wenn der Anteil der Grundlagenforschung im Haushaltsentwurf 1986 mit 808 Mio $ von 3,7 Mrd $ relativ hoch lag. Der weitaus größte Teil der SDI-Ressourcen geht in den spezialisierten, auf das Profil des militärischen "Endprodukts" bezogenen Entwicklungsbereich. Eine weitreichende Beteiligung an SDI wird daher eher den relativen Umfang des für Basisinnovationen zur Verfügung stehenden Wissenschaftspotentials verringern und sich somit negativ auswirken.[14]

Kritisch zu sehen ist auch die der Spin-Off-These zugrundeliegende *Annahme einer Identität oder Konvergenz militärischer und ziviler Technologie.* Prinzipiell scheint es sinnvoll davon auszugehen, daß es keine einheitliche, überall anzutreffende Tendenz militärtechnologischer Entwicklung gibt. Zwischen bestimmten militärischen und zivilen Gütern, Baugruppen oder Elementen (z.B. Elektronik, Schiffbau, Bau/Fahrzeugwesen) gibt es – vor allem was die Stufe der Halbfabrikate und Vorprodukte angeht – sicherlich eine Annäherung und funktionelle Überlappung. In der Endphase bildet sich jedoch eine technologische Eigenart heraus, welche militärische Produkte bzw. Systeme für eine nichtmilitärische Nutzung unbrauchbar machen. Daher muß zwischen Industriezweigen und Systembildungs- bzw. Fertigungsstufen unterschieden werden; mit Sicherheit kann davon ausgegangen werden, daß ein sehr großer Teil der Rüstungstechnologie kein ziviles Innovationspotential hat. Hier ist das Anforderungsprofil von Militärtechnologien einfach anders: etwa hinsichtlich Wartungsfreiheit, Schock- und Schwingungsfestigkeit, Geräuschverhalten, Erfassbarkeit (z.B. Infrarotsicherheit), Schutz vor Strahlung sowie generell hinsichtlich der Störanfälligkeit und damit der Überlebensfähigkeit. Andererseits sind Anforderungen vergleichbar, aber geringer: an die Funktions- und Leistungsfähigkeit sowie Verlässlichkeit militärischer Produkte werden *extreme Anforderungen* gestellt, die weit über gängigen ziviltechnologischen Durch-

---

[14] Rilling, R., Welchen zivilen Nutzen hat SDI? in: Blätter f.dt.u.int.Pol., 5/1985; Rilling, R., Konsequenzen der "Strategic Defense Initiative" für die Forschungspolitik, in: Blätter f.dt.u.int.Pol., 6/1985; Rilling, R., Die Aufrüstung der Köpfe – Neue Entwicklungstendenzen in der militärischen Forschung, in: H.Bähren, J.Tatz (Hg.), Wissenschaft und Rüstung, Braunschweig, 1985, S.60ff.; Rilling, R., Aufrüstung der Gehirne. Die Rüstungsforschung im Wissenschaftssystem, in: H.-P. Dürr u.a. (Hg.), Naturwissenschaftler gegen Atomrüstung, Reinbek, 1983, S.235ff.

schnittsstandards liegen, die zum Beispiel erheblich größere Störanfälligkeiten zulassen. Der Werbetext der Bundeswehr, "Wir produzieren Sicherheit", hat wenigstens die relative Wahrheit einer Rüstungstechnik für sich, die mit extremen Sicherheitsstandards arbeitet – was nichts daran ändert, daß diese Technik keine Sicherheit garantiert. *Rüstungstechnik hat Züge eines technologischen Triumphalismus, ins Extreme gesteigert in einigen phantastischen SDI-Projekten: sie beantwortet Fragen, die im zivilen Bereich keiner gestellt hat, und löst Probleme, die niemand hatte. Sie setzt zugleich oftmals ungeheure Mittel ein, um nur geringfügige Verbesserungen von militärischen Gebrauchswerteigenschaften und Zielwerten zu erreichen, nach denen ebenfalls niemand gerufen hat. Sie ist daher teuer, für den gesellschaftlichen Durchschnittsbedarf ziemlich unbrauchbar, äußerst ressourcenintensiv, also verschwenderisch und ökologisch gefährlich.* Zur Entwicklung zivilkommerzieller Technologie den Umweg über Rüstungsforschung und daraus entspringende Spin-Offs zu nehmen, bedeutet generell einen *Aufwand, der um das 6-10fache höher* liegen dürfte. Eine Reihe allerdings meist älterer Output-Analysen anhand von Patenten und Analysen der unterschiedlichen Produktivitätseffekte eigen- und fremdfinanzierter Industrieforschung belegen diese Größenordnung.

Diese offensichtliche Barriere zwischen ziviler und militärischer Technik wird unterstützt durch das offenbar *fehlende Interesse militärischer Instanzen am Technologietransfer*; nicht einmal ein halbes Prozent der Wissenschaftler und Ingenieure, die in den DoD-eigenen Labors arbeiten, sind mit Technologietransfer befasst. Hier spielt nicht nur die militärische Geheimhaltung eine wachsende Rolle, von der noch zu sprechen sein wird; hinzu kommt, daß der durch die wenigen staatlichen Maßnahmen beeinflusste Transfer militärischer Technologie sich im wesentlichen nur innerhalb des staatlichen Wissenschaftssektors vollzieht, die militärische Wissenschaftspolitik jedoch der privaten Rüstungsindustrie ein immer größeres Gewicht auch beim Verbrauch der staatlichen Forschungsmittel einräumt. Es ist kaum anzunehmen, daß dies innerhalb des SDI-Projekts anders aussehen wird: *SDI ist, im Kern, Rüstungsindustrieforschung; staatliche Transferprogramme oder -auflagen existieren nicht. Wenn Transfer aus SDI, dann nicht nach Maßgabe allgemein gesellschaftlichen Bedarfs, sondern primär unter der Maxime privater Gewinnerwartung.*

c. Entdemokratisierung

Zur *Finanzierung* der Aufrüstung, soweit sie wie gegenwärtig mit einer Ausweitung der staatlichen Militär- und Rüstungsausgaben verbunden ist, können grundsätzlich *drei Wege* eingeschlagen werden: es können die *Steuern* erhöht werden, wodurch die Kaufkraft der Bevölkerung und ihre Möglichkeiten der individuellen Konsumtion eingeschränkt wird; zusätzliche Mittel können durch eine Steigerung der *Staatsverschuldung* aufgebracht werden; schließlich kann innerhalb des vorhandenen Budgets eine *Umverteilung* erfolgen. In den Vereinigten Staaten sind die zwei zuletzt genannten Wege eingeschlagen worden. Das riesige Budgetdefizit wurde zu wachsenden Teilen durch die steigenden Militärausgaben verursacht. Während zwischen 1978/79 und 1983/84 die Militärausgaben um das Doppelte und die Staatsausgaben nur um 72 % zunahmen, wuchs die Staatsverschuldung von 27,7 Mrd $ auf 117,8 Mrd $ (1985 beläuft sie sich auf über 220 Mrd $, also fast 600 Mrd DM), ihr Anteil an den Gesamtausgaben wuchs von 5,6 % auf 20,9 % – somit werden ein Fünftel der zunehmend militarisierten Staatsausgaben über Verschuldung finanziert. Es kann geschätzt werden, daß gegenwärtig über die Hälfte der Zinszahlungen der amerikanischen Bundesregierung den Kosten vergangener, gegenwärtiger und möglicher zukünftiger Kriege und anderen militärischen Aktivitäten zuzuschreiben ist.[15]

Die mit der Staatsverschuldung verbundene Unbeeinflußbarkeit des Ressourceneinsatzes wirkt politisch als Entdemokratisierung, ein Vorgang, der sich innerhalb des Militäretats angesichts des Wachstums der sog. *Verpflichtungsermächtigungen* wiederholt. Immer größer werden die Beträge, die der Staat im jeweiligen Finanzjahr noch nicht ausgegeben hat, die auszugeben in späteren Jahren er sich aber durch Vertragsabschlüsse bereits verpflichtet hat. Dieser Anteil ("backlog") hat sich in den USA zwischen 1980 und 1986 von 92 Mrd $ auf rund 280 Mrd $ verdreifacht. Das bedeutet, daß das Pentagon langfristige Verpflichtungen eingegangen ist, die höher liegen als

[15] Arbeitsgruppe Planerinnen und Planer et al., Stellungnahme zum Rüstungshaushalt 1986, Marburg, 1985; Center on Budget and Policy Priorities, The FY 1986 Defense Budget. The Weapons Buildup Continues. Washington, 1985; Adams, G., Pentagon manoeuvres for high funding, in: Bull. of the Atomic Scientists 4/1986

seine gesamten Ausgaben in 1986. Rund 80 % dieser Verpflichtungsermächtigungen beziehen sich auf Investitionen. Hier liegt die wesentliche Ursache dafür, daß ein immer größerer Teil des nationalen Budgets *parlamentarisch nicht mehr beeinflussbar*, also unkontrollierbar geworden ist. Nach einer Analyse des Office of Management and Budget werden 1986 38,2 % der Militärausgaben (Outlays) "uncontrollable" sein, weil sie durch Aufträge bereits gebunden sind; im Finanzjahr 1980 waren es nur 27 %. Weitere 43 % der Mittel des Etatentwurfs 1986 sind fixiert über Gehälter, Renten, Zuschüsse etc. und sind faktisch festgelegt. Geht dieser Trend weiter, dann gilt: 1989 werden über 85 % der Militärausgaben gebunden sein; nur 15 % sind dann noch parlamentarisch beeinflussbar.

Diese parlamentarische Unkontrollierbarkeit des Militärbudgets wird vor allem in neuester Zeit noch dadurch unterstützt, daß ein wachsender Teil der Mittel außerhalb des Militärbudgets ausgegeben wird und -vor allem- innerhalb dieses Budgets der *Anteil der geheimen Budgettitel* ständig wächst. Großprojekte wie der "Stealth"-Bomber, deren Finanzvolumen die Forschungsetats mancher mitteleuropäischer Staaten übertreffen, werden im Etat nicht ausgewiesen. In einer Untersuchung der Rüstungsforschung der Army, die ein ehemaliger Armeeoffizier in der Zeitschrift "Armed Forces Journal International" im Mai 1985 publizierte, heißt es: "Der Trend ist verblüffend: Im Budgetvorschlag der Army für das Finanzjahr 1986 sind fast 20 % (1,007 Mrd $ von 5,3 Mrd $) der Programmittel klassifiziert (d.h. unterliegen der Geheimhaltung), verglichen mit 1,3 % im Finanzjahr 1984."[16] Eine neue Analyse des Center on Budget and Policy Priorities erklärt sogar, daß *20 % der gesamten Forschungsausgaben* des DoD mittlerweile klassifiziert seien, also Mittel in Höhe von rund 8 Mrd $ – *ein Geheimbudget in der Größenordnung der staatlichen Forschungsausgaben der Bundesrepublik Deutschland.*[17]

d. Sozialabbau

Der finanzielle Zusatzbedarf für die miltärische Aufrüstung hat in den USA einen solchen Umfang, daß er nicht nur über die Staatsver-

[16] Armed Forces Journal International 5/1985, S.68

[17] Center on Budget and Policy Priorities, The FY 1986 Defense Budget. The Weapons Buildup Continues. Washington, 1985

schuldung, sondern auch über *eine weitreichende Umverteilung vor allem zu Lasten der Sozialausgaben* aufgebracht werden muß.[18]

Während in der ersten Hälfte dieses Jahrzehnts die Rüstungsausgaben um 51 % anstiegen, sind die Ausgaben für "Domestic Programs", die einen Großteil der Sozial- und Infrastrukturausgaben umfassen, real um über 30 % zurückgegangen. Der Anteil der Programme zur finanziellen und sozialen Abstützung niedriger Einkommensgruppen ("low income program") an den Bundesausgaben ist seit 1981 von 12,8 % auf 9,8 % gefallen, während der Anteil der Rüstungsausgaben am Etat von 23,2 % auf 29,3 % gestiegen ist. Zwischen 1981 und 1985 entfielen auf die "low income"-Programme fast ein Drittel aller Kürzungen der Staatsausgaben.

Schlüsselprogramme des "Welfare State" der 60er Jahre sind von den Kürzungen betroffen: etwa die Lebensmittelkarten (Food Stamps) zwischen 1982 und 1985 um 12,6 %, die Kinderspeisung um 27,7 %, die Beihilfe für alleinstehende, kinderreiche Frauen (AFDC-Programm) um 12,7 %. Für die Vergrößerung der Zahl der Amerikaner, die in Armut leben, ist diese Ressourcenverknappung unmittelbar verantwortlich.

Die Vereinigten Staaten haben heute mehr offiziell als "arm" bezeichnete Menschen als in Dänemark, Schweden, Finnland, Norwegen und Israel leben. Sie übertreffen die Zahl der Wähler in der Bundesrepublik. Würden sie sich zu einer eigenen Nation zusammenschließen, dann wären sie bevölkerungsreicher als die Hälfte der Nationen der Erde – und (bis vor kurzem) einer der am schnellsten wachsenden Staaten der Erde. Die Zahl der Armen stieg von 23 Mio (1973), 25 Mio (1976) und 26 Mio (1979) auf 36 Mio (1982) bzw. 34 Mio (1984). Dabei sind die illegalen Einwanderer nicht berücksichtigt – tatsächlich wird man 1985 *40-50 Millionen Amerikaner zur Armutsbevölkerung* rechnen müssen. Jeder fünfte Jugendliche unter 18 Jahren lebt in einer armen Familie, und *jedes dritte Kind*, das jetzt in den USA geboren wird, wird vor Erreichen seiner Volljährigkeit einmal Wohlfahrtsempfänger gewesen sein. Wenn eine neue Studie feststellte, *daß sich 20 Millionen Bürger der USA*

---

[18] s. Fußnote 17; Domke,W.K., Eichenberg,R.C., Kelleher,C.M., The Illusion of Choice: Defense and Welfare in Advanced Industrial Democracies, 1948-1978, in: Policy Sciences, Jg.16 (1984) S.391-411; Greiner,B., Rilling,R., Armut in Amerika, WSI-Mitteilungen 6/1986

nicht satt essen können – also unterernährt sind oder Hunger leiden – dann muß man sich vor Augen halten, was die offizielle "Armutslinie" bedeutet. Sie betrug 1982 für einen vierköpfigen Haushalt 9.862 $ im Jahr, ein zunächst recht groß anmutender Betrag. Der Festlegung der Armutslinie liegt die Annahme zugrunde, daß rund 1/3 des Haushaltsbudgets für Ernährung ausgegeben wird. Das bedeutet, daß pro Person im Jahr 821 $, pro Tag 2,25 $, also pro Mahlzeit 75 Cents für Ernährung vorgesehen sind. In einer beliebigen Fast-Food-Bude wird man für einen "Burger", eine kleine Cola und eine Tüte Pommes-frites mindestens 2,70 $ bezahlen müssen – ein Festschmaus, den sich nicht einmal jene leisten können, die zur Aristokratie der Armutsbevölkerung zählen, denn das Durchschnittseinkommen der vierköpfigen Armutsfamilie in den USA betrug 1982 nicht 9.862 $ sondern 6.477 $ pro Jahr. Wer aber nicht einmal einen halben Dollar "cash" für tägliches Essen und Trinken zur Verfügung hat, ist bei Strafe des Verhungerns auf Hilfe angewiesen.

Der rasante Sozialabbau der Regierung Reagan, bei dem anders als in der Bundesrepublik das Freimachen von Ressourcen für die Aufrüstung das Hauptmotiv war, hat die Lebensverhältnisse von Millionen Menschen verschlechtert. Er wirkt weit über den Sektor der als arm definierten Bevölkerung hinaus. Rund 34 Millionen Amerikaner haben keine Krankenversicherung oder sind nur teilweise versichert, 11 Millionen darunter waren Arbeitnehmer, die in den letzten Jahren zusammen mit ihrer Arbeit auch ihre Versicherungsansprüche verloren haben. Zwar hat 1984/85 die Arbeitslosenrate in den USA wieder abgenommen und liegt mittlerweile wieder auf dem Stand von 1980 – doch es bekommen nur noch 34 % (1980: 65 %) der Arbeitslosen eine staatliche Unterstützung.[19]

Auch in der *Bundesrepublik*, soviel sei abschließend bemerkt, setzte bereits 1974/75 ein schrittweiser Prozeß der Umverteilung und des Sozialabbaus ein, beginnend zunächst mit einzelnen Zweigen der Sozialversicherung, mit "Kostendämpfungsgesetzen", "Strukturgeset-

[19] Eichenberg, R.C., The Expenditure and Revenue Effects of Defense Spending in the Federal Republic of Germany, in: Am.Pol.Sc.Rev.(1983) S.19-35; IG Metall Bezirksltg. Stuttgart (Hg.), Widerstand gegen Sozialabbau, Stuttgart, 1985; Huffschmid, J., Voß, W., Zdrowomyslaw, N. (Hg.), Neue Rüstung - Neue Armut, Köln, 1986; Arbeitsgruppe Alternative Wirtschaftspolitik, Memorandum '86, Köln, 1986; Zumach, A., Bundeswehrplan'85, in: Inf.dienst Wiss.u.Frieden 5/1985

zen", "Haushaltsoperationen", mittels derer sich der Staat aus der Finanzierung und Garantiehaftung sozialer Leistungen zurückzog, und das Solidaritäts- und Sachleistungsprinzip der Sozialversicherung durch das Subsidiaritätsprinzip der katholischen Soziallehre (Stichwort "Selbstbeteiligung") ersetzt wurde. Die Realeinkommen der abhängig Beschäftigten sind 1985 das sechste Jahr hintereinander gefallen und liegen unter dem Niveau von 1977. Die direkten Belastungen der abhängig Beschäftigten, die Entlastung der Unternehmereinkommen und der Rückzug des Staates aus der Sozialversicherung summieren sich nach Berechnungen der IG Metall für 1982-1985 auf *210 Mrd DM.* Allein die Sozialeinkommen wurden um 75 Mrd DM gekürzt, wobei nahezu alle Bereiche betroffen wurden: die Bundesanstalt für Arbeit, die Kranken-, Renten-. und Unfallversicherung, die Schwerbehinderten, die Familien- und Sozialhilfe. Diese tiefen Einschnitte in den Sozialstaat haben sich inzwischen in eine "neue Armut" transformiert: etwa sechs Millionen Menschen (10 %) leben an der Armutsgrenze, mehr als 2,5 Millionen Menschen leben ganz oder teilweise von der Sozialhilfe. Knapp vier Millionen Menschen sind in der Bundesrepublik gegenwärtig arbeitslos, jeder zweite abhängig Beschäftigte ist im Laufe des letzten Jahrzehnts ein- oder mehrmals arbeitslos gewesen, seit 1974 wurden 33 Millionen Entlassungen registriert. Bereits jeder dritte Arbeitslose ist heute länger als ein Jahr ohne Arbeit, nur noch ein Drittel der registrierten Arbeitslosen bezieht noch Arbeitslosengeld, rund ein Viertel bekommt Arbeitslosenhilfe, der Rest erhält nichts. Arbeitslosengeld und -hilfe liegen bei 41-46 % des durchschnittlichen Nettoeinkommens aller Arbeiter und Angestellten, das durchschnittliche Arbeitslosengeld ist von 948 DM in 1981 auf 900 DM in 1985 (2. Quartal) abgesunken. Der Bund gab 1981 8.694 DM pro registriertem Arbeitslosen aus, 1984 nur noch 3.755 DM.

Daß es bei der Ausdehnung der Arbeitslosigkeit nicht nur um soziale Verelendung geht, hat 1932 – sieben Jahre vor Beginn des letzten großen Krieges – Heinrich Mann mit den Worten formuliert[20]: ***"Die Arbeitslosigkeit, der kaum mehr abzuhelfen versucht wird, das Heer der Erwerbslosen, das man mit dreister Hand seiner sozialen Versicherungen beraubt, das sind unmittelbare Kriegsursachen, es***

[20]Mann, H., Der Schriftsteller und der Krieg, in: Berliner Tageblatt, 11.9.1932

sind lauter Anfänge des Krieges. Die letzte Arbeit der Arbeitslosen bleibt der Krieg, sie haben nicht die Wahl."

Ein Blick auf die Entwicklung des Bundeshaushalts zeigt auch auf der allgemeinen Ebene beträchtliche Veränderungen. Zwischen 1980 und 1985 wuchsen die Bundesausgaben um 21 %; die Etats des Bundesministeriums für Bildung und Wissenschaft bzw. des Bundesministeriums für Familie, Jugend und Gesundheit fielen um 5,8 % bzw. um 14,6 %. Real stehen diesen Ministerien 1/4 bzw. über 1/3 weniger Mittel zur Verfügung als vor fünf Jahren. Das Bundesministerium der Verteidigung (BMVg) dagegen verzeichnete einen Zuwachs von 26 % (darunter investive Ausgaben: + 43 %). Der Etat des Ministeriums für Arbeit und Soziales wuchs unterdurchschnittlich (18,2 %), wobei zu berücksichtigen ist, daß die Zunahme der Sozialausgaben in den letzten Jahren bereits zu rund einem Drittel auf die wachsenden Folgelasten der Arbeitslosigkeit für die öffentlichen Haushalte zurückgeht, die mittlerweile bereits etwa ein Fünftel des Sozialbudgets umfassen.[21]

Diese Einschnitte im Sozialbereich summieren sich momentan noch zu einem Betrag, der die Zuwächse im Rüstungsbereich seit 1980 um ein Vielfaches übertrifft. Um die - schon reduzierten - Leistungen des Sozialsystems auch in Zukunft gewähren zu können, wird man jedoch die Sozialausgaben des Bundes von etwa 92 Mrd DM in 1985 innerhalb der nächsten zehn Jahre mehr als verdoppeln müssen - doch auch in den optimistischsten der eingangs skizzierten "Szenarien" ist hierfür kein Spielraum. *Ganz anders als in der Vergangenheit werden der Sozial- und der Rüstungsstaat spätestens ab Ende dieses Jahrzehnts in einem unmittelbaren Konkurrenzverhältnis zueinander stehen.* Eine stärkere Beteiligung der BRD an einem SDI-Programm würde zu einem in der Geschichte der Bundesrepublik bisher noch nicht bekannten Sozialabbau führen. Bei einer 5-%igen Beteiligung an den Finanzlasten des SDI-Programms würden Gesamtkosten zwischen 50 und 300 Mrd DM entstehen - im ersten Fall entspricht dies dem Rüstungshaushalt der Bundesrepublik, im zweiten Fall übertrifft dieser Betrag den gesamten Bundeshaushalt von 1986 bei weitem.

---

[21] Arbeitsgruppe Planerinnen und Planer et al., Stellungnahme zum Rüstungshaushalt 1986, Marburg, 1985

6. SDI und Forschung

Finanzielle Daten für das Programm liegen bislang für sechs Jahre vor.[22] 1984 war SDI mit 900.000 $ etatisiert, 1985 mit 1,4 Mrd $ und 1986 mit 2,75 Mrd $. Der Haushaltsentwurf vom Februar 1986 sieht für 1987 4,8 Mrd $ und für 1988 6,3 Mrd $ vor. Hinzu kommen 1987 603 Mio $ SDI-bezogene Ausgaben des Energieministeriums für die Entwicklung von Kernwaffen, darunter 250 Mio $ für unterirdische Kernwaffentests; hier verbirgt sich ein Hauptgrund für die amerikanische Ablehnung des sowjetischen Teststoppvorschlags. 1987 würde SDI zum größten einzelnen Rüstungsprojekt der USA. Nach den Planungen von Anfang 1985 wird die SDI-Rüstungsforschung zwischen 1984 und 1990 fast 40 % des gesamten Zuwachses an Forschungsmitteln und über 80 % des Zuwachses der FuE-Mittel des DoD beanspruchen - schon letzteres zeigt, daß die geplanten Zuwächse entweder nicht oder nur durch eine weitere Ausdehnung der Mittel für Militärforschung in den USA realisierbar sind. Der SDI-Anteil am DoD-FuE-Budget soll von 3,7 % auf 13,1 % anwachsen. 1984 machte SDI rund 1 % der gesamten Ausgaben der USA für FuE aus, 1986 sollen es 3,2 % sein. SDI ist gegenwärtig ein finanziell für 6 Jahre mit 33 Mrd $ ausgelegtes FuE-Programm. Der Übergang zum Big Business in der Weltraumrüstung erfolgte jedoch schon vor SDI. Die USA gaben zu Beginn des Jahrzehnts für die ABM-Forschung zwar nur rund 1 Mrd $ (konst.) im Jahr aus, doch schon vor der Rede Reagans 1983 gab es Planungen, die einen Aufwuchs vorsahen, der nur wenig unter den SDI-Ansätzen lag. Die Entwicklungsphase des SDI-Programms

---

[22] Center on Budget and Policy Priorities, The FY 1986 Defense Budget. The Weapons Buildup Continues. Washington, 1985; Cohen,Chr., Müller,K., SDI und Rüstungsökonomie, in: Inf.dienst Wiss.u.Frieden 2/1985; Cohen,Chr., Müller,K., SDI - das Geschäft des Jahrhunderts, in: Inf.dienst Wiss.u.Frieden 2/1985; Committee for National Security, A Sensible Alternative for a Sounder Defense, Washington, 1985; Hartung,W.D., DeGrasse,R.W.Jr., Nimroody,R., Daggett,S., The Strategic Defense Initiative: Costs, Contractors & Consequences, New York, 1985; Hartung,W., Nimroody,R., The Race for Contracts, New York, 1985; Hartung,W., Nimroody,R., What Price Strategic Defense? CEP-Newsletter 1/1985; Grier, P., 'Star Wars' takes shape as tests move from lab to field, in: The Christian Science Monitor, 21.3.1986; Pike, J., The Strategic Defense Initiative. Areas of Concern, Washington, 1985; Rilling, R., Konsequenzen der "Strategic Defense Initiative" für die Forschungspolitik, in: Blätter f.dt.u.int.Pol., 6/1985; Waller,D., et al., SDI: Progress and Challenges ("Proxmire-Report"), Washington, 1986

soll bis 1994 dauern und rund 90 Mrd $ kosten. Typischerweise dauern Entwicklungsprojekte jedoch 1/3 länger als geplant und kosten ein Drittel mehr – dann wird SDI ein 13-Jahres-Programm zu Kosten von 125 Mrd $ sein. Einige Projekte des Programms weisen bereits solche Verzögerungen und Kostenüberschreitungen auf. Da endlich Teile von SDI zweifellos "High-Risk"-Technologie enthalten, mag es sogar ein 20-Jahres- und 225 Mrd $ - Programm werden. Die Gesamtkosten für Forschung, Produktion und Installation des SDI-Systems wurden von "Physics Today" im Juli 1985 auf *rund 2 Billionen $* geschätzt – eine nachgerade zurückhaltende Schätzung, denn sie berücksichtigt nicht die phantastischen Kosten einiger Aspekte von SDI – z.B. die Kosten für den Aufbau des von SDI benötigten Energiepotentials. Bei Rüstungsprojekten verhalten sich die Kosten für Forschung, Entwicklung und Produktion wie 1:3:6 – greift man auf diese Relation zurück, müsste SDI beim momentanen Planungsstand sogar noch teurer sein – etwa 2,5 Billionen $ – rund dreimal soviel, wie die gesamte Welt derzeit jährlich für Rüstung und Militär ausgibt. Die amerikanische Volkswirtschaft produziert gegenwärtig Güter und Dienstleistungen im Jahreswert von gut 3,5 Billionen $. Diese Größenordnungen machen den "fast obszönen Kampf der Regierungen und der Industrie"[23] um SDI-Gelder verständlich. Freilich sind dies alles Schätzungen – bemerkenswert ist die spekulative, riskante Anlage des Projekts: "Niemand weiß, was ein Raketenabwehrsystem kosten würde... Niemand weiß was es kosten würde, eine Verteidigung aus unbekannten Technologien zu installieren, die unspezifizierte Aufgaben gegen eine nicht zu identifizierende Bedrohung erfüllen soll"[24]. Von geradezu willkürlichen Finanzentscheidungen wird mittlerweile berichtet: so teilte im April 1985 Edward Teller dem Weissen Haus – nicht näher bekannte – "Durchbrüche" bei der SDI-Röntgenlaserforschung mit. Wenig später verfügte der Präsident, dafür zusätzliche 60 Mio $ auszugeben.

SDI besteht aus fünf Programmelementen, die zuvor in mindestens 33 separat im Haushalt aufgeführten Programmen veranschlagt waren. Die neuen Programmelemente sind zehnmal so groß wie

[23] New Scientist, 19.9.1985

[24] Hudson, G.E., Kruzel, J. (ed.), American Defense Annual 1985-1986, Lexington, 1985, S.194f

durchschnittlich diejenigen anderer Agenturen, was den Einblick in die Programme sehr erschwert. Die Finanzplanung für den Zeitraum 1984-1988 und die entsprechenden Einzelansätze sind in der *Tabelle 3* zusammengestellt.

Tabelle 3: SDI-Budget (in Mio $)

	1985	1986	1987	1988
Programme des Verteidigungsministeriums:				
Überwachung, Erfassung, Bahnverfolgung u. Zerstörungsbewertung	546,0	857,0	1 262,4	1 558,3
Laser- u. Teilchenstrahl-Waffen ("Richtenergie")	377,6	844,4	1 615,0	1 582,0
'Konventionelle' Waffen ("Kinetische Energie")	256,0	595,8	991,2	1 217,2
Systemkonzepte/ Gefechtsführung	100,3	227,3	462,2	564,0
Unterstützungsprogramme (Überlebensfähigkeit, Zerstörungsvermögen, Schlüsseltechnologien)	108,4	221,6	454,4	523,7
Management SDIO	9,1	13,1	17,4	18,1
Summe	1 397,3	2 759,2	4 802,6	5 463,3[1]
SDI-bezogene Programme des Energieministeriums	224	288	603	?

Ansätze für Haushaltsjahre; das Gesamtbudget 1984 betrug 1 109 Mio $ (Ist); Angaben 1985 Schätzung, 1986 Haushalt, 1987/88 Haushaltsentwurf '87.

[1] Nach: D. Waller u.a., SDI. Progress and Challenges ('Proxmire-Report'), Washington, 17.3.1986, S. 15. Andere Angaben sprechen von 6 300 Mio $.

(Quelle: Informationsdienst Wissenschaft und Frieden 3-4/1986, S.3)

Der SDI-Budgetentwurf 1987 von 4,8 Mrd $ (+ 85 %) sieht vor, daß 1,6 Mrd $ in das Strahlenwaffenprogramm gehen, dessen Umfang sich gegenüber 1986 fast verdoppeln soll (+ 91 %); die Mittel für den nukleargepumpten Röntgenlaser machen schon ein Viertel dieses Teilprogramms aus: *das SDI-Forschungsprogramm für eine atomwaffenfreie Welt wird zunehmend nuklearisiert.* Das Teilprogramm für kinetische Waffen soll auf 1 Mrd $ wachsen (+ 68 %).[25]

1984 betrug die Zahl der in dem SDI-Programm beschäftigten Wissenschaftler, Ingenieure und Techniker 5.000, 1987 werden es nach einer Schätzung des New Yorker "Council on Economic Priorities" 18.600 sein.[26] 1983-1985 vergab das DoD SDI-Aufträge im Wert von ca. 2,2 Mrd $. Hauptauftragnehmer waren ausschließlich amerikanische Konzerne. Allein 1985 gingen an 260 Unternehmer und Laboratorien etwa 1000 Kontrakte im Wert von ca. 1 Mrd $. Anfang 1986 hatten über 300 amerikanische Großfirmen SDI-Aufträge. Die bisherigen Aufträge werden zu 90 % in bloß vier Bundesstaaten - Kalifornien (mit 50 % aller Aufträge der eigentliche "SDI-Staat"), Washington, Alabama und Texas - vergeben. 80 % der Aufträge gingen an die "Top Ten" der größten Auftragnehmer des DoD; jede dieser zehn Firmen hat jetzt mindestens ein Großprojekt auf den Weg gebracht: SDI ist fest verankert in der amerikanischen Rüstungsindustrie. "Sie haben jetzt", sagte jüngst ein Vertreter des DoD zur Position der Rüstungsindustrie, "die Ansicht, daß dies ihre Zukunft ist, daß dies eine Sache auf Leben oder Tod ist."[27] Die 22 größten SDI-Auftragnehmer sind der *Tabelle 4* zu entnehmen.

Es handelt sich um Unternehmen, die traditionell zu den wichtigsten Auftragnehmern des DoD gehören und - selbstverständlich - eine Schlüsselrolle in der strategischen Rüstung der USA spielen. Der Anteil dieser Mittel für strategische Waffen am Militäretat wurde

---

[25] Waller,D., et al., SDI: Progress and Challenges ("Proxmire-Report"), Washington, 1986

[26] Hartung,W.D., DeGrasse,R.W.Jr., Nimroody,R., Daggett,S., The Strategic Defense Initiative: Costs, Contractors & Consequences, New York, 1985; Hartung,W., Nimroody,R., The Race for Contracts, New York, 1985; Hartung,W., Nimroody,R., What Price Strategic Defense? CEP-Newsletter 1/1985; Pike, J., The Strategic Defense Initiative. Areas of Concern, Washington, 1985; Pike, J., Barriers to European Participation in the SDI, Washington, 1985

[27] DVZ, 14.3.1986

zwischen 1980 und 1986 von 6,7 % auf 12 % gesteigert (= 38,1 Mrd $); 1986 soll erstmals mehr für strategische als für konventionelle bzw. taktische Waffen ausgegeben werden. Zu den strategischen

Tabelle 4: Die größten SDI-Auftragnehmer
(Beträge in Mio $)

TRW	423,9
Boeing	217,4
Lockheed	192,0
Teledyne Brown	180,0
Rockwell	165,7
Hughes Aircraft	155,7
LTV Aerospace	98,6
McDonnell-Douglas	75,9
Avco Corporation	72,7
BDM International	62,4
Aerojet General	51,9
Honeywell	43,3
General Research	42,7
Science Applications	37,9
RCA	35,7
Martin-Marietta	33,8
Litton Systems	33,3
Grumman	32,1
Nichols Research	30,1
General Dynamics	27,9
Ford Aerospace	25,7
General Motors	24,3

(Quelle: Frankfurter Allgemeine Zeitung, 3.1.1986)

Waffensystemen, die gegenwärtig in der Forschungs- oder Produktionsphase stehen, gehören die MX-Rakete, Midgetman-, Trident-I-, Trident-II-Rakete, Trident U-Boot, B-1B-Bomber, luft-, see- und bodengestützte Cruise Missiles (CM), SDI, ASAT, Pershing-II, Strategische C^3I-Programme und die Forschung/Produktion im Bereich der nuklearen Sprengköpfe. Acht der zehn größten SDI-Kontraktoren sind – zum Teil als Hauptauftragnehmer – an entsprechenden Projekten beteiligt: Boeing (MX,B-1B,CM), McDonnell Douglas (CM), Lockheed (CM,Trident), LTV (B-1B), TRW (MX), Rockwell Int. (MX,B-1B), Hughes (CM), Litton (CM). Da ein beträchtlicher

Teil dieser Vorhaben im Verlauf der nächsten drei Jahre auslaufen oder zumindest schrumpfen wird (MX,Trident,B-1B), ist für diese Firmen das SDI-Programm zugleich *ein klassisches "Follow-on"-Unternehmen*, das Anschlußaufträge zur Kapazitätsauslastung und Gewinnsicherung in den 90er Jahren sichern soll. Ein Bericht der "International Herald Tribune" vom 22.10.1985 vermeldet, daß die Rüstungsindustrie in SDI die "größten Profitaussichten, die es jemals gegeben hat", sieht. Eine Konferenz der Electronics Industries Association schätzte die Profite aus SDI bis 1995 auf 69 Mrd $. Die Zeitung zitierte einen Finanzberater der Rüstungsindustrie mit den Worten: "Wenn wir zur Installierung (von SDI) kommen, würde es das dickste Ding sein, das dieser Industrie jemals zugestoßen ist. Es würde die größte Sache auf Erden werden." Tatsächlich könnte der *"SDI- Komplex"* in wenigen Jahren zum Kern des Militär-Industrie-Komplexes der USA werden. Es wird angenommen, daß sich etwa 30 europäische Rüstungskonzerne bis 1987 an SDI beteiligen werden. Da verschiedene Programmteile schon aus technologischen Gründen nur in den USA gemacht werden können, und für zahlreiche andere Projekte nur US-Konzerne im Rahmen ihrer ABM-Forschungen Expertise haben, wird geschätzt, daß die SDI-Aufträge in die BRD vorläufig 300 Mio DM nicht überschreiten werden.[28]

7. Auf dem Weg zu einer SDI-Wissenschaft?

Die Anfänge dessen, was die einschneidendste Veränderung im Wissenschaftssystem seit Entstehung der 'Big Science' ist, liegen schon über ein Jahrzehnt zurück. Das Kürzel "SDI" steht für die außerordentliche Beschleunigung dieser Entwicklung. Setzt sich diese Tendenz durch, dann wird Wissenschaft auch in der Bundesrepublik Deutschland zukünftig *auf einer anderen Grundlage* funktionieren. Denn am Ende dieser Entwicklung könnten wir es mit einer Wissenschaft zu tun haben, die – durchaus zu Zeiten des formellen

[28] Deutscher Bundestag, 10. Wahlperiode, Öffentliche Anhörung zum Thema "Strategische Verteidigungsinitiative (SDI)" am 9./10.12.1985, Bonn, 1986; Pike, J., The Strategic Defense Initiative. Areas of Concern, Washington, 1985; Pike, J., SDI Contracts: Will U.S. Allies Be Sold Short? in: International Herald Tribune, 16.1.1986; Pike, J., Barriers to European Participation in the SDI, Washington, 1985

Weltfriedens – zwar nicht vollständig, aber erstmals seit Jahrzehnten hauptsächlich *im Binnenraum einer einzigen Staatsgliederung – nämlich der militärischen – und der mit ihr gekoppelten privatrüstungsindustriellen Großorganisation existiert.*

Diese Mutmaßung ist keineswegs abseitig. Jerome B. Wiesner, früherer MIT-Präsident und Wissenschaftsberater Eisenhowers und Kennedys, vermerkte jüngst: "Es ist nicht länger eine Frage der Kontrolle eines militärisch-industriellen Komplexes, sondern ob es gelingt zu verhindern, daß die Vereinigten Staaten eine total militarisierte Kultur werden." Daß hier eine immer wahrscheinlicher werdende und zentral die Wissenschaft tangierende Tendenz aufgegriffen wird, soll im Folgenden gezeigt werden, wenn wir der Frage der Auswirkungen von SDI auf Wissenschaft und Forschung nachgehen.

Die "Strategic Defense Initiative" ist mit weitem Abstand *der größte Verbund von Rüstungsforschungsprojekten, den es bisher gegeben hat. Sein Volumen entspricht den jährlichen Gesamtausgaben für Forschung in der Bundesrepublik.* Doch dieses riesige Forschungsprogramm macht 'nur' ein Fünftel des vom DoD für militärische Zwecke mobilisierten Wissenschaftspotentials aus – die seit Mitte der 70er Jahre in Gang gekommene Militarisierung der Wissenschaft hat atemberaubende Dimensionen.[29] 1983 wurden nach den Ergebnissen einer Ende 1984 publizierten Studie weltweit 60 Mrd $ für Rüstungsforschung ausgegeben. Unter Einbeziehung der geplanten Steigerungen der privatindustriellen und über andere Etats verausgabten Mittel muß davon ausgegangen werden, daß *1985 die Weltausgaben für militärische Forschung und Entwicklung die 100-Mrd-$-Grenze* erreichen werden. Dann werden rund *40 %* der weltweiten Forschungsausgaben in die militärische Forschung fließen, rund *eine Million Menschen* werden dort arbeiten.

Verschiedene Schätzungen nehmen an, daß Ende der 70er Jahre

[29] Rilling, R., Die Aufrüstung der Köpfe – Neue Entwicklungstendenzen in der militärischen Forschung, in: H.Bähren, J.Tatz (Hg.), Wissenschaft und Rüstung, Braunschweig, 1985, S.60 ff.; Rilling, R., Militärische Forschung in der BRD, in: Blätter f.dt.u.int.Pol. 8/1982; Tsipis,K., Janeway,P. (ed.), Review of U.S. Military Research and Development 1984, Washington, 1984; Tsipis,K., Phillips,S. (ed.), Annual Review of Military Research and Development 1982, New York, 1982; Long,F.A., Reppy,J. (ed.), The Genesis of New Weapons. Decision Making for Military R&D, New York, 1985

jeder dritte amerikanische Wissenschaftler und Ingenieur in der militärischen Forschung arbeitet, darunter 70.000 an Nuklearwaffen. Judith Reppy, die sich seit Jahren mit der Analyse der amerikanischen Rüstungsforschung befaßt, sprach Ende 1985 davon, daß seit Ende des zweiten Weltkrieges durchschnittlich 42 % der Wissenschaftler in den USA an militärisch relevanten Projekten arbeiteten.[30] Eine Studie der National Science Foundation für 1982 gibt an, daß 46 % der Physiker, 42 % der Mathematiker, 32 % der Elektroingenieure und 66 % der Luftfahrtingenieure der USA, die im Bereich der angewandten Forschung arbeiten, für das Militär tätig seien. *Tabelle 5* zeigt die Ressourcenverlagerung in die Rüstungsforschung.

Tabelle 5: Staatsausgaben für Forschung und Entwicklung (FuE) in den USA (in Mrd $ und in %)

Jahr	Gesamt (Mrd $)	Zivile FuE (Mrd $)	Zivile FuE (%)	Militärische FuE (Mrd $)	Militärische FuE (%)
1967	16,5	8,0	48,5	8,5	51,5
1972	16,7	7,7	46,2	9,0	53,8
1975	19,0	9,4	49,5	9,6	50,5
1980	32,2	16,5	51,3	15,7	48,7
1982	38,7	15,8	40,8	22,9	59,2
1984	46,0	15,5	33,7	30,5	66,3
1986	60,3	16,7	27,7	43,6	72,3
1988	61,7	13,6	22,1	48,1	77,9
1990	69,4	11,9	17,2	57,5	82,8

(Quelle: American Association for the Advancement of Science, Report I,S.28; II,S.23; III,S.10; IV,S.3; V,S.4; VII,S.9; VIII,S.30; IX,S.33; X,S.22,24; Washington 1976 ff. Angaben ab 1986 Soll bzw. Budgetentwurf FY 1986)

Die Rüstungsforschung ist zum *'Big Business'* geworden. Nach dem gegenwärtigen Planungsstand werden sich in den 80er Jahren die Ausgaben für militärische Forschung vervierfachen, jene für zivile

[30] Reppy, J., Military R&D and the civilian economy, in: Bull. of the Atomic Scientists 10/1985

Forschung dagegen werden um rund ein Drittel abnehmen - wobei, wie die AAAS hervorhob, noch ein in anderen Etats verausgabter Betrag für Rüstungsforschung in Höhe von 1/4 des offiziell ausgewiesenen Budgets hinzuzurechnen ist, wenn man ein realistisches Bild des Gesamtbudgets Rüstungsforschung erhalten will. Dementsprechend werden 1990 in den USA weit über 85 % der Bundesausgaben für Forschung und Entwicklung in den Rüstungssektor fließen. Unter Einschluß der privaten Forschung dürfte das *Gesamtbudget Rüstungsforschung bei über 45 % der nationalen FuE-Ausgaben* liegen.

Die militärische Forschung spielt – entsprechend dem in den 70er Jahren dominierenden zivilindustriellen Entwicklungsmodell – in der Bundesrepublik eine geringere Rolle. Doch immerhin zeigt ein Blick auf das Kapitel 1420 des Verteidigungsetats, in dem die Ausgaben für "Wehrforschung" veranschlagt sind, daß die dort ausgewiesenen Mittel seit Jahren überdurchschnittlich wachsen, und dementsprechend ihr Anteil an den gesamten FuE-Ausgaben des Bundes kontinuierlich zunimmt (*Tabelle 6*).

Tabelle 6: Ausgaben für militärische FuE
und Anteil an den FuE-Ausgaben des Bundes

	Ausgaben (Mrd DM)	Zuwachs (%)	Anteil (%)
1982	1,664	+ 9,1	13,9
1983	1,858	+ 9,7	16,4
1984	1,948	+ 6,7	16,4
1985	2,499	+28,3	19,4
1986	2,579	+ 3,2	über 20,0
1987	2,837	+10,0	ca. 20,5

(Aus: Bundeshaushaltspläne 1984 ff.; BMFT-Journal, lfd.; Wehrtechnik 8/1986, S.16)

Das Gesamtbudget Forschung ist jedoch noch wesentlich umfangreicher. Im Etat des Bundesministeriums der Verteidigung sind an unterschiedlichen Stellen zahlreiche Anforderungen (Gutachten, Expertisen, wiss. Dokumentationen etc.) ausgewiesen, die hier nicht berücksichtigt werden; hinzu kommen weiter Mittelanteile für die Bundeswehrhochschulen, Ausgaben für wissenschaftliche Dienststellen und Erprobungseinrichtungen sowie für internationale Forschungseinrichtungen. Das auf diese Weise berechnete Budget Rüstungsforschung liegt seit Jahren kontinuierlich um rund eine Mrd DM höher als die Ansätze des Kapitels 1420 (siehe *Tabelle 7a-c*).

Tabelle 7: Ausgaben für militärische FuE 1982-1986 (in Mio DM)
a. Forschung

Gebiet	1982	1984	1985	1986
1. Wehrtechnische Forschung	46,000	56,000	60,000	64,000
2. Sonst. militärische Forschg.a.d.Gebieten Medizin,Psychologie, Soziologie,Politikwissenschaft,Geschichte, Systemforschung etc.	27,138	26,514	32,369	34,765
3. Entscheidungshilfen f. Planung u. Führung ('Operations Research')	49,882	56,000	58,000	60,000
4. Hochschulen / Univ. d. Bundeswehr	82,650	74,191	75,681	78,627
5. Beiträge an Verbände, Vereine u. Gesellschaften	1,139	1,084	1,114	1,138

Ein umfassendes Bild muß weiter berücksichtigen die Zuschläge für "freie Forschung", die das BMVg bei Beschaffungsaufträgen, aber auch bei Entwicklungen und gelegentlich bei der Materialerhaltung in Höhe von 2-4 % vergibt und die Mitte der 70er Jahre bereits bei rund 200 Mio DM lagen. Diese an keiner Stelle gesondert ausgewiesenen oder parlamentarisch kontrollierten Forschungssubventionen dürften sich gegenwärtig auf 500-750 Mio DM belaufen. Schließlich müssen private, eigenfinanzierte Mittel innerhalb der industriellen

Rüstungsforschung sowie die geringen Mittel berücksichtigt werden, die das DoD und die NATO in der Bundesrepublik ausgeben. Endlich finanzieren andere Bundesministerien (Post, Forschung, Wirtschaft) in ziviler wie militärischer Nutzungsabsicht eine Reihe von Projekten – etwa auf dem Gebiet der Informationstechnologien oder der Luftfahrttechnik. Unter Einschluß dieser Mittel liegt das *Gesamtbudget Rüstungsforschung in der Bundesrepublik für das Jahr 1986 bei etwa 6,5 Mrd DM*, was bedeuten würde, daß *ungefähr jede neunte Mark, die 1986 hierzulande für Forschung und Entwicklung ausgegeben wird, in die militärische Forschung und Entwicklung fließt.*

Tabelle 7: Ausgaben für militärische FuE 1982-1986 (in Mio DM)
b. Entwicklung und Erprobung

Gebiet	1982	1984	1985	1986
6. Wehrtechnische Entwicklung u. Erprobung	904,696	1281,773	1540,000	1700,000
7. MRCA	440,200	260,000	324,000	226,000
8. Bau, Betrieb, Erhalt u. Ausstattung d. techn. u. wissenschaftl. Dienststellen u. sonst. Aufwendungen f. Erprobung	662,224	701,592	713,910	754,907
9. Luftfahrttechnik u. -forschung	254,483	112,901	146,453	141,251
10. Entwicklung u. Erprobg. a.d. Gebiet d. Sanitäts-, Verpflegungs- u. Bekleidungswesens, d. Unterkunft u.d. Bauwesens	3,335	5,678	6,900	7,000
11. Jagdflugzeug 90	—	—	180,000	280,000
12. Wehrtechnische Entwicklung u. Erprobung d. neuen Führungssystems	70,000	130,000	160,000	130,000

Tabelle 7: Ausgaben für militärische FuE 1982-1986 (in Mio DM)
c. Institutionelle Förderung und weitere Zuweisungen

Gebiet	1982	1984	1985	1986
13. Deutsche Forschungs- u. Versuchsanstalt f. Luft- u. Raumfahrt	56,095	56,415	57,500	59,100
14. Fraunhofer-Gesellschaft z. Förderung d. angewandten Forschung	33,010	37,264	42,200	45,750
15. Forschungsgesellschaft f. Angewandte Naturwissenschaften	31,577	33,894	35,200	36,400
16. Dt.-frz. Forschungsinst.St.Louis	20,601	23,320	26,000	29,000
17. Sonst.Zuweisungen u.Kostenanteile	0,919	1,047	0,515	0,535
18. Forschungen im Rahmen d. Zivilverteidigung	5,387	4,271	4,450	4,665
Summe	2689,336	2861,944	3464,292	3653,138

Erläuterungen zu Tabelle 7:

Zusammengestellt nach den Bundeshaushaltsplänen 1984ff.
— zu 1.: Kap.1420, 55101. — zu 2.: Kap.1401, 52602, 52603, 5350111, 68401011; 1402, 53101032, 53901032, 53902032; 1404, 52624031; 1420, 55102; 0402, Tit.1. — zu 3.: Kap.1420, 55103036. — zu 4.: Kap.1405, Tit.03-08; 1412, 55780-032 (50%). Der Forschungsanteil wurde mit 50 % angesetzt, vgl. BMWF (Hg.): Bundesbericht Forschung II, Bonn 1967, S.139; Wehrtechnik 6/1980, S.58f. — zu 5.: Kap.0403, 68502, 68503; 1402, 68501; 1421, 68401031, 68501031 (20%).

— zu 6.: Kap.1420, 55111. — zu 7.: Kap.1420, 55116036; 1422, 86806032 (20%). — zu 8.: Kap.1412, 55551032, 55552032, 55554032, 55556032; 1421, 81204031, 81704031; 1421, Tit.1-3. Bereits vor Jahren hat die Bundesregierung darauf hingewiesen, daß z.B. in Großbritannien (aber auch in den USA) die im Bereich der militärischen FuE ausgewiesenen Ausgaben die Aufwendungen für Erprobung einschließen, in der BRD jedoch nicht (vgl. Dt.Bt., Drs.9/401 v.3.3.1982, S.5). In den Vorbemerkungen zum Kapitel 1420 'Wehrforschung, wehrtechnische und sonstige militärische Entwicklung und Erprobung' wird darauf hingewiesen, daß "weitere Aufwendungen für Forschung, Entwicklung und Erprobung in anderen Kapiteln des Epl.14 veranschlagt (sind), und zwar für Betrieb, Erhalt, Ausstattung der Hochschulen der Bundeswehr in Kapitel 1405, der technischen und wissenschaftlichen Dienststellen in Kap.1421, für die Finanzierung internationaler Forschungseinrichtungen in Kap.1422 (Anti-Submarine Warfare Center = SACLANTCEN in La Spezia; SHAPE Technical Center = STC in Den Haag) sowie für Infrastrukturmaßnahmen in Kap.1412 (Grunderwerb und Baumaßnahmen für Erprobungsstellen). Außerdem müssen für die Gesamtaufwendungen der Bundeswehr auf dem Gebiet der Entwicklung und Erprobung auch anteilig Personal- und Sächliche Verwaltungsausgaben, die im Kap.1421 veranschlagt sind, berücksichtigt werden" (Epl.14, S.197). Entsprechende Aufwendungen (mit Ausnahme 1422) sind hier zusammengestellt. Die Aufwendungen für die Dienststellen wurden mit 100 %, die sonstigen Aufwendungen in Kap.1421 zu 60 % anteilig veranschlagt. Die Aufwendungen für Erprobung sind hier jedoch viel zu niedrig ausgewiesen, da die Aufwendungen für Grunderwerb nicht erfaßt werden konnten, und (vor allem) ebensowenig die Kosten für Erhaltung und Beschaffung der für die Erprobungsstellen, das Marinearsenal und die sonstigen technischen und wissenschaftlichen Dienststellen erforderlichen Schiffe, Betriebswasserfahrzeuge, Boote, schwimmende Geräte, Flugzeuge und das flugtechnische Gerät, die in Kap.1418 und 1419 veranschlagt sind, und deren Anteil nicht ermittelt werden kann.

— zu 9.: Kap.0902, Tit.09 (10%), 05 (50%), 08 (20%). Aufgrund des angegebenen Airbus-Anteils wurde hier der militärische Anteil gegenüber früheren Berechnungen niedriger angesetzt, vgl. R.Rilling, Militärische Forschung in der BRD, in: BdiP 8/1982; vgl. hier auch zur Berechnung der anderen Angaben. — zu 10.: Kap.1420, 55112.

— zu 11.: Kap.1420, 55118036. — zu 12.: Kap.1420, 55117036.

— zu 13.: Kap.1420, Tit.01. — zu 14.: Kap.1420, Tit.02. — zu 15.: Kap.1420, Tit.03. — zu 16.: Kap.1420, Tit.04. — zu 17.: Kap.1420, 98001990; 1422, 68608. — zu 18.: Kap.3604; 3609.

Bereits die Entwicklung des Kapitels 1420 zeigt den raschen Zuwachs der Rüstungsforschung. Wie tiefgreifend die Schwerpunktveränderung ist, die hier von der jetzigen Bundesregierung eingeleitet wurde, ist aus der Verteilung der *zusätzlichen* Ressourcen für Wissenschaft, Forschung und Entwicklung (außerhalb der Hochschulen) seit 1974 ersichtlich.[31]

Die 3,8 Mrd DM, die zwischen 1974 und 1978 zusätzlich für die großen Schwerpunktbereiche der Forschungsförderung des Bundes (= ca. 70 % der Bundesausgaben für Forschung) ausgegeben wurden, gingen zu über 80 % in den zivilen Sektor. Die Zuwächse der folgenden vier Jahre gegenüber 1978 summieren sich auf rund 6,8 Mrd DM auf Kosten des Bereiches der militärischen Forschung, der einen Saldo von - 175 Mio DM aufweist: die Mittel für Rüstungsforschung wurden in dieser Zeit leicht verringert, um die Finanzierung des MRCA-Kampfflugzeuges zu ermöglichen. Von den 3,03 Mrd DM, die dann in den folgenden Jahren 1982-1986 per Saldo dem Forschungsbereich zusätzlich zur Verfügung gestellt wurden, gehen 2,265 Mrd DM in den militärischen Bereich. *Drei von vier Mark, die seit 1982 zusätzlich für Forschung ausgegeben wurden, gingen in den militärischen Bereich.*

Seit 1981/82 hat sich somit eine weitreichende *Neuaufteilung des Ressourcenzuwachses* vollzogen – eine Wende in der Forschungsförderung. Ohne größere Beteiligung an der militärischen Weltraumforschung, ohne Mitwirkung an der SDI-Rüstungsforschung.

Wenn wir daher nach den Auswirkungen von SDI auf die Wissenschaft fragen, können wir bereits auf die Erfahrung der rapiden Militarisierung der Forschung zurückgreifen, die sich seit Mitte der 70er Jahre weltweit vollzieht, und als deren vorläufiger Höhepunkt SDI gelten kann.

Fünf Punkte sollen hier im wesentlichen anhand der amerikanischen Entwicklung hervorgehoben werden – zugleich als Aufforderungen zur Überprüfung der bundesrepublikanischen Entwicklung.

---

[31]BMF (Hg.), Finanzberichte 1980, ff., Bonn, 1980ff.

a. Vernachlässigung sozialstaatlich und ökologisch orientierter Forschung

In den USA ist die zivile Energieforschung zwischen 1980 und 1986 so stark abgebaut worden, daß 1986 das Energieministerium erstmals überwiegend militärische Forschungsprojekte vor allem im Bereich der Nuklearwaffen fördert: ein zweites Ministerium der Rüstungsforschung. Während sich die Ausgaben für militärische Energieforschung mehr als verdoppelten, wurden die Mittel für Sonnenenergieforschung auf ein Fünftel ihres ursprünglichen Umfangs reduziert. 1980-1986 sanken die Forschungsansätze der Behörden/Ministerien für Umwelt von 342 auf 327 Mio $, für Bildung von 134 auf 105 Mio $ und für Arbeit von 249 auf 22 Mio $. Insgesamt dürften in den USA die Regierungsausgaben für Rüstungsforschung nach den Planungen der Regierung 1986 die Mittel für sozialstaatlich orientierte Forschungen und Umweltforschung um rund das Fünfzigfache übertreffen.[32]

Auch die Forschungsförderung in der Bundesrepublik zeigt eine krasse *Priorität der Rüstungsforschung*, die sich zudem noch ständig verfestigt (vgl. *Tabelle 8* und *Schaubild 4*).

Tabelle 8: Forschungsprioritäten des Bundes I.
(in Mio DM)

	Forschungsbereich Soziales, Gesundheit, Arbeitsmarkt	Friedensforschung	Militärische Forschung
1981	569		1 525
1982	557		1 664
1983	562	2,37	1 858
1984	562	1,65	1 948
1985	647	2,86	2 499
1986	705	2,86	2 648

(Quelle: Finanzbericht 1986, S.140; Bundeshaushaltspläne, lfd.)

[32] American Association for the Advancement of Science (AAAS), Report I-X, Washington, 1976ff.

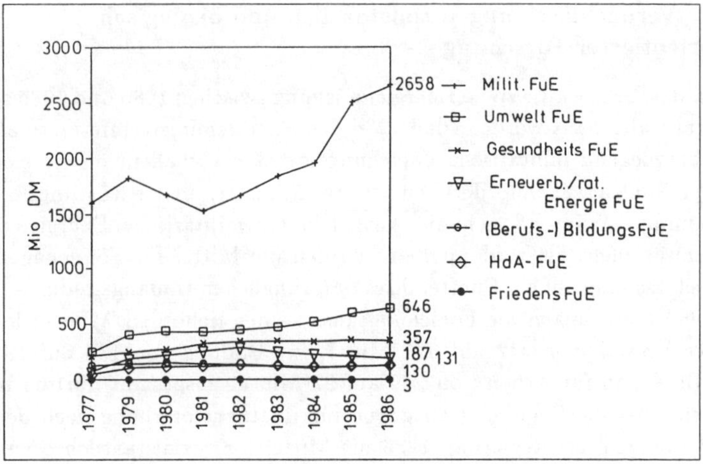

Schaubild 4: Forschungsprioritäten des Bundes II.
(Quelle: BMFT, Faktenbericht Forschung 1986, Bonn, 1986, S.258ff)

b. Relative Vernachlässigung der Grundlagenforschung – Ausbau der militärischen Grundlagenforschung

Der Anteil für militärische Grundlagenforschung am FuE-Budget des DoD liegt rund 1/3 bis 1/4 niedriger als der Anteil der Grundlagenforschung am nationalen FuE-Budget insgesamt. Die Verlagerung der Forschungsförderung auf den Rüstungssektor geht einher mit einer Benachteiligung der Grundlagenforschung: ihr Anteil an den FuE-Mitteln des DoD sank von 3,5 % (1984) auf 2,5 % (1986). Für Entwicklungsarbeiten gibt das DoD den zehnfachen Betrag aus, als im zivilen Bereich dafür investiert wird. Das BMVg hat sogar mancherorts angegeben, daß es überhaupt keine Projekte der Grundlagenforschung fördere. Rüstungsforschung schwächt also die Grundlagenforschungsbasis. Betrachtet man jedoch ausschließlich den Bereich der Grundlagenforschung, dann hat das Pentagon sein Engagement in diesem Bereich schon seit 1976/77 ständig intensiviert, da es davon ausgeht, daß mit der Verkürzung des militärischen Innovationszyklus zumindest einzelne Bereiche der Grundlagenforschung unmittelbar militärisch relevant werden. Seine Ausgaben für militärische Grundlagenforschung sind von 305 Mio $ in 1975 auf 982 Mio $ in 1986 gestiegen, das DoD gehört mittlerweile zu den drei wichtigsten staatlichen Einrichtungen der Finanzierung von Grundlagenforschung. Die Hälfte der vom DoD an den Hochschulen geförderten Forschung ist Grundlagenforschung.[33] Im Rahmen von SDI sollen bis 1990 rund 1,5 Mrd $ für Grundlagenforschung ausgegeben werden. Charakterisiert wurde sie im April 1985 vom Leiter des für Grundlagenforschung zuständigen SDI-"Innovative Science and Technology Office" (IST) James A. Ionson mit den Worten: "Dies ist projektorientierte Grundlagenforschung ('mission-oriented basic science'). Den Luxus, sich in den Elfenbeinturm davonzumachen und zu tun, was man selbst für wundervoll gute Wissenschaft hält, diesen Luxus kann sich dieses Land eine Weile nicht mehr leisten. Es muß zwar weiterhin getan werden, und dafür ist die National Science Foundation da. Aber nicht wir."[34]

c. Bevorteilung einzelner Disziplinen

Die Führungsstruktur unter den kriegswichtigsten Disziplinen hat sich geändert. Der erste Weltkrieg war ein Krieg der Chemie. Der zweite Weltkrieg war ein Krieg der Physik, welche die Entwicklung der Atom- und thermonuklearen Waffen ermöglichte und mit der Entwicklung der Raketenwaffen die Trägersysteme revolutionierte. Die 50er und 60er Jahre standen im Zeichen der Entwicklung neuer Waffenwirkungen, also Waffen und Massenvernichtungsmittel, und der entsprechenden Träger. Diese Entwicklungen wurden getragen von Physik, Chemie, Maschinenbau, Elektronik. Die 70er und 80er Jahre stehen im Zeichen der Treffsicherheit der Waffen. Die tragende Disziplin ist die Elektronik. Der dritte Weltkrieg wäre ein Krieg der

---

[33] Gamota, G., Why Basic Research In DoD? in: NRL Report 8426, Washington, 1980, S.3ff.; Long, F.A., Government dollars for university research, in: Bull. of the Atomic Scientists 3/1986; Rilling, R., Konsequenzen der "Strategic Defense Initiative" für die Forschungspolitik, in: Blätter f.dt.u.int.Pol., 6/1985; Rilling, R., Die Aufrüstung der Köpfe – Neue Entwicklungstendenzen in der militärischen Forschung, in: H.Bähren, J.Tatz (Hg.), Wissenschaft und Rüstung, Braunschweig, 1985, S.60ff.

[34] O.V., Star Wars: Budgeting Big for University Science, in: Science & Government Report, 15.4.1985

Elektronik. Der Anteil elektronischer Produkte an den Käufen des DoD wird auf schon über ein Drittel geschätzt. Das BMVg beabsichtigt nach einer neueren Schätzung, für militärische Forschung, Entwicklung und Erprobung in den Gebieten Elektronik, Informations- und Kommunikationstechniken 1986 über 900 Mio DM auszugeben. Ebenso deutlich ist die herausragende Rolle der Mathematik und Informatik bei der Förderung der Grundlagenforschung durch das DoD (s. *Tabelle 9*).

Tabelle 9: Ausgaben des DoD für Grundlagenforschung 1981/85 (in Mio $) mit Aufteilung auf Disziplinen

	Disziplin	1981	1985	Zuwachs	Anteil (%) 1981	Anteil (%) 1985
1	Physik,Astronomie,-physik	78,2	96,6	+ 23,5%	15,7	10,7
2	Mechanik,Luftfahrt,Energie	61,6	92,2	+ 49,6%	12,0	10,2
3	Elektronik	59,6	93,7	+ 57,2%	11,6	10,4
4	Biologie, Medizin	53,4	86,7	+ 62,3%	10,4	9,6
5	Materialien	53,3	87,5	+ 66,1%	10,3	9,7
6	Chemie	46,9	66,3	+ 41,3%	9,1	7,3
7	Ozeanographie	43,8	57,5	+ 31,2%	8,5	6,3
8	Mathematik, Informatik	43,0	124,9	+190,4%	8,3	13,9
9	Meteorologie	23,0	28,2	+ 22,6%	4,4	3,1
10	Geologie, Geophysik	20,6	33,9	+ 64,5%	4,0	3,7
11	Anthropologie	18,5	36,3	+ 96,2%	3,6	4,0
12	Sonstiges, Instrumente	—	97,0	+ 79,2%	—	10,7
	Summe	512,7	899,9	+ 75,5%	100,0	100,0

(Berechnet nach: AAAS Report VII, Washington 1982, S.30; AAAS Report IX, Washington 1984, S.119)

d. Wachsende Abhängigkeit der Hochschulen: People go where the bucks are

“Jedermann, der zunächst das Pro und Kontra von SDI diskutieren möchte,” schrieb der ‘Science & Government Report’ im April 1985, “sollte sich der Gefahr bewußt sein, durch die professoral-unternehmerische Stampede um Kontrakte niedergetrampelt zu werden.”[35] Durchaus positionsbewußt formulierte Ionson, Leiter des für die Hochschulen zuständigen SDI-Büros IST: “Die Leute gehen dorthin, wo die Dollars sind. (People go where the bucks are.)”[36] Das DoD hat seine Stellung an den Hochschulen der USA seit Mitte der 70er Jahre wieder festigen können.[37] 1979 betrug der Anteil des DoD an den Staatsausgaben für Hochschulforschung noch 9,5 %, 1986 waren es bereits 17,5 %. Seit 1980 hat das DoD seine Mittel für Hochschulen von 495 Mio $ auf 930 Mio $ gesteigert (+ 89 %). Der Mittelzuwachs 1986 war der höchste seit zwanzig Jahren. Dagegen nahmen die Förderungsgelder der mit der Deutschen Forschungsgemeinschaft vergleichbaren National Science Foundation (NSF) nur um 51 % zu. Berücksichtigt man die Gelder für die großen, den Hochschulen eng zugeordneten und von ihnen verwalteten Laboratorien, dann gibt das DoD seit 1984 erstmals seit Jahrzehnten wieder mehr für Hochschulforschung aus als die NSF. Bereits jeder dritte Dollar, den die Hochschulen seit 1980 zusätzlich für Forschungszwecke verwenden konnten, ging in die Militärforschung. L. J. Dumas schätzt in einer 1984 vorgelegten Studie, daß unter Einschluß der von den Hochschulen verwalteten “Federal Research and Development Centres” (FRDC) gegenwärtig bereits *über ein Drittel* der an den amerikanischen Hochschulen durchgeführten Forschung militärischen Zwecken

[35] O.V., Star Wars: Budgeting Big for University Science, in: Science & Government Report, 15.4.1985

[36] s. Fußnote 35

[37] DoD, 500 Contractors Receiving the Largest Dollar Volume of Prime Contract Awards for Research, Development, Test and Evaluation, Washington, 1982 ff.; DoD, Basic Research Program, Washington, 1980; Dely, A., DoD Influence in University Research: A Case Study of the University of Arizona, Tucson, 1982; Rilling, R., Academia Militans. Die neue Militarisierung der amerikanischen Hochschulen, EAST 3/1985; Rosenau, W., The warriors of academe, in: Inquiry, 15.2.1982

dient. Schon Mitte der 70er Jahre finanzierte das DoD etwa 60 % der universitären Forschung auf dem Gebiet der Elektronik, 33 % der Luftfahrtforschung und 30 % der Hochschulinformatik. Nach ersten Schätzungen wurden 1985 im Hochschulbereich 50,6 % der Bundesmittel für Mathematik und Informatik (117 Mio $) vom DoD bereitgestellt, in den Ingenieurwissenschaften waren es 38 % (193 Mio $) – darunter in der Raumfahrttechnik 81 %, der Elektrotechnik 57 %, der Luftfahrttechnik 54 % und den Werkstoffwissenschaften 48 %. In der Förderung der chemischen Wissenschaften an der Hochschule und der Erforschung des Meeres bzw. der Atmosphäre steht das DoD momentan nach der NSF bereits an zweiter Stelle: die DARPA (Defense Advanced Research Projects Agency – eine Einrichtung des DoD) finanziert gegenwärtig 47 % der fortgeschrittenen Computerforschung an den Hochschulen. Von ca. 1,3 Mrd $, welche die Regierung 1986 für sozial- und erziehungswissenschaftliche Forschung auszugeben plant, entfallen etwa 300 Mio $ auf das DoD; es ist damit nach dem Department of Health and Human Services zum zweitgrößten Finanzier der Sozial- und Erziehungswissenschaften geworden. An vielen Hochschuldepartments ist Forschung ohne Mittel des DoD nicht mehr möglich – und mit der Vergabe zusätzlicher Mittel vor allem im Rahmen der SDI-"Konsortien" aus Rüstungsunternehmen, staatlichen Labors und Hochschulauftragnehmern wird sich diese finanzielle Abhängigkeit noch vergrößern. Momentan erhalten über 250 Colleges und Universitäten Mittel des DoD; 9 Hochschulen gehören zur Gruppe der "Top Hundred" aller Auftragnehmer des DoD, weitaus am wichtigsten sind die John Hopkins University und das Massachusetts Institute of Technology mit Aufträgen von jeweils über 1/4 Mrd $. Eine zunehmend wichtige Rolle spielen Universitäten im Süden der USA (Texas, Kalifornien).

Das Jahr 1986 soll den Aufbau einer *wissenschaftlichen* Unterstützerbasis für das Projekt bringen.[38]

Die Mittel für SDI-Grundlagenforschung sollen mit rund 100 Mio $ in 1986 gegenüber dem Vorjahr verdreifacht werden. Für 1988 werden rund 300 Mio $ veranschlagt – ein Großteil dieser Mittel wird in die Hochschulen fließen. Bis zum heutigen Tage hat das für Grundla-

---

[38] O.V., Pentagon Invades Academia, CEP-Newsletter 1/1986; Rilling, R., Academia Militans. Die neue Militarisierung der amerikanischen Hochschulen, EAST 3/1985; Science, 10.5.1985; Science, 19.4.1985

genforschung zuständige "Innovative Science and Technology"-Büro der SDI-Organisation an sechs Forschungskonsortien, zu denen 29 Hochschulen in 16 Bundesstaaten der USA gehören, Aufträge im Wert von rund 62 Mio $ vergeben. Im Rahmen des gesamten SDI-Forschungsprogramms erhielten 1984 amerikanische Hochschulen 34 Mio $, 1985 bereits 84 Mio $. Hinzu kommt jetzt das neue SDI-Forschungsprogramm des Energieministeriums, das zunächst auf 3-5 Mio $ pro Jahr veranschlagt ist.

Der Ökonom Robert Reich schätzt, daß das SDI-IST im Verlauf der nächsten vier Jahre rund 20 % des amerikanischen Forschungskapitals im Hochtechnologiebereich kontrollieren wird. "Das Problem ist," stellt Reich fest, "daß wir niemals zuvor auf einem solchen Maßstab in so kurzer Zeit ein derartiges technologisches Potential in die Hände des Pentagon gelegt haben. Eine Handvoll von Pentagon-Bürokraten verfügt über Wissenschaftsressourcen und wählt die Gewinner und Verlierer des technologischen Wettrennens aus – beraten von großen Rüstungsauftragnehmern."

Zu den 31 Hochschulen, die letztes Jahr SDI-Aufträge durchführten, gehören eine ganze Reihe von Spitzenuniversitäten, die großenteils seit Jahren auf der Liste der "Top Twenty" der Empfänger von Forschungsgeldern des DoD stehen – etwa die University of Texas, Georgia Tech, John Hopkins University, Stanford, Princeton, Carnegie-Mellon University. Fast zwei Drittel dieser Mittel (59,7 Mio $) flossen jedoch an eine einzige Hochschule: das Massachusetts Institute of Technology (MIT) und die nahegelegenen, vom MIT verwalteten Lincoln Laboratories. Um eine Unterstützerbasis an den Hochschulen zu bekommen, zeigten sich die SDI-Organisatoren "großzügig": erst vor wenigen Monaten wurde bekannt, daß eine Reihe von Wissenschaftlern, die für das Pentagon arbeiteten, unversehens und ohne ihr Wissen aus SDI-Mitteln finanziert wurden. Ein Sprecher der SDI-Organisation (SDIO) mußte zugeben, daß sie "eine Menge von Forschungsaufträgen übernommen" und weitergeführt hätten, ohne dies mitzuteilen. Beamte des California Institutes of Technology konnten keine Auskunft darüber geben, wohin die 300.000 $, die nach Aussage der SDIO 1985 für diese Hochschule ausgegeben wurden, tatsächlich gegangen waren.

Angesichts der rabiaten Kürzungen von zivilen Forschungsmitteln sind die SDI-Mittel oftmals die einzigen Gelder, die zur Verfügung stehen. Mit ihnen sollen nach den Worten des Leiters des erwähnten IST-Büros Ionson "brilliante Gehirne" gekauft werden. Ionson ist optimistisch: auf die Frage nach dem verbreiteten Unbehagen der amerikanischen Wissenschaftler am SDI-Projekt antwortete er in einem Interview noch vor wenigen Monaten: "Die Leute gehen dorthin, wo die Dollars sind. (People go where the bucks are.)" In einem Bericht aus der Arbeit in dem Experten-Panel über "Computing in Support of Battle Management" vermerkte der Computerfachmann David Parnas, der jüngst vom SDI-Projekt zurücktrat, ganz in diesem Sinne: "Während der ersten Sitzungen unseres Panels konnte ich sehen, wie die Dollar-Beträge jeden faszinierten." Tatsächlich gab es schon im Herbst 1985 nach Angaben der SDIO über 2.600 Anträge von Hochschulen und Wissenschaftlern. Der Nobelpreisträger Hans Bethe kommentierte das Verhalten seiner Fakultätskollegen bitter: "Sie rennen an den Trog wie die Schweine."[39] Dies alles zusammengenommen ergibt eine wenig schmeichelhafte Vorstellung vom Wissenschaftler der *Academia Militans* unserer Tage - ein erfinderischer Zwerg, bestenfalls ein Homo Oeconomicus. Dies ist die Perspektive der SDI-Wissenschaft.

In der Bundesrepublik ist die Situation gegenwärtig noch weitgehend anders: hier werden höchstens 5 % der Forschungsausgaben für militärische und Rüstungszwecke verwandt; allerdings gibt es regionale (München, Karlsruhe, Braunschweig) und disziplinäre (Luft- und Raumfahrtforschung, Informatik, Wehrmedizin) Schwerpunkte, die expandieren. Es ist nicht anzunehmen, daß sich in kurzer Zeit ähnlich weitreichende Abhängigkeiten wie die in den USA herausbilden. Das neue Interesse des Militärs an der Grundlagenforschung betrifft allerdings - institutionell gesehen - die Hochschulen, an denen 70-80 % der gesamten Grundlagenforschung durchgeführt wird. Sollte die Expansion der Rüstungsforschung in der Bundesrepublik weitergehen und auch - was wahrscheinlich ist - zum Aufbau eines Sektors militärischer Grundlagenforschung führen, dann würde auch für die Hochschulen in der Bundesrepublik die Zeit zuende gehen, in der für ihre Arbeit Forschung und Entwicklung für Militär- und Rüstungszwecke vergleichsweise unwichtig war.

---

[39] O.V., Hiroshima - die unbewältigte Gegenwart, BdiP 7/1986, S.809

e. Ausdehnung der Geheimhaltung

Ende 1985 entwickelte sich eine öffentliche Diskussion über die sog. "Showy Tests" im Rahmen des SDI-Programms. Es war bekannt geworden, daß rund 10 Tests als öffentliche Spektakel inszeniert werden sollten, um die parlamentarische Unterstützung des SDI-Programms abzusichern. Zugleich sollte der Eindruck erweckt werden, daß SDI ein transparentes Programm sei. Doch schon seit fast einem Jahrzehnt ist in den USA eine heftige Auseinandersetzung um *Zensur und Geheimhaltung in der Wissenschaft* in Gang gekommen. Dabei geht es nicht bloß um die verbreitete Klassifikationspraxis des Pentagon, die nach einer in "Science" (4.5.1984) publizierten Studie dazu geführt hat, daß im Zeitraum 1979-1983 von 123.228 Reports des DoD nur 54 % frei verbreitet werden, 13 % dagegen geheim und 33 % in ihrer Verbreitung beschränkt sind.[40] Diese Klassifikationspraxis hat sich im letzten Jahrzehnt ausgedehnt. Sie folgt der allgemeinen Tendenz, die Geheimhaltung im Rüstungssektor auszudehnen: 1984 generierte das DoD 16 Millionen Geheimdokumente; gegenwärtig halten das DoD und seine Auftragnehmer rund 100 Millionen geheime Dokumente.

Daneben aber gibt es eine zweite Entwicklung, die ihren politischen Ausgangspunkt hat in einem Bericht des stark von der Rüstungsindustrie beeinflußten "Defense Science Board" (DSB) des DoD von 1976 ("Bucy-Report"), dessen Position wenig später von der Administration übernommen wurde.[41] Dem Bucy-Report lag

---

[40] Science, 4.5.1984

[41] AAAS (ed.), Scientific Freedom & National Security: is there a conflict? San Francisco, 1985; AAAS-CSFR Bulletin, Washington, 1982 f.; Alexander, Ch., Preserving High Technology Secrets: National Security Controls on University Research and Training, Law & Pol'y Int'l Bus., Vol. 15 (1983); Cheh, M.M., Government Control of Privat Ideas - Striking a Balance between Scientific Freedom and National Security, Jurimetrics Journal 1/1982; Congress, 96th, 2nd Sess., House, Comm. on Gov. Operations, The Government's Classification of Private Ideas (Hearings), Washington, 1981; Congress, 97th, 2nd Sess., House, Comm. on Armed Services, Report of the Defense Science Board Task Force on University Responsiveness to National Security Requirements, Hearings on Military Posture and H.R.5968, DoD Authorization for Appropriations for FY 1983, Washington, 1982; Defense Science Board, An Analysis of Export Control of U.S. Technology - A DoD Perspective, Washington, 1976; Greenstein, R., National Security Controls on Scientific Information, Jurimetrics Journal 1/1982;

eine besondere *Vorstellung der Technikentwicklung* zugrunde. Danach existiert auf der einen Seite die ausschließlich oder vorwiegend zivile Forschung/Technologie, auf der anderen Seite die ausschließlich oder vorwiegend militärische Forschung/Technologie. Militärische oder zivile Technologien insgesamt aber konvergieren und überlappen sich immer mehr. Es entsteht somit ein breiter Sektor "sensitiver", "militärisch relevanter" oder "kritischer" "Dual-Purpose-Technologie", eine multifunktionale, für militärische wie zivile Verwendungszwecke geeignete Technik. Diese Veränderung habe weitreichende forschungsstrategische Konsequenzen. Auf der einen Seite habe die militärische Technik einen *hohen Spin-Off* für den zivilen Bereich, wachse also die ziviltechnologische und -industrielle Funktion der Rüstungstechnik und -produktion. Auf der anderen Seite - und das sollte sich als der folgenreichere Aspekt der Argumentation erweisen - *werde nun auch bislang bloß zivile Forschung und Technik militärisch nutzbar und damit relevant.* In einem DSB-Report von 1982 heißt es: "Militärische Macht ist jetzt in hohem Maß abhängig von fortgeschrittener zivilkommerzieller Technologie... Mit wenigen Ausnahmen hat die Entwicklung von Hochtechnologie, wo sie auch herkomme, militärischen Einfluß."[42] Damit aber wird der sichernde und steuernde Zugriff auf das zivile Forschungssystem militärisch entscheidend. Der Bedeutungsverlust der militärischen Forschung, der sich nach Ansicht des DoD in den 70er Jahren ereignet habe und der begleitet gewesen sei von einer zunehmend militärischen Relevanz der zivilen Forschung müsse daher durch eine sy-

---

Marsh,P., Security cloud falls over SDI participants, in: The Times, 4.3.1986; National Academy of Science et al. (ed.), Scientific Communication and National Security, Washington, 1982; Park,R.L., Intimidation leads to self-censorship in science, in: Bull. of the Atomic Scientists 3/1985; Relyea,H.C. (ed.), Striking a Balance: National Security and Scientific Freedom. First Discussions, Washington, 1985; Rilling,R., Rüstung und Wissenschaftsfreiheit in den USA, in: Inf.dienst Wiss.u.Frieden 3-5/1984; Rilling,R., Militärische Wissenschaftspolitik und Geheimhaltung in den USA seit Anfang der 80er Jahre, Campus Technik Jahrbuch 1986, Frankfurt, 1986; Shattuck,J., Federal Restriction on the Free Flow of Academic Information and Ideas, Minerva 3-4/1984; Nelkin,D., Science as Intellectual Property. Who Controls Research? New York,London,1984

[42]Congress,97th, 2nd Sess., House, Comm. on Armed Services, Report of the Defense Science Board Task Force on University Responsiveness to National Security Requirements, Hearings on Military Posture and H.R.5968, DoD Authorization for Appropriations for FY 1983, Washington, 1982

stematische Auswertung, Kontrolle und –falls notwendig– Abschottung der zivilen Forschung kompensiert werden.

Auf der Basis des Bucy-Reports setzten dann zahlreiche Versuche ein, eben nicht nur die Resultate militärischer Forschung bzw. militärische Technologien, sondern unter Verweis auf den "dual-use"-Charakter moderner Technologie auch nicht klassifizierte und nicht einmal staatlich geförderte bzw. vertraglich gebundene Forschung staatlicher Kontrolle zu unterwerfen und ihre Verbreitung zu begrenzen. Neben die militärische Beeinflussung der "Produktion" wissenschaftlichen Wissens vor allem durch Finanzierung und Vertragsforschung tritt nunmehr in ganz anderer Weise als bisher die Kontrolle der wissenschaftlichen Kommunikation, die Einschränkung der Freiheit, wissenschaftliche Ergebnisse und Meinungen frei vortragen zu können und zugleich gesicherten Zugang zum Bestand wissenschaftlichen Wissens zu besitzen: Zensur als Instrument militärischer Wissenschaftspolitik. Die Instrumentarien waren vielfältig: Verordnungen zur Klassifikation von Regierungsinformationen (April 1982, April 1984); Klassifikation von Patenten und Erfindungen; Atomenergiegesetz und Verordnungen zur Kontrolle nichtklassifizierter, nuklearer Informationen; Exportkontrollbestimmungen (Trading with the Enemy Act, Export Administration Act, Arms Export Control Act "Operation Exodus"); Visakontrollen; "Freiwillige Selbstzensur" (Prepublication Review); Aufnahme von Kontrollbestimmungen in die Arbeitsverträge. Auf zahlreichen wissenschaftlichen Kongressen ist es mittlerweile zu Eingriffen des Pentagon gekommen (siehe *Einschub: Eingriffe des DoD*). Die DoD-Politik auf diesem Felde soll die zivilkommerzielle Forschung und Technologie erschließen, sie gegenüber der UdSSR und zweifellos auch den Weltmarktkonkurrenten aus den NATO-Staaten abschotten und die ohnehin herausragende Position der militärischen Instanzen im amerikanischen Wissenschaftssystem und seinem Entscheidungsprozeß stärken. Sogar SDI-Befürworter sprachen auf dem Bundestagshearing zu SDI vom Dezember 1985 von der Etablierung einer "wissenschaftlichen Zweiklassengesellschaft" (Hoff[43]). Die amerikanische Regierung hat zwar zugesichert, daß die SDI-Grundlagenforschung an den Hoch-

[43]Deutscher Bundestag, 10. Wahlperiode, Öffentliche Anhörung zum Thema "Strategische Verteidigungsinitiative (SDI)" am 9./10.12.1985, Bonn, 1986

– *Februar 1980:* "Bubble Memory Conference I" der American Vacuum Society (AVS). *Rücknahme der Einladungen* an neun Wissenschaftler aus Ungarn, Polen, der UdSSR und China unter Hinweis darauf, daß Konferenzvorträge einen 'Export' wissenschaftlicher Informationen bedeuteten.

– *Februar 1980:* Konferenz über "Lasers, Electro-Optical Systems and Inertial Confinement" des Institute of Electrical and Electronic Engineers (IEEE). Die *Einladung* an neun Wissenschaftler aus der UdSSR *wurde zurückgezogen.*

– *Dezember 1981:* "Bubble Memory Conference II" der AVS in Santa Barbara. *Rücknahme der Einladung* an einen ungarischen Wissenschaftler.

– *August 1982:* "26th Annual International Technical Symposium" der Society of Photo-Optical Instrumentation Engineers in San Diego. Zehn Tage vor der Konferenz veranlaßte das DoD unter Hinweis auf die "International Traffic in Arms Regulations" (ITAR) den *Rückzug von über 100 technischen Papieren.*

– *September 1982:* Die *Lizenz* der American Chemical Society zur Übersendung der "Chemical Abstracts" auf Magnettonbändern nach Polen und in die UdSSR wurde vom Handelsministerium *nicht mehr erneuert.*

– *September 1982:* "Electrical Aero Space Conference" von IEEE in Washington. Ein Vertreter der Air Force forderte kurz vor der Eröffnung, daß Aufzeichnungen, Abstracts und Papiere *zerstört bzw. nicht präsentiert* werden sollten. Tags darauf wurde die Forderung zurückgezogen.

– *Oktober 1982:* Konferenz über "Technology for Space Astrophysics: The Next 30 Years", veranstaltet vom American Institute of Aeronautics and Astronautics (AIAA), der Optical Society of America und der Society of Photo-Optical Instrumentation Engineers. Kurz vor Beginn wurde eine Reihe von Papieren 'freiwillig' *zurückgezogen,* da die Autoren eine *Intervention des DoD* befürchteten.

– *Oktober 1982:* Jährliches Treffen der Optical Society of America in Tucson. *Das Pentagon befahl* sechs Wissenschaftlern, ihre Papiere *zurückzuziehen.*

– *November 1982:* "International Test Conference" des IEEE in Philadelphia. Fünf Tage vor Konferenzbeginn verlangte *auf Druck des DoD* ein Vertreter von Texas Instruments, daß drei bereits gedruckte Papiere von TI-Ingenieuren *zurückgezogen* werden. Erst nach einer erneuten Überprüfung durch die Air Force wurden die Papiere dann zugelassen.

Einschub: Eingriffe des DoD
(Fortsetzung)

- *Juli 1983:* "4th International Conference on Perma-Frost" in Fairbanks; Veranstalter IEEE, Polar Research Board, National Academy of Science - National Research Council. *Auf Intervention des DoD wurde der Rückzug von sechs Papieren erzwungen.*

- *November 1983:* "1983 National Telesystems Conference" (IEEE). *Ein Wissenschaftler wurde vom DoD gezwungen, mit einem Stift drei Worte auf 900 Kopien seines Papiers auszustreichen*, das Ergebnisse eines nichtklassifizierten Forschungsauftrags der Air Force vorstellte.

- *Januar 1984:* "8th Annual Conference on Composite and Advanced Materials" der American Ceramics Society (ACS). Gleichzeitig fand im selben Hotel "A Symposium on Composite Materials" statt, das von DoD und NASA unterstützt wurde; diese Veranstaltung war zugänglich *'nur für Bürger der USA'*.

- *Januar 1984:* Die Konferenz über "Composites in Manufacturing III" der Society of Manufacturing Engineers (SME) war insgesamt *'nur für Bürger der USA'*. Rund 10 % der 80.000 Mitglieder von SME sind Ausländer.

- *Mai 1984:* "25th Conference on Structural Dynamics and Materials" des AIAA in Palm Springs. Zwei Sitzungen waren unter Berufung auf ITAR *'nur für Bürger der USA'*. Wer diese Sitzungen besuchen wollte, mußte sich ausweisen.

- *Oktober 1984:* 31. Nationalkonferenz über "Space Propulsion for the 1990s" der American Astronautical Society (AAS). Die Tagesordnung umfaßte eine *'geheime'* Sitzung über SDI. Die Ankündigung des Treffens enthielt ein Formular für eine 'Security Clearance'.

- *Oktober 1984:* "High Tech Review - 1984" der Society for the Advancement of Material and Process Engineering (SAMPE). Sitzungen über "Metal-Matrix" und "Carbon-Carbon" waren *'nur für Bürger der USA'* zugänglich; hingewiesen wurde auf ITAR. Rund 20 % der 5.000 Mitglieder von SAMPE sind Ausländer.

- *Januar 1985:* Die Konferenz "Composites in Manufacturing IV" der SME war insgesamt geschlossen und zugänglich *'nur für Bürger der USA'*.

- *März 1985:* Konferenz "Advancing Technology in Materials and Processes" der SAMPE. Vier der 39 Sitzungen waren *'nur für Bürger der USA'*. Die SAMPE hält seit fünf Jahren auf ihren Konferenzen für Ausländer geschlossene Sitzungen ab.

---

schulen keinen Publikationsbeschränkungen unterworfen werden soll. Aus den Erfahrungen der letzten Jahre wird diese Zusicherung unter den Wissenschaftlern in den USA mit großer Skepsis betrachtet. Ein hochrangiges Mitglied des Los Alamos Laboratoriums wies im Dezember 1985 darauf hin, daß wichtige Fortschritte im SDI-Programm "vermutlich geheimgehalten würden". Anfang 1986 besuchte eine Gruppe im Auftrag des DoD rund 30 Konzerne in Europa um zu überprüfen, inwieweit sie sich bei der Durchführung von SDI-Aufträgen an die Klassifikationspraxis des DoD halten würden. John Pike von der Federation of American Scientists verwies in einer Analyse Anfang 1986 darauf, daß die "Militarily Critical Technology List" des DoD "buchstäblich das gesamte SDI-Programm enthalte".[44]

In der Bundesrepublik ist auf der einen Seite keine derartig extensive Praxis der Geheimhaltung im Wissenschaftsbereich bekannt, die zum Beispiel mit laufenden Zensurakten des BMVg auf wissenschaftlichen Kongressen verbunden wäre. Auf der anderen Seite ist der Zustand faktischer Geheimhaltung der militärischen Wissenschaftspolitik in der BRD weit extensiver als in den USA: faktisch ist es zum Beispiel nicht bekannt, welche Hochschulangehörigen in der Bundesrepublik mit welchem Aufwand Forschungsvorhaben für das BMVg durchführen. Das "Forschungs- und Technologie-Konzept" des BMVg mit einem Volumen von 768 Mio DM (1986) ist nicht publiziert, ebensowenig eine Übersicht über Forschungsvorhaben im militärischen Bereich.

8. Schlußbemerkung

"Die Freiheit der Forschung, das Austauschen der Entdeckungen, die internationale Gemeinschaft der Forscher war stillgelegt von Behörden, denen stärkstens mißtraut wurde. Große Physiker verließen fluchtartig den Dienst ihrer kriegerischen Regierung; einer der namhaftesten nahm eine Lehrstelle an, die ihn zwang, seine Arbeitszeit auf das Lehren der elementarsten Anfangsgründe zu verschwenden, nur um nicht unter dieser Behörde arbeiten zu müssen. Es war schimpflich geworden, etwas zu entdecken." Diese Notiz Brechts stammt aus den frühen fünfziger Jahren, gemeint sind die USA. *Wissenschaft unter einer neuen Kontrollmacht, mit dem Kürzel SDI; sie wäre eine andere Wissenschaft:* das essentielle System wissenschaftlicher Kommunikation wird vom Gespräch über das Seminar und den

[44] Pike, J., Barriers to European Participation in the SDI, Washington, 1985

wissenschaftlichen Kongreß bis zur Publikation und dem informationsverarbeitenden System von einem verrechtlichten und faktischen Netz von Geheimhaltungsregeln überlagert sein. Zu einer im Militärsektor organisierten Wissenschaft gehört auch: Unterlaufen des wissenschaftsinternen Konkurrenzmechanismus, der nicht zuletzt wegen unterschiedlicher Förderungsinstanzen eine gewisse Pluralität in der Wissenschaft gewährleistet; Einschränkung der individuellen Autonomie der Wissenschaftler bei der Gegenstands- und Themenwahl durch das Kontraktsystem; Zentralisierung des Entscheidungsprozesses bei der Spitze der Militärhierarchie – begünstigt durch die militärische Geheimhaltung; endlich Politisierung der Wissenschaften und ihrer Förderung nach Maßgabe ihrer Nützlichkeit für politisch definierte militärische Zwecke.

Gegenüber einer solchen Wissenschaft aber, zu deren Symbol SDI werden mag, gilt die Forderung C. W. Mills, des kompromisslosen, radikal-pazifistischen Soziologen der Kalten Fünfziger Jahre, *daß die Wissenschaftler "intellektuelle Kriegsdienstverweigerer"*[45] *werden müssen.*

Auch wenn der SDI-IST-Leiter Ionson behauptete, daß "praktisch jeder auf dem Campus" in das Projekt einsteigen wolle, gewinnt die Skepsis gegen "Star Wars" an den Hochschulen an Boden.[46] Eine im Sommer 1985 an den naturwissenschaftlichen Fakultäten der Cornell University und der University of Illinois begonnene Unterschriftensammlung, die das SDI-Programm kritisierte und die Selbstverpflichtung enthielt, keine SDI-Mittel anzunehmen, ist mittlerweile von über 3.500 Wissenschaftlern unterzeichnet worden – darunter jedes zweite Mitglied der natur- und ingenieurwissenschaftlichen Fakultäten der 14 Spitzenuniversitäten der USA. Die Opposition gegen die SDI-Wissenschaft wächst.

---

[45] Mills, C.W., Causes of World War Three, New York, 1958, S.144

[46] Bienlein, J., Lindström, G., Spitzer, H. (Hg.), Physik & Rüstung, Hamburg, 1984; Böhme, G., Verstrickung in Rüstungsforschung und mögliche Formen des Widerstandes, in: Forum Wiss.f.Fried.u.Abrüstung: Verantwortung für den Frieden, Aachen, 1985, S.73-94; Physics Today 6/1986; Rilling, R., Wissenschaft – Krieg – Verantwortung, in: R.Lison (ed.), Wissenschaftler zu Frieden und Abrüstung, Duisburg, 1985, S.64-83; Starlinger, P., Atomkrieg, in: K. Bonhoeffer u.a., Fragen zu Frieden und Krieg, Köln, 1984, S.7-20

Autorenverzeichnis

Bernd Greiner

Dr. phil., geb. 1952, Lehrbeauftragter für Soziologie
und Amerikanistik an den Universitäten Münster und Oldenburg

Gunnar Lindström

Dr. rer. nat., geb. 1931, Professor für Physik
am I. Institut für Experimentalphysik der Universität Hamburg

Klaus Michael Meyer-Abich

Dr. phil., geb. 1936, Ordentlicher Professor für Naturphilosophie
an der Gesamthochschule Essen,
Senator der Freien und Hansestadt Hamburg – Präses der Behörde
für Wissenschaft und Forschung

Carl Nedelmann

Dr. med., geb. 1936, Direktor des Michael-Balint-Instituts
für Psychoanalyse und Psychotherapie in Hamburg

Rainer Rilling

Dr. rer. pol. habil., geb. 1945, Privatdozent für Soziologie
an der Philipps-Universität Marburg,
Geschäftsführer des Bundes demokratischer Wissenschaftlerinnen
und Wissenschaftler

Hartwig Spitzer

Dr. rer. nat., geb. 1938, Professor für Physik
am II. Institut für Experimentalphysik der Universität Hamburg

Auswahlbibliographie

zu Kapitel I.
Wissen brach liegen lassen oder brauchen

1. Afheldt, H.:
Atomkrieg. Das Verhängnis einer Politik mit militärischen Mitteln,
Hanser, München, Wien, 1984

2. Bahr, E., Lutz, D. (Hg.):
Gemeinsame Sicherheit Bd.II,
Nomos, Baden-Baden, (voraussichtlich 1986)

3. Becker, H., Nedelmann, C.:
Psychoanalyse und Politik,
Suhrkamp, Frankfurt/M., 1983

4. Eissler, K.R.:
Todestrieb, Ambivalenz, Narzißmus.
Kindler, München, 1980

5. Freud, S.:
Die Ichspaltung im Abwehrvorgang,
GW XVII, 57-62, 1940e[1938]

6. Kennan, G.F.:
The nuclear delusion. Soviet-American relations in the atomic age,
Pantheon Books, New York, 1982;
dt.: Im Schatten der Atombombe. Eine Analyse der amerikanisch-sowjetischen Beziehungen von 1947 bis heute,
Kiepenheuer u. Witsch, Köln, 1982

7. Klein, H.:
The meaning of the Holocaust,
Isr. J. Psychiatry Relat. Sci., 20 (1983) 119-128

8. Militärgeschichtliches Forschungsamt (Hg.):
Das Deutsche Reich und der Zweite Weltkrieg,
Bd.4: Der Angriff auf die Sowjetunion,
Deutsche Verlagsanstalt, Stuttgart, 1983

9. Nedelmann, C. (Hg.):
Zur Psychoanalyse der nuklearen Drohung,
Vandenhoeck u. Ruprecht, Göttingen, 1985

10. Palme-Bericht, Der:
Bericht der Unabhängigen Kommission für Abrüstung und Sicherheit über "Common Security" (dt. Ausgabe),
Severin u. Siedler, Berlin, 1982

11. Prins, G. (ed.):
Defended to death. A study of the nuclear arms race from the Cambridge Disarmament Seminar, Penguin Books, 1983

12. Steiner, J.:
Turning a blind eye: the cover up for Oedipus, Int. Rev. Psycho-Anal., 12 (1985) 161-172

13. Streit, C.:
Keine Kameraden. Die Wehrmacht und die sowjetischen Kriegsgefangenen 1941-1945, Studien zur Zeitgeschichte Bd.13, Deutsche Verlagsanstalt, Stuttgart, 1978

14. Ueberschär, G.R., Wette, W. (Hg.):
"Unternehmen Barbarossa" – Der deutsche Überfall auf die Sowjetunion 1941, Schöningh, Paderborn, 1984

zu Kapitel II.
Strategien, Krisen und Kriegsgefahr

1. Adomeit, H.:
Die Sowjetmacht in internationalen Krisen und Konflikten. Verhaltensmuster, Handlungsprinzipien, Bestimmungsfaktoren. Baden-Baden, 1983

2. Afheldt, H.:
Atomkrieg. Das Verhängnis einer Politik mit militärischen Mitteln, München, Wien, 1984

3. Allison, G.T.:
Essence of Decision. Explaining the Cuban Missile Crisis, Boston, 1971

4. von Beyme, K.:
Die Sowjetunion in der Weltpolitik, München, Zürich, 1983

5. Brauch, H.G.:
Angriff aus dem All. Der Rüstungswettlauf im Weltraum, Berlin, Bonn, 1984

6. Craig, G.A., George, A.L.:
Zwischen Krieg und Frieden. Konfliktlösung in Geschichte und Gegenwart, München, 1984

7. Engels, D., Scheffran, J., Sieker, E.:
Die Front im All. Weltraumrüstung und atomarer Erstschlag, Köln, 1984

8. Frei, D.:
Der ungewollte Atomkrieg,
München, 1983

9. Gärtner, H.:
Hegemoniestrukturen und Kriegsursachen,
Wien, 1983

10. Gilpin, R.:
War and Change in World Politics,
Cambridge etc., 1981

11. Greiner, B.:
Politik am Rande des Abgrunds?
Die Außen- und Militärpolitik der USA im Kalten Krieg,
Heilbronn, 1986

12. Kennedy, R.:
Dreizehn Tage. Wie die Welt beinahe unterging,
Darmstadt, 1982 (2.Aufl.)

13. Müller, H.D.:
Der Kopf in der Schlinge. Entscheidungen im Vorkrieg,
Frankfurt/M., 1985

14. Sagan, S.D.:
Nuclear Alerts and Crisis Management,
in: International Security, 9, 4 (1985)

15. Trachtenberg, M.:
The Influence of Nuclear Weapons in the Cuban Missile Crisis,
in: International Security, 10, 1 (1985)

16. Tirman, J. (Hg.):
SDI. Der Krieg im Weltraum,
Bern etc., 1985

17. Williams, P.:
Crisis Management. Confrontation and Diplomacy in the Nuclear Age,
London, 1976

zu Kapitel III.
Ist SDI technisch machbar?

1. Aldridge, R.C.:
Erstschlag, die Strategie des Pentagon für den Atomkrieg,
Werkhaus-Verlag, München, 1984

2. Altmann, J.:
Laserwaffen – Gefahren für die strategische Stabilität
und Möglichkeiten der vorbeugenden Rüstungsbegrenzung,
hrsg. v. Arbeitskreis Marburger Wissenschaftler
für Friedens- und Abrüstungsforschung, Marburg, 1986

3. Barth, P. (Hg.):
SDI - Dokumente und Materialien,
2., vollkommen überarbeitete und erweiterte Auflage,
Forschungsinstitut für Friedenspolitik, Starnberg, 1986

4. Bethe, H.A., Garwin, R.L., Gottfried, K., Kendall, H.W.:
Raketenabwehr im Weltraum,
in: Spektrum der Wissenschaft, Dez. 1984

5. Bundy, Mc.G., Kennan, G.F., McNamara, R.S., Smith, G.:
The President's Choice: Star Wars or Arms Control,
in: Foreign Affairs, Winter 1984/85, S.264;
dt. in: Blätter f. deutsche u. internationale Politik, 30, 5 (1985) 614ff

6. Carter, A.B., Schwartz, D.N. (ed.):
Ballistic Missile Defense,
The Brookings Institution, Washington, D.C., 1984

7. Carter, A.B.:
Gefechtsführung im Nuklearkrieg,
in: Spektrum der Wissenschaft, März 1985

8. Dürr, H.P., Harjes, H.-P., Kreck, M., Starlinger, P. (Hg.):
Verantwortung für den Frieden -
Naturwissenschaftler gegen Atomrüstung,
Spiegel-Buch, Rowohlt, Reinbek, 1983

9. Engels, D., Scheffran, J., Sieker, E.:
Die Front im All. Weltraumrüstung und atomarer Erstschlag,
Pahl-Rugenstein-Verlag, Köln, 1984

10. Garwin, R.L., Gottfried, K., Hafner, D.L.:
Anti-Satelliten-Waffen,
in: Spektrum der Wissenschaft, Aug. 1984

11. Garwin, R., Pike, J.:
Space Weapons - History and Current Debate,
in: Bulletin of the Atomic Scientists, May 1984

12. Greiner, B.:
Zwanzig Argumente gegen den 'Krieg der Sterne',
in: Blätter f. deutsche u. internationale Politik, 30, 3 (1985) 265ff

13. Jasani, Bh., Lee, Chr.:
Waffen im Weltraum - Countdown zum Krieg der Sterne.
Ein SIPRI-Report,
rororo aktuell, Rowohlt, Reinbek, 1985

14. Labusch, R., Maus, E., Send, W. (Hg.):
Weltraum ohne Waffen,
C. Bertelsmann, München, 1984

15. Lin, H.:
Software für Raketenabwehr im Weltraum,
in: Spektrum der Wissenschaft, Feb. 1986

16. Lindström, G.:
Die Militärische Nutzung des Weltraums,
in: Pax Optima Rerum (W. Westphal Hg.) - Vorlesungsreihe zur Friedensforschung und Friedenssicherung an der Universität Kiel, Kiel, 1985

17. Lutz, D.S. (Hg.):
Auf dem Weg zur 'Allmacht',
(enthält eine ausführliche Bibliographie)
in: S+F (Vierteljahresschrift für Sicherheit und Frieden) 1/1986, Nomos, Baden-Baden

18. Panofsky, W.K.H.:
The Strategic Defense Initiative: Perception vs Reality,
in: Physics Today, June 1985

19. Parmentola, J., Tsipis, K.:
Particle Beam Weapons,
in: Scientific American, April 1979

20. Sieker, E., Zellner, W.:
'Strategic Defense Initiative' - Aufbruch in die falsche Richtung. Zwölf Behauptungen der SDI-Befürworter und ihre Richtigstellung,
in: Blätter f. deutsche u. internationale Politik, 30, 4 (1985) 490ff

21. Spektrum der Wissenschaft (Hg.):
Rüstung und Abrüstung - Die Argumente der Wissenschaft,
in: Verständliche Forschung,
Verlag Spektrum der Wissenschaft, Heidelberg, 1983

22. Spektrum der Wissenschaft (Hg.):
Rüstung und Sicherheit,
in: Verständliche Forschung,
Verlag Spektrum der Wissenschaft, Heidelberg, 1985

23. Tirman, J. (Hg.):
SDI - Der Krieg im Weltraum
(dt. Ausgabe v.: The Fallacy of Star Wars - Why Space Weapons Can't Protect Us),
Scherz Verlag, Bern, München, Wien, 1985

24. Tsipis, K.:
Laserwaffen - Alptraum oder Hirngespinst,
in: Spektrum der Wissenschaft, Feb. 1982

25. Union of Concerned Scientists (ed.):
Space-Based Missile Defense,
A Report by UCS, 1984

26. U.S. Congress, Office of Technology Assessment:
Ballistic Missile Defense Technologies (OTA-ISC-254),
U.S. Government Printing Office, Washington, D.C., Sept. 1985

27. Velikhov, Y.P.:
Space Weapons – Effect on Strategic Stability,
in: Bulletin of the Atomic Scientists, May 1984

28. Wolf, D.O.A., Hoose, H.M., Dauses, M.A.:
Die Militarisierung des Weltraums –
Rüstungswettlauf in der vierten Dimension,
Bernard & Graefe, Koblenz, 1983

29. Yonas, G.:
Strategic Defense Initiative: The Politics and Science of Weapons in Space,
in: Physics Today, June 1985

30. York, H.F.:
Wettrüsten und amerikanisch-sowjetische Verhandlungen,
in: Spektrum der Wissenschaft, Dez. 1983

zu Kapitel IV.
SDI – Auswirkungen auf Wirtschaft und Wissenschaft

1. Adams, G.:
The Iron Triangle. The Politics of Defense Contracting,
New York, 1981

2. Arbeitsgruppe Planerinnen und Planer et al.:
Stellungnahme zum Rüstungshaushalt 1986,
Marburg, 1985

3. Bickenbach, J., u.a.:
Militarisierte Informatik,
Marburg, 1985

4. Bonk, H., Reinecke, R.:
Rüstungspolitik und Arbeiterklasse,
Berlin (DDR), 1986

5. DeGrasse, R.W., Jr.:
Military Expansion – Economic Decline,
New York, 1983

6. Huffschmid, J., Voß, W., Zdrowomyslaw, N. (Hg.):
Neue Rüstung – Neue Armut,
Köln, 1986

7. IRRC (ed.):
The Nuclear Weapons Industry,
Washington, 1983

8. Kubbig, B.W.:
Zivilen Nutzen schaffen mit Raketenabwehrwaffen?
Frankfurt, 1986

9. National Academy of Science et al. (ed.):
Scientific Communication and National Security,
Washington, 1982

10. Pike, J.:
The Strategic Defense Initiative. Areas of Concern,
Washington, 1985

11. Quitzow, W.:
Naturwissenschaftler zwischen Krieg und Frieden,
Düsseldorf, 1986

12. Rilling, R.:
Welchen zivilen Nutzen hat SDI?
in: Blätter f. deutsche u. internationale Politik, 5/1985

13. Rilling, R.:
Die Aufrüstung der Köpfe –
Neue Entwicklungstendenzen in der militärischen Forschung,
in: H. Bähren, J. Tatz (Hg.), Wissenschaft und Rüstung,
Braunschweig, 1985

14. Rilling, R.:
Academia Militans.
Die neue Militarisierung der amerikanischen Hochschulen,
EAST 3/1985

15. Rilling, R.:
Rüstung und Wissenschaftsfreiheit in den USA,
in: Informationsdienst Wissenschaft u. Frieden, 3-5/1984

16. Rilling, R.:
Konsequenzen der "Strategic Defense Initiative" für die Forschungspolitik,
in: Blätter f. deutsche u. internationale Politik, 6/1985

17. Schomacker, K., Wilke, P., Wulf, H.:
Weltraumrüstung: Wirtschaftliche Sackgasse oder
Aufbruch in die technologische Zukunft?
S+F 1/1986

18. Tirman, J.:
The Militarization of High Technology,
Cambridge (USA), 1984

19. Weltföderation der Wissenschaftler:
Neue ökonomische und soziale Auswirkungen des Wettrüstens –
Gefahren und Herausforderungen. Studie des Abrüstungsausschusses,
London, 1986

Glossar

zu Kapitel I. Wissen brach liegen lassen oder brauchen

- **Projektion**

  Unter Projektion wird in der Psychoanalyse ein Abwehrmechanismus verstanden, mit dessen Hilfe bestimmte Triebregungen oder Eigenschaften nicht in einem selbst, sondern in einem anderen wahrgenommen werden, als kämen sie ihm zu. Dieser Mechanismus der Zuschreibung geschieht unbewußt; die eigene Herkunft wird nicht wahrgenommen. Projektive Wahrnehmung also bedeutet, den anderen nicht so zu sehen, wie er ist, sondern wie man ihn sich einbildet. Wenn der andere sich nicht der Einbildung nach verhält, dann ist das im günstigen Fall ein Anstoß zur Realitätsprüfung. Im ungünstigen Fall entsteht z.B. eine Enttäuschung ("das hätte ich nicht von dir gedacht") oder – wenn die Projektion mit erheblich destruktiv-aggressiver Energie ausgestattet ist – ein feindliches Verhältnis. In der Festlegung des Gegners, dessen Realität verleugnet wird, liegt zwar die Gefahr fehleingeschätzter Realität, aber zunächst ergibt sich psychologisch ein zweifacher Gewinn. Zum einen können nun die verpönten, daher verdrängten eigenen "bösen" Anteile im anderen bekämpft werden, zum anderen wächst die Selbstwertschätzung, die sich ergibt, wenn man sich mit dem vergleicht, auf den man projiziert hat. Man macht ihn schlecht, auch um selbst gut dazustehen. Das ist das Prinzip der Sündenbock- und Vorurteilsbildung. Im Extrem entstehen aus dem Zusammenspiel von Verleugnung und Projektion die Wahngebilde.

- **Todestrieb, destruktive Aggressivität**

  Die Hypothese des Todestriebes ist die kühnste Konstruktion, die Sigmund Freud als Schlußfolgerung aus einer Reihe von klinischen und kulturellen Beobachtungen vorgelegt hat. Dazu gehören der sich der psychotherapeutischen Bearbeitung wenig zugänglich erweisende moralische Masochismus, die Wiederkehr des Verdrängten im Wiederholungszwang und die Erfahrung der kulturellen Katastrophe, die der Erste Weltkrieg bedeutete. Die Annahme des Todestriebes und die Entdeckung des Wiederholungszwanges stellen sowohl für die Psychologie individueller Prozesse, wie für die Psychologie sozialer Prozesse eine wesentliche Erweiterung und Ergänzung dar.

  Wie umstritten die Begriffsbildung, die Freud gewählt hat, auch immer sein mag, es spiegelt sich darin etwas wider, was in der Natur der Sache selbst liegt und besagt, daß die Manifestationen der Aggressivität, insbesondere deren destruktiven Anteile, nicht nur Reaktionen auf Versagungen sind, sondern aus anderen, innewohnenden Kräften dessen, der regiert, bestimmt werden, also Aggressivität nicht nur umwelt-, sondern ganz wesentlich auch triebbedingt ist.

Zu den entscheidenden Triebschicksalen der innewohnenden Aggressivität gehört die Ablenkung nach außen auf dem Wege der Projektion. Ambivalenzkonflikte, Konflikte zwischen Liebe und Haß, die unerträglich sind und nicht lösbar erscheinen, können bewältigt werden, indem der Haß in andere verlegt wird, die Liebe jedoch im Inneren verbleibt. Der Vorgang ist unbewußt. Die Realität der anderen wird - ebenfalls unbewußt - verleugnet, so daß diese anderen im bewußten Erleben nun "böse", wir selbst aber "gut" sind. Vorurteile, Feindbilder, Entwertungen und Dehumanisierungsprozesse aller Art (bis zur völligen Aberkennung der Menschenwürde) einerseits und Selbstüberschätzungen andererseits beruhen auf diesem Mechanismus. Die mehr oder minder reinliche Scheidung in Gut und Böse bedeutet einen beträchtlichen narzißtischen Gewinn, dessen Extrem der triumphale Genuß der Zerstörung darstellt. Die volle Tiefe des menschlichen Hasses ist schwer auszuloten, aber sicher ist der Triumph umso größer, je schrecklicher und demütigender die Zerstörung ist. Im Zusammenspiel von Todestrieb, Ambivalenz und Narzißmus sieht K. Eißler (s. Auswahlbibliographie) "die apokalyptischen Reiter der Menschheit". Es ist dies der psychologische Aspekt, der die nukleare Drohung so gefährlich macht. Aus unbewußten seelischen Gründen gibt es keine Garantie dafür, daß die zur nuklearen Abschreckung bereitgestellten Mittel nicht angewandt werden. In diesem Zusammenhang ist es interessant festzustellen, daß diejenigen Psychoanalytiker, die nicht nur klinische, sondern auch oder vorwiegend kulturtheoretische Forschung treiben, am meisten dazu neigen, die alte Freud'sche Annahme vom Todestrieb nützlich zu finden und darauf hinzuweisen, daß die damit bezeichnete destruktive Kraft ins wissenschaftliche Kalkül gezogen werden muß, weil es gefährlich ist, angesichts der vorhandenen Massenvernichtungsmittel vor den Möglichkeiten der destruktiven Triebregungen die Augen zu verschließen.

Ein merkwürdiger Einwand, der nicht selten gegen das Konstrukt des Todestriebes erhoben wird, bedarf noch der Würdigung. Wollte man, heißt es, dieses Konstrukt ernst nehmen, so würde einer fatalistischen Weltauffassung das Wort geredet, die besagt, daß schon aus Triebgründen alle Anstrengungen vergeblich sind, die Menschheit und die Welt, in der wir leben, zu bewahren. Dem ist zu entgegnen, daß es sich hier eigentlich nicht um einen Einwand, sondern um eine Warnung handelt. Gewarnt wird vor dem Blick in die Abgründe der menschlichen Existenz, weil es nicht erträglich sei, die Wahrheit ins Auge zu fassen, und vergessen wird darüber, daß den zerstörerischen, vernichtenden Kräften aufbauende, Gemeinsamkeiten schaffende Kräfte gegenüberstehen, die die Destruktivität bändigen, wenn es gelingt, den Gemeinsamkeiten das größere Gewicht zu geben.

Es ist auch psychologisch wichtig zu sehen, daß die nukleare Gefahr eine gemeinsame ist, der mehr Bedeutung zukommt als den bekannten Ost-West-Gegensätzen. Aus der Erkenntnis der psychoanalytischen Triebtheorie folgt, daß es gefährlich ist, auf dem Ost-West-Gegensatz zu beharren. Die Kräfte, die im Konstrukt des Todestriebes begrifflich gefaßt sind, werden biblisch gesprochen im Liebesgebot, psychoanalytisch gesprochen in der Überwindung des Ambivalenzkonfliktes und politisch gesprochen im Hinblick auf die Friedenssicherung in der nur gemeinsam möglichen Sicherheit gebunden (s. Auswahlbibliographie: Palme-Bericht, E. Bahr, D. Lutz).

- **Verleugnung**

Unter Verleugnung wird in der psychoanalytischen Terminologie ein Abwehrmechanismus verstanden, der die Weigerung bezeichnet, Aspekte der Wirklichkeit wahrzunehmen, weil deren Wahrnehmung Angst, Scham oder Schuldgefühle auslösen oder das Selbstgefühl kränken könne. Die Übergänge von bewußtem Übersehen bis zur völlig unbewußten, auf Verdrängung beruhenden Nichtwahrnehmung sind fließend. Gesichert gegen die Anerkennung der Realität wird die Verleugnung durch die Projektion. Die Wahrnehmung gehört zu einer Reihe von Ich-Funktionen, die nicht unabhängig voneinander funktionieren, sondern sich sekundär gegenseitig beeinträchtigen. Wenn man sich blind stellt, leiden auch Gedächtnis und Erinnerung, wie umgekehrt Einbußen in der Gedächtnis- und Erinnerungsfunktion dazu führen, daß die Wahrnehmung der Realität leidet. Wer die Vergangenheit "ruhen läßt", verleugnet zugleich Teile der Gegenwart.

zu Kapitel II.
Strategien, Krisen und Kriegsgefahr

- **C^3 I**

Command, Control, Communications and Intelligence, bezeichnet die vielfältigen militärischen Kommunikations- und Kommandostrukturen. Auf deren Funktionsfähigkeit und "Überlebensfähigkeit" nach dem ersten nuklearen Schlagabtausch wird seit einigen Jahren besonderer Wert gelegt. (Siehe: War-fighting-Strategy)

- **Chirurgische Schläge**

Vorstellung, einen Gegner mit wenigen atomaren Präzisionsschlägen entweder zum politischen Einlenken oder zur vorzeitigen militärischen Aufgabe zwingen zu können. Statt flächendeckender Vernichtung soll nur begrenzter Schaden zugefügt werden. Die Diskussion um die sog. "Enthauptungsschläge" – zu führen gegen die politische und militärische Führung eines Landes – steht damit in Zusammenhang.

- **Coercive Diplomacy**

in den frühen 60er Jahren eingeführter Begriff. Demnach sollen die Vereinigten Staaten über die Fähigkeit verfügen, den Verlauf von Krisen zu diktieren und insbesondere der UdSSR die Handlungsalternativen vorzuschreiben.

- **Counterforce-Angriffe**

frühzeitiger Einsatz des eigenen Potentials gegen die wichtigsten militärischen Einrichtungen des Gegners (Städte und Industrieziele bleiben weitgehend ausgespart). Verbindet sich mit der Idee, durch die (Teil-)Entwaffnung des Gegners den Schaden für das eigene Land zu minimieren.

- **Doktrin**

  von der politischen und militärischen Führung eines Landes festgelegte allgemeine Richtlinien zum Einsatz des ökonomischen und militärischen Potentials in einem Krieg.

- **Eskalationsdominanz**

  materielle Fähigkeit, auf jeder Stufe eines eskalierenden militärischen Konflikts dem Gegner größeren Schaden zufügen bzw. androhen zu können, als dieser erwidern kann.

- **Krisenmanagement**

  nach der Kuba-Krise 1962 intensiv diskutiertes Konzept. Umschreibt die politischen Bedingungen zur friedlichen Beilegung einer politisch-militärischen Krise. Ausschlaggebend sind u.a.: Kompromißbereitschaft; Verzicht auf Provokationen; Klarheit im eigenen Auftreten; Offenhalten von Rückzugsmöglichkeiten (für alle beteiligten Parteien).

- **Krisenstabilität**

  diese ist dann gewährleistet, wenn politisches Handeln in Krisen nicht automatisch militärische Aktionen nach sich zieht. D.h.: die Drohung mit oder gar der Einsatz militärischer Gewalt dürfen sich politisch nicht 'lohnen'. Insbesondere darf keine Seite über die Fähigkeit zum Überraschungsangriff (z.B. in Gestalt einer Teilentwaffnung) verfügen.

- **Launch-on-Warning**

  Start/Einsatz eigener Raketen infolge einer Warnung vor einem gegnerischen Angriff. Diese Warnung wird bei der Entscheidungsfindung nicht verifiziert. Es geht darum, so schnell wie möglich zu handeln. Angesichts extrem verkürzter Vorwarnzeiten hieße dieses Konzept – einmal in die Realität übersetzt –, daß die Entscheidungsfindung über Krieg und Frieden Computern überlassen wird.

- **Nuclear Weapons Employment Policy**

  Nukleare Einsatzplanung. Befindet über Art und Weise des Einsatzes von Atomwaffen, über die Rolle der Teilstreitkräfte, über die zu zerstörenden Zielobjekte und den Zeitpunkt des Einsatzes der Atomwaffen. Kernstück auf amerikanischer Seite ist der sog. SIOP (Single Integrated Operations Plan), der die nukleare Kriegsführung aller Waffengattungen koordinieren soll.

- **Prä-Emptivkrieg**

  Entscheidung zur militärischen Aggression unter den Bedingungen einer politisch-militärischen Krise. Der erste Schlag wird geführt, weil man entweder glaubt, die Krise sei mit politischen Mitteln nicht mehr lösbar, oder weil dem Gegner unterstellt wird, selbst in unmittelbarer Zukunft angreifen zu wollen.

- **Präventivkrieg**

Angriff auf einen anderen Staat, ohne daß krisenhafte Zuspitzungen oder feindselige Handlungen vorausgegangen wären. Unliebsame politische und/oder wirtschaftliche Entwicklungen sollen auf diese Weise verhindert werden. Ein klassisches Beispiel bietet der faschistische Überfall auf die UdSSR vom Sommer 1941.

- **Rational Actor**

umschreibt die (irreale) Annahme, die in einer Krise politisch Verantwortlichen und Handelnden würden sich an rationalen (und insbesondere der Gegenseite stets verständlichen) Kriterien orientieren und damit berechenbar sinnvoll agieren.

- **War-fighting strategy**

Prinzipien einer Kriegsführung, die unter allen Umständen (auch angesichts des Einsatzes von Nuklearwaffen) auf "Sieg" orientiert. Diese Strategie setzt die materielle Überlegenheit in militärischen Schlüsselbereichen voraus.

zu Kapitel III.
Ist SDI technisch machbar?

- **ABM**

Anti Ballistic Missile, wörtlich: gegen ballistische Raketen; bezeichnet Waffen und Systeme (z.B. Radaranlagen), die zur Abwehr gegnerischer Raketen eingesetzt werden können. Heute meist gebräuchlich: BMD – Ballistic Missile Defense (Verteidigung gegen ballistische Raketen). Der ABM-Vertrag, 1972 im Rahmen von SALT-I abgeschlossen, begrenzt die Stationierung von ABM-Systemen und schränkt die weitere Entwicklung auf diesem Gebiet ein (s. auch SALT).

- **ASAT**

Anti-Satellite, wörtlich: gegen Satelliten; bezeichnet Waffen, die zur Zerstörung gegnerischer (auch Aufklärungs-, Frühwarn- oder Nachrichten-) Satelliten eingesetzt werden können. Satelliten sind sehr viel leichter zu treffen und zu beschädigen als Raketen oder Sprengköpfe, da sie i.a. auf vorausberechenbaren Umlaufbahnen fliegen und wesentlich empfindlicher sind. Ein Laserstrahl vergleichsweise geringer Energie könnte z.B. zur Energieversorgung benötigte Solarzellen oder zum Nachweis gegnerischer Raketen verwendete Infrarotsensoren blenden; kleinste Geschoßpartikel könnten bereits die empfindlichen Laserspiegel einer Satellitenkampfstation zerstören.
Eine wirksame ASAT-Waffe wäre u.a. der Röntgenlaser. Interessanterweise wird die Notwendigkeit, die Verwundbarkeit der eigenen Satelliten gegenüber dieser Strahlung testen zu müssen, von der amerikanischen Regierung zur Begründung der Röntgenlaser-Forschung angeführt.

- **Ballistische Rakete**

  englisch: ballistic missile; eine Rakete, die nach einer meist mehrstufig erfolgenden, relativ kurzen Antriebsphase auf einer freien Flugbahn ins Ziel fliegt.
  Man unterscheidet Raketen kurzer Reichweite ('taktische' R.), Mittelstreckenraketen (z.B. SS-20 und Pershing-II) und solche sehr großer Reichweite (ICBMs und SLBMs). SLBMs - Sea Launched Ballistic Missiles werden von (getauchten) U-Booten aus gestartet, ICBMs - Intercontinental Ballistic Missiles aus verbunkerten, unterirdischen Raketensilos.

- **C^3 I**

  Command, Control, Communications and Intelligence; Bezeichnung für alle militärischen Einrichtungen zur Aufklärung, Nachrichtenübermittlung, Kontrolle und Befehlsgebung. (Vgl. auch Glossar zu Kapitel II.)

- **Cruise Missile**

  Marschflugkörper; unbemanntes Fluggerät mit Düsenantrieb, Tragflächen sowie automatischer Steuerung und Zielerkennung, welches in geringer Höhe auch über große Entfernungen operiert. Marschflugkörper können vom Boden (GLCM - Ground Launched Cruise Missile), von U-Booten (SLCM - Sea Launched Cruise Missile) oder von Flugzeugen (ALCM - Air Launched Cruise Missile) aus gestartet werden. Wegen ihrer niedrigen Flughöhe und der vergleichsweise kleinen Hitzeentwicklung ihres Antriebs sind sie sehr viel schwerer zu orten und zu bekämpfen als Raketen.

- **EMP**

  Electromagnetic Pulse; elektromagnetische Stoßwelle, die durch eine Kernexplosion innerhalb oder außerhalb der Atmosphäre ausgelöst wird. Die Strahlung wird in einem großen Frequenzbereich emittiert, mit einem Intensitätsmaximum im Bereich der Radio-Langwellen. Während der sehr kurzen Impulsdauer (weniger als 1 Millionstel Sekunde) können selbst in großen Entfernungen vom Explosionsort (1 000 km) hohe elektrische Feldstärken erreicht werden, die zur Zerstörung elektronischer Geräte führen. Im Bereich militärischer Entwicklungen hat daher die Härtung elektronischer Bausteine und Ausrüstungen eine große Bedeutung erlangt.

- **Kinetische-Energie-Waffen**

  KEW - Kinetic Energy Weapons; Waffen, die allein durch die Wirkung des Aufpralls den angegriffenen Flugkörper (Rakete, Bus, Sprengkopf, Satellit) zerstören. Es können (zunächst mit einer Trägerrakete hochgeschossene) kleine, selbststeuernde Flugkörper sein, die den gegnerischen Sprengköpfen entgegenfliegen.
  Eine vielbeachtete Möglichkeit bietet andererseits das Prinzip der "Elektromagnetischen Schienenkanone", womit beabsichtigt wird, Geschosse auf eine Geschwindigkeit von 100 km/sec zu beschleunigen. Diese Systeme sollen von Satellitenkampfstationen aus gegen die Antriebs- und Busphase gegnerischer Raketen eingesetzt werden; sie sind daher ähnlich verwundbar wie Strahlenwaffen auf niedrigen Umlaufbahnen.

- **MAD**

  Mutual Assured Destruction; die gültige Abschreckungsdoktrin der garantierten Fähigkeit zur gegenseitigen Vernichtung. Hierfür ist die Zweitschlagfähigkeit notwendig, d.h. die Möglichkeit, den Gegner auch dann vernichtend zu treffen, wenn das eigene Territorium durch einen Erstschlag von ihm bereits angegriffen wurde. Die 'Stabilität' besteht darin, daß jeder gleichermaßen verwundbar ist, und also keiner bei einem Schlagabtausch 'gewinnen' kann. Verkürzt wird dies auch in dem Motto deutlich: Wer zuerst schießt, stirbt als zweiter.

- **Mega/Kilo tonnen (Mt, kt)**

  Die Sprengkraft einer Atombombe wird durch die entsprechende Menge herkömmlichen Sprengstoffs Tri nitro toluol (TNT) beschrieben.
  1 Mt = 1 000 kt = 1 000 000 t = 1 000 000 000 kg.
  Die größten Luftminen des Zweiten Weltkrieges hatten etwa 1 t, die Atombombe, die Hiroshima zerstörte, 12,5 kt, und die z.Zt. größten atomaren Sprengköpfe besitzen die kaum vorstellbare Wirkung von 1 Mt (1 Million Tonnen TNT).

- **MIRV**

  Multiple Independently Targetable Reentry Vehicle, kurz: Mehrfachsprengköpfe; vom Bus zu verschiedenen Zeiten und in verschiedene Richtungen ausgestoßen, können sie unabhängig voneinander vorprogrammierte Ziele ansteuern. Moderne Raketen tragen bis zu 10 Mehrfachsprengköpfe.

- **SALT**

  Strategic Arms Limitation Talks; Verhandlungen über die Begrenzung strategischer Waffen. Das SALT-I-Abkommen wurde 1972 vereinbart; es enthält den auf unbegrenzte Zeit abgeschlossenen ABM-Vertrag (s. Stichwort ABM) sowie ein Interimsabkommen über die Begrenzung strategischer Waffen, das eine Gültigkeitsdauer von 5 Jahren haben und durch SALT-II abgelöst werden sollte. Die SALT-II-Gespräche begannen 1973 und führten 1979 zum Abschluß; der Vertrag wurde von den USA jedoch nicht ratifiziert. Auch zu den vorhergesehenen Anschlußgesprächen (SALT-III) ist es bislang nicht gekommen.
  SALT-I beinhaltete das Einfrieren der Bestände an Startbasen für ICBMs und SLBMs auf den Stand von 1972. SALT-II bewirkte geringfügige Korrekturen für die erlaubte Anzahl der Trägersysteme, berücksichtigte jedoch die Existenz der inzwischen entwickelten und stationierten Raketen mit Mehrfachsprengköpfen (maximal 820 Abschußrampen für ICBMs mit MIRVs) und Fernbomber mit weitreichenden Marschflugkörpern (maximal 120 – diese Zahl wird bis Ende 1986 von den USA voraussichtlich überschritten und dadurch SALT-II in Frage gestellt).

- **SIPRI**

  Stockholm International Peace Research Institute; schwedisches Friedensforschungsinstitut, 1966 gegründet, vom Staat finanziert. Das SIPRI gibt jeweils Jahrbücher heraus, die eine umfassende Dokumentation über den

Stand der Rüstung und militärische Entwicklungen in der Welt enthalten; zu speziellen Themen werden besondere Reports verfaßt.

- **Strahlenwaffen**

  DEW – Directed Energy Weapons; Laser- und Teilchenstrahlwaffen. Ihnen ist gemeinsam, daß die ausgesandte Strahlung das angegriffene Ziel mit Lichtgeschwindigkeit (300 000 km/sec) trifft, so daß ein Ausweichmanöver nicht möglich ist.
  Mit Lasern (Infrarot-, Ultraviolett-, Röntgen-L.) kann auf sehr große Entfernungen ein Strahl elektromagnetischer Energie fokussiert (gebündelt) werden. Die Zerstörung des Ziels (Rakete, Sprengkopf) wird durch das Zerschmelzen der metallischen Außenhaut bewirkt; s. S. 85ff.
  Eine weitere Möglichkeit besteht prinzipiell in der Verwendung von Strahlen hochenergetischer atomarer und subatomarer Partikel. Geladene Teilchen (Elektronen oder Protonen) werden im Magnetfeld der Erde unkontrollierbar abgelenkt; ihre Verwendung kommt daher kaum in Frage.
  Eine plausiblere Idee – aber auch nicht mehr – ist der Einsatz von Strahlen elektrisch neutraler Teilchen (z.B. Wasserstoffatomen), der aber auf den luftleeren Weltraum beschränkt wäre. Die Wirkung auf das getroffene Ziel besteht in der Auslösung einer sehr durchdringenden Sekundärstrahlung, durch welche die elektronischen Systeme des Flugkörpers zerstört werden können. Auch eine Teilchenstrahlkanone geringer Intensität ist in der Diskussion. Die beim Auftreffen im Ziel entstehende Strahlung ist abhängig von der Art des getroffenen Körpers, ihr Nachweis könnte also zur Unterscheidung zwischen Sprengköpfen und Attrappen herangezogen werden; vgl. S. 102.

- **UCS**

  Union of Concerned Scientists; Vereinigung verantwortungsbewußter Wissenschaftler in den USA. Die Mitglieder sind Verfasser zahlreicher Studien über Rüstungsprobleme. Das Ergebnis kritischer Untersuchungen zu SDI, das insbesondere die Abwehrmöglichkeiten gegen Raketen in der Startphase und damit den angestrebten Schutz in Frage stellt, ist in letzter Zeit durch regierungsamtliche Äußerungen indirekt bestätigt worden, die das Hauptgewicht auf eine Verteidigung in der Endanflugphase und damit auf die Sicherung der Zweitschlagfähigkeit legen (vgl. S. 72, 106). Die UCS ist ferner hervorgetreten mit dem Appell "No First Use" gegen den Ersteinsatz von Atomwaffen und dem Report über Anti-Satelliten-Waffen, in dem ein ASAT-Vertrag vorgeschlagen wird.

zu Kapitel IV.
SDI – Auswirkungen auf Wirtschaft und Wissenschaft

- **Militärische Forschung**

  Das schwedische Friedensforschungsinstitut SIPRI definiert militärische Forschung und Entwicklung als "*1.* jede FuE (Forschung und Entwicklung), die durch die Haushaltsausgaben eines 'Verteidigungsministeriums' (oder einer vergleichbaren Verwaltungseinheit) finanziert werden, und 2. jede andere FuE, die durch Ministerien und Behörden finanziert wird, die für die Zwecke des Militärs, der Verteidigung oder Zivilverteidigung durchgeführt wird oder sich hauptsächlich mit Waffen befaßt." (SIPRI (Hg.), Jahrbuch 1972, Stockholm 1972, S. 211). Nach dem "Frascati-Handbuch" der OECD, das international vereinbarte Begriffe der Wissenschaftsstatistik enthält, umfaßt die militärische Forschung "alle FuE-Programme, die unabhängig von ihrem Inhalt oder möglicher sekundärer ziviler Anwendungen primär für militärische Zwecke unternommen wurden. Sie schließt Atom- und Weltraumforschung für militärische Zwecke ein, nicht aber zivile Forschung, die von Verteidigungsministerien finanziert wurde (z.B. für Meteorologie oder Telekommunikation)." (OECD (Hg.), Frascati-Manual 1980, Paris 1981, S. 1051).

Bei einer Begriffsbestimmung militärischer Forschung sind also drei Aspekte zu unterscheiden:
a) die von *militärischen* Institutionen finanzierte und in *militärischer* Nutzungsabsicht auch organisierte FuE;
b) die von *ziviler und militärischer* Nutzungsabsicht von *militärischen oder zivilen* Institutionen geförderte und organisierte FuE;
c) die ohne eine solche militärische Nutzungsabsicht von *zivilen* Institutionen finanzierte und organisierte, aber für militärische Zwecke nutzbare und somit *militärisch relevante* Forschung.

Berücksichtigt werden daher die *Finanzierungsquelle*, die *Nutzungsabsicht bzw. Zielsetzung* und die davon zu unterscheidende tatsächliche *Nutzungsmöglichkeit*. Für eine Definition *nicht* herangezogen werden *kognitive*, also *wissenschaftsinhaltliche* Merkmale. Auch die verbreiteten Bezeichnungen *Rüstungs*forschung, *Verteidigungs*forschung, *Wehr*forschung, *Kriegs*forschung oder *militärische* Forschung beziehen sich nicht auf die kognitiven Aspekte.

- **Rüstungsausgaben**

Es gibt keine international akzeptierte Definition der Rüstungsausgaben. Definitionen, die nach den *ökonomischen* Belastungen fragen, schließen die Aufwendungen für vergangene, gegenwärtige und zukünftige militärische Unternehmungen ein; Definitionen, die nach den *kriegerischen Ressourcen* fragen, klammern zumeist die Ausgaben für Zivilverteidigung und jene Aufwendungen aus, die durch frühere Kriege entstanden sind (z.B. Renten- oder Kriegsopferzahlungen). Strittig sind zumeist Größen wie: paramilitärische Verbände, Zivilverteidigung, Rentenzahlungen, Militärhilfe, Kriegsschuldenzahlungen, Bevorratung, steuerliche Ausfälle (z.B. für militärisch genutzten Grund und Boden), Preisindexe für den Militärsektor, weiter Umrechnungsrelationen für internationale Vergleiche (z.B. Lohnkosten für Soldaten).

- **Militär-Industrie-Komplex**

Dwight D. Eisenhower prägte in seiner präsidentiellen Abschiedsadresse vom 17.1.1961 den Begriff des "military-industrial complex", gegenüber dessen Einfluß die Regierung wachsam zu sein habe. Von kritischen Sozialwissenschaftlern wie C. W. Mills war bereits Mitte der 50er Jahre der neue Prozess einer Machtverschmelzung der Eliten aus Wirtschaft, Militär und Politik zur demokratisch unkontrollierbaren Machtelite ('power elite') beschrieben worden, der sich seit Ende des Zweiten Weltkrieges in den USA vollzog. Seit den 60er Jahren wird in der liberalen wie marxistischen sozialwissenschaftlichen Friedensforschung vom "Militär-Industrie-Komplex" (MIK) gesprochen, um – sei's in deskriptiver, sei's in theoretischer Absicht – die vielfältigen, relativ kontinuierlichen Verflechtungen weltanschaulicher, personeller, institutioneller und sozialökonomischer Natur zu charakterisieren, die sich zwischen staatlichen (Staatsbürokratie, Militäradministration, Generalität) und privaten (Rüstungsindustrie, Verbände, Parteien) Einrichtungen herausgebildet haben und – zunehmend unter Einschluß der Wissenschaft – die Grundlage für eine geschichtlich neuartige Machtkonzentration bilden. Als Bestandteil – und in Zukunft womöglich als Zentrum – eines solchen Machtkomplexes entstehen gegenwärtig Ansätze eines "SDI-Komplexes": eigenständige, der Weltraumkriegsführung verpflichtete Militäreinrichtungen (die SDI-Organisation SDIO bzw. das militärische Oberkommando), für SDI arbeitende Produktions- und Wissenschaftseinrichtungen und ein politisches Netzwerk, das offenbar von Grahams "High Frontier" bis hin zum amerikanischen Präsidenten selbst reicht.

Index

Öffentlicher Kongress

an der Universität Hamburg zur

Militarisierung des Weltraums

9./10. November 1985

– Programm –

Eröffnung:

1. Begrüßung durch Prof. H. tom Dieck, Sprecher des Fachbereichs Chemie
2. Begrüßung durch Prof. K. M. Meyer-Abich, Wissenschaftssenator
3. Einführung durch Prof. H. Spitzer

Plenumsvorträge:

1. SDI und Nuklearstrategien
   Dr. Bernd Greiner, Universität Oldenburg
2. Wissen brach liegen lassen oder brauchen
   Verleugnung und Projektion der destruktiven Aggressivität
   Dr. Carl Nedelmann, Michael-Balint-Institut, Hamburg
3. Ist SDI technisch machbar?
   Probleme der weltraumgestützten Raketenabwehr
   Prof. Gunnar Lindström, Universität Hamburg
4. SDI – Folgen für Wirtschaft und Wissenschaft
   Dr. Rainer Rilling, Geschäftsführer des Bundes Demokratischer Wissenschaftlerinnen und Wissenschaftler (BdWi), Marburg

Arbeitsgruppen:

1. Physik und Technik der Weltraumwaffen
   Ltg.: Prof. H. Spitzer, FB Physik, Universität Hamburg
2. Air Land Battle und neue Waffen
   Ltg.: Dr. W. Kirstein, FB Chemie, Universität Hamburg
3. SDI in Sprache und Medien
   Ltg.: Prof. P. Petersen, FB Kulturgeschichte, Universität Hamburg
4. Weltraumrecht – Abrüstungsverhandlungen
   Ltg.: Prof. N. Paech, Hochschule f. Wirtschaft u. Politik, Hamburg

Arbeitsgruppen ff.:

5. SDI – Krieg der Computer
   Ltg.: Prof. R. Valk, FB Informatik, Universität Hamburg
6. Rüstungsforschung und technischer Fortschritt: SDI vs. EUREKA
   Ltg.: Dr. B. Greiner, Universität Oldenburg
7. Erstschlagsstrategien und Weltraumwaffen
   Ltg.: Prof. W. Kerby, FB Mathematik, Universität Hamburg
8. Das strategische Abwehrprogramm der UdSSR
   Ltg.: Prof. G. Lindström, FB Physik, Universität Hamburg
9. Alternative Verteidigungskonzepte
   Ltg.: P. Wilke, Inst. f. Friedensforschg. u. Sicherheitspol., Hamburg
10. SDI – wirtschaftliche und soziale Folgen
    Ltg.: Prof. R. Sorg, Fachhochschule Hamburg
11. Strahlentod und nuklearer Winter
    Ltg.: Prof. W. Kahlke, IZHD, Universität Hamburg
12. Abschreckungsphilosophie und Wandel der Werte
    Ltg.: Prof. M. Kröger, FB Theologie, Universität Hamburg

Nationales Podium:

"Pro und Contra SDI"

Diskussion mit:

Dr. Ludwig Schulte, Führungsakademie der Bundeswehr, Hamburg
Andreas Pott, Institut für Friedensforschung und Sicherheitspolitik an der Universität Hamburg
Moderation: Prof. G. Lindström, Universität Hamburg

Internationales Podium:

"Military Use of Space and International Stability"

Diskussion in englischer Sprache mit:

Dr. John Pike, Associate Director for Space Policy,
Federation of American Scientists, Washington, D.C.
Dr. Dennis Hall, University of Hull, England
Dr. Walter Schütze, Inst. Franç. d. Relations Internationales, Paris
Prof. Marian Dobrosielski, Universität Warschau
Dr. Sergej Koulik, Akademie der Wissenschaften, Moskau
Prof. Klaus Jürgen Gantzel, Universität Hamburg